增城
ZENG CHENG

北回归线
大美增城

增城旅游经典解说词

史寿山　主编

暨南大学出版社
JINAN UNIVERSITY PRESS

中国·广州

图书在版编目（CIP）数据

北回归线大美增城：增城旅游经典解说词 / 史寿山主编. —广州：暨南
大学出版社，2015. 10
ISBN 978-7-5668-1566-8

Ⅰ. ①北… Ⅱ. ①史… Ⅲ. ①区（城市）—导游—解说词—广州市
Ⅳ. ① K928.965.1

中国版本图书馆 CIP 数据核字（2015）第 168129 号

图片摄影：单进兴　温敏崇　巫国明　李　戈　高　旭　王　者
　　　　　蓝　艺　凌　云　赖细罗　曾达宏　潘维民　谢左章
　　　　　周扬波　郭建华　郭耀荣　吴吕明　陈碧信
（本书图片由广州市增城区旅游发展中心提供，如有个别图片摄
影者未能具名，请与增城区旅游发展中心联系）

出版发行：暨南大学出版社

地　　址：中国广州暨南大学
电　　话：总编室（8620）85221601
　　　　　营销部（8620）85225284　85228291　85228292（邮购）
传　　真：（8620）85221583（办公室）　85223774（营销部）
邮　　编：510630
网　　址：http：//www. jnupress. com　http：//press. jnu. edu. cn

排　　版：广州尚文数码科技有限公司
印　　刷：广东广州日报传媒股份有限公司印务分公司

开　　本：787mm×960mm　1/16
印　　张：16.75
字　　数：330 千
版　　次：2015 年 10 月第 1 版
印　　次：2015 年 10 月第 1 次

定　　价：58.00 元

序言

　　增城，这个位于北回归线绿洲地带、珠三角黄金走廊上的岭南小城，历史悠久，源远流长，向来有一种遗世独立、难以言说的禀赋与气质。即便在20世纪80年代以来珠三角地区风起云涌的工业化、现代化浪潮冲击之下，这个小城也并未放弃青山绿水的生态之美、古意盎然的人文之美。这里，山川秀丽，美不胜收，名胜古迹如珠链一般点缀其中，增城挂绿、白水寨、绿道、湖心岛、挂绿湖、增江画廊、南香山、白水山、高山温泉、大丰门漂流、何仙姑家庙、小楼人家、莲塘春色、古海遗踪、凤台揽胜、南山古胜、正果寺、长寿寺、报德祠……无不散发着独具一格的岭南荔乡风情。

　　近年来，增城明确了发展生态旅游的理念，提出了建设现代化中等规模生态城市的新定位，充分发挥其区位交通优势、生态资源优势、文化厚重优势，以全区域旅游化、大旅游产业作为导向，营造旅游业作为区域经济支柱产业发展的大环境。其实，一山一水、一景一境固然有其出彩处，但旅游毕竟是全球最大的综合性产业，除却吃、住、行、游、购、娱六要素外，其彼此纵横交叉形成的产业联系，已然成为一个旅游大产业。如果没有一个强有力的产业体系支撑，消费者迟早会不买账的。增城的旅游发展正是着眼于一个"大"字，并没有一味地追求工业化、GDP经济，而是把"生态"作为最大、最宝贵的资源，把整座城市建设为一个乡村生态大公园，一个有着"水城、花城、绿城"美誉的生态旅游示范区，这对于一座没有名山大川的小城市来说，需要何等的胸襟！因此，在旅游开发与管理上，增城并不着力于一个或几个景点的营造，而是把全区域旅游作为一个大概念来开发和营销。游客们来到增城，满目是绿，处处见景，人在画中游，又何在乎那一山一水一景区呢？

　　《北回归线大美增城：增城旅游经典解说词》的策划与出版，其主旨正在于深度挖掘和整理增城的旅游资源，介绍增城景点景区及旅游资讯，为导游从业者和游客朋友提供一个比较清晰详尽的读本，更好地走进增城、发现增城，触摸和感悟这座美丽城市的景象与灵魂。

　　是为序。

史寿山

（广州市增城区旅游发展中心主任）

2015年8月

目录

休闲中部

北四归线
大美增城

4

感受增城

增城境内处处青山绿水，景色宜人，有着十分丰富、多姿多彩的旅游资源。自然禀赋和历史文化内涵丰厚，区内名胜古迹如珠链般点缀，别具特色的荔乡风情和岭南水乡景色美不胜收。

增城概况

大家好，欢迎来到这个美丽的城市——增城！首先为大家介绍一下增城的基本情况。

【地理位置】 增城是北回归线上的一颗翡翠、一片绿洲，位于广东省中部、珠江三角洲东北部，是珠三角城市群和粤港澳"黄金走廊"的重要节点。增城位于广州东部，依托广州，毗邻港澳，南与东莞隔江相望，东临惠州，北界从化，西连广州经济技术开发区和中新知识城，位于广州、东莞半小时生活圈和珠三角一小时优质生态生活圈内，是全国著名的荔枝之乡、绿道之乡、牛

仔服装名城、新兴的汽车产业基地和生态旅游示范区。

【悠久历史】 增城的历史十分悠久，可谓源远流长。增城建县于东汉建安六年（201），距今已经有1 800多年的历史了。说起"增城"这个美好的名字啊，大家知道它是怎么来的吗？不知道吧。其实，它是有出处的，而且有好几种说法。

第一种说法是"加城说"。据宣统《增城县志》载："永乐志云：南海郡，前统县六，今增为七，故名增城。"也就是增加之城、增益之城。

第二种说法是"增江说"。据《太平寰宇记》载："增城县……因增江为名。"又在"南海县"下记："增水今名增江，源出增城县东北。"可见，增江原名增水，"因增江为名"是宋代才有的说法。

第三种说法是"神话说"。这是目前增城通用的说法。《元和郡县志》载："增城县……按昆仑山上有阆风增城，盖取美名也。"明嘉靖《增城县志》载："或以楚问增城九重。故名。""楚问"即《楚辞·天问》，内载："增城九重，其高几里？"又《淮南子》云："昆仑山上有增城九重，高万一千里。上有不死树在其西。"由此可见，在神话传说中，昆仑山上有增城九重，意思是说增城是昆仑山上层层叠叠的仙城，有九重之高，县名"增城"就是由此得来的。

增城出过不少历史名人，有南宋名臣崔与之、明代三部尚书湛若水等。增城是八仙之一何仙姑的故乡，也是著名的荔枝之乡，因此，这里素有"挂绿城、荔枝乡、增江情、神仙地"的美誉。

【行政区划】 增城县于1993年撤县建市，增城市于2014年2月12日获准撤市设区，增城区于2015年5月29日正式挂牌，成为广州市十一区之一。目前，增城全区面积1 616平方公里，辖7个镇和4个街道办事处，共284个行政村和37个社区，户籍人口84.77万，外来人口50多万，并拥有1个国家级经济技术开发区。区人民政府驻荔城街。

【城市定位】 增城是原中共中央政治局常委深入学习实践科学发展观和创先争优活动的联系点。近年来，增城在全国率先规划建设三大主体功能区，积极探索新型城市化发展道路，推进城乡一体化，建设现代化的中等规模的生态城市。

在城市发展定位上，增城的定位主要有四个：

定位一是国家低碳发展示范区。主要是加强环境保护和生态体系建设，大力发展低碳产业，倡导绿色交通出行，推广绿色建筑，践行绿色市政新理念，走出一条具有中国特色、符合国际标准的低碳城市建设之路，创建全国低碳发展示范区。

定位二是广东省城乡统筹发展示范区。主要是深化统筹城乡发展综合配套改革，努力探索城乡一体化发展新机制，推进城乡产业一元化、城乡空间一元化、城乡人口一元化，建成繁荣城市和美丽乡村共生的全省城乡统筹发展示范区。

定位三是珠三角地区先进制造业基地及珠三角东岸地区交通枢纽。主要是依托广州东部交通枢纽中心和增城广场交通枢纽中心，构建现代综合立体交通运输体系，吸引高端生产要素集聚，重点发展面向珠三角地区的装备制造业、战略性新兴产业，推进产业高端化发展。

定位四是广州东部现代产业新区和生态宜居新城。主要是依托"一核三区"，全面提升城市空间品质和文化品位，吸引主城区高端人才和专业化职能积聚，强化会展博览、电子信息、低碳总部、文化创意、商贸物流等现代服务功能，增强城市集聚和辐射能力。

【经济发展】　增城在产业发展上，突出生态型、低密度的理念，协同推进三次产业高端集聚发展。以国家级增城经济技术开发区为重点，培育发展节能环保、新材料、现代信息服务、现代物流、高端装备和新能源汽车等六大产业集群，成为广州东部高新技术产业基地。依托全国首个部省市合作的广州生产性服务业示范园区，以及20平方公里广州教育城（职教基地），推动产、学、研结合，推动高端生产性服务业集群发展。依托白水寨、挂绿湖、南香山、湖心岛、小楼人家等核心景区，努力创建国家5A级旅游景区，建设一批代表现代农业发展方向和主导技术标准的农业产业园，发展现代大型种养业、农产品深加工和现代观光休闲农业，建设国家级休闲农业与乡村旅游模范区，推动文化、体育、旅游融合高端发展。

2014年，增城实现地区生产总值1 026.23亿元，增长4.6%，GDP首破千亿大关，人均GDP达95 936元，规模以上工业总产值1 785.45亿元，增长0.51%；农业总产值89.73亿元，下降4.82%；公共财政预算收入65.55亿元，增长4.05%；固定资产投资333.82亿元，增长13.52%。

【城市名片】　增城是"珠三角"的翡翠绿洲，率先在全国建设了335公里绿道，拥有257公里生态景观林带、12个森林公园、30多个生态公园和一批自然生态保护区，森林覆盖率达55.38%，全年空气优良率100%。增城拥有一大批城市名片，它先后荣获"联合国世界和谐城市提名奖""国际旅游名城""国际最佳旅游度假胜地""中国全面小康十大示范市""中国和谐之城""全国绿化模范市""中国最具幸福感城市""中国最佳休闲城市""中国最佳地方物产旅游节庆""十大最具影响力广东县域节庆""中华民族文化生态旅游

名城""中国最佳休闲旅游城市""国际文化休闲旅游魅力城市""中国低碳旅游示范区""中国健康养生休闲旅游城市""2013中国最佳生态旅游示范城市""全国旅游标准化示范城市""中国改革（2009）年度十大（县）市""全国绿色小康市""中国金融生态县（市）""全国科技先进市""广东省最美乡村旅游示范区""广东省文明城市""广东省教育强市""广东省卫生城市""广东省林业生态市""广东省国民旅游休闲示范市""广东省旅游强市""广东省旅游综合改革示范市""2012广东县域旅游综合竞争第一强""首个广东省自驾旅游示范区"和"中国首个生态文明建设示范市"等称号。

增城是一块充满生机和活力的热土，是可以创造奇迹的地方。勤劳、智慧、诚信、热情、好客的增城人民，热忱欢迎每一位海内外朋友的到来。

❧ 区位环境

【区位交通】　增城是广州通往东莞、深圳、香港和粤东各地的交通咽喉，被称为珠江东部发达产业带上的"黄金走廊"，区位交通条件十分优越。

增城在1个小时左右可到达珠三角任何一个城市。穗莞深城际轨道，广州地铁13号线、21号线已动工建设，另外，正规划建设中的广州地铁16号线、广汕高速铁路、广深铁路等一批国铁、城铁将汇集增城，形成广州东部交通枢纽中心；有广惠、广河、广深、广园4条东西走向，增从、花莞、北三环3条南北走向的高速公路贯穿全境，境内道路交通设施完善，全区镇镇通高速公路；航空上，仅需30—40分钟车程，即可至广州白云国际机场和深圳宝安国际机场；

水运上，南部设有新塘港，紧邻全国第二大港——广州黄埔港。新塘港设有海关、客货运码头，每天有客货轮直航香港；增城还在规划建设全区域新型有轨电车，形成内外通达、高效便捷的大交通网络。

【生态环境】 生态环境优美已成为增城强劲的后发优势，荔乡仙境——增城美，美在自然生态；增城好，好在城乡处处像公园。

增城地处南亚热带，属海洋性季风气候，四季如春，土地肥沃，风调雨顺，年均气温22.1℃，年均降雨量2 278毫米，适宜于热带、亚热带作物生长。地势南低北高，南部属美丽的珠江三角洲平原，中部属丘陵地带，北部是典型的岭南山地。

增城有好山好水，森林资源丰富，是珠三角地区森林公园密集的生态城市，全市森林覆盖率达55.38%，拥有大封门、蕉石岭等森林公园和自然生态保护区，是广州东翼的"绿肺"和绿色生态森林屏障，也是工业高度发达的珠三角经济圈中的一块"翡翠绿洲"。

增城树立"保护也是发展"的理念，实施全区域公园化战略，建设生态文明，建设山水宜居城乡，让增城人民工作在公园，生活在花园：北部1 000平方公里到处青山绿水，一派田园风光，生态景观罕见独特，球状风化地形地貌神奇特异，山乡田塘村林各具特色，温泉天池湖泊森林生态相依，广府文化与客家文化和谐交织，堪称"南国乡村生态大公园"；中部则有青山环抱，绿水绕城，建有多个城市广场、生态公园和一批绿色生态社区，城区绿化覆盖率达45%，人均公共绿地面积17.41平方米，是适宜安居和创业发展的山水生态文化旅游度假城；南部是增城生态型先进制造业的重要集聚区，大力推动产业生态化、生态产业化，工业文明和生态文明融合发展。工业组团之间有广阔的生态保护带，工业片区之间实行绿色生态隔离，保留田园风光，建设了南香山森林公园和新荔生态公园，建设园林式厂区。

发展规划

【发展战略】 增城的产业发展战略定位十分清晰，以新型城市化发展为指引，围绕建设现代化中等规模的生态城市的目标定位，实施开发区带动战略和主体功能区深化战略，通过谋划建设重大发展平台：开发区等主导产业平台、广州科教新区等现代服务业平台、城市中轴线等综合服务功能平台、广州中小微企业金融服务区等要素服务功能平台、生态产业发展平台，做大做强汽车等主导产业，培育发展新兴产业，提升城市品位，打造组团式的城市发展区域，实现统筹城乡一体化发展。通过推进生态优化、现代交通、特色产业、社会管理和美丽乡村建设，努力打造"生态、休闲、智慧、幸福"新增城。

【发展理念】 遵循"低碳、智慧、幸福"的城市发展理念，确立"生态、休闲、智慧、幸福"的发展目标，发挥生态优势，不比人口规模，不比高楼大厦，坚定不移走生态城市发展道路。

【发展特色】 紧扣岭南风格特色城市定位，以世界眼光、国际视野推动形成区域综合保护区110平方公里，核心区65平方公里，水面面积8平方公里的挂绿湖景区，规划千亩花园、百亩挂绿荔枝园、荔枝博览园和城市核心区中轴线以及"镇街主题花园"，实施"千园计划"，建设"生态水城、四季花城、田园绿城"，努力建设最具典型性的水城、花城、绿城。

【发展重点】 注重提升城市服务功能，建设上水平、上档次、有特色的医疗、教育、文化、体育等城市服务设施，培育壮大生态经济，建设高品质、低成本的生态城市。

旅游产业

增城境内处处青山绿水，景色宜人，有着十分丰富、多姿多彩的旅游资源。自然禀赋和历史文化内涵丰厚，区内名胜古迹如珠链般点缀，别具特色的荔乡风情和岭南水乡景色美不胜收。

【北回归线最美生态旅游景观带】 北回归线是太阳在北半球能够直射到的离赤道最远的位置，是地球上北温带与热带的分界线。北回归线穿过的国家有中国、缅甸、印度、孟加拉国、阿曼、阿联酋、沙特阿拉伯、埃及、利比亚、阿尔及利亚、西撒哈拉、巴哈马、墨西哥等。在中国境内，北回归线自西向东依次穿过云南、广西、广东、台湾。广东境内主要穿过肇庆封开、从化、增城、汕头等地，并在多地建有北回归线纪念碑、广场、标志塔等纪念建筑。

北回归线经过的国家里，有15个国家位于沙漠地带，而增城是北回归线上为数不多的绿洲，在增城这个得天独厚的地方，旅游资源还有着巨大的开发空间。在未来增城旅游的规划中，将以白水寨、二龙山花园等为重要依托，带动增城的原生态旅游产品和人文资源推广。可以预见，增城将成为北回归线上的最美生态旅游景观带。

【旅游经济】 增城拥有4A级景区1家（白水寨风景名胜区），3A级景区4家（湖心岛旅游风景区、何仙姑旅游景区、增城文化公园、小楼人家景区）；2014年全区接待游客1 998.26万人次，同比增长6.88%；旅游业总体收入63.01亿元，同比增长19.63%。

【自然资源】 经过科学的规划和发展，增城的旅游资源形成了"一江、三道、十点"及南中北三个旅游产业圈的格局。

"一江"即增江画廊景区，"三道"即自驾车游绿道、自行车游绿道、水

中新镇坑贝古村

上游绿道，"十点"即挂绿湖、白水寨风景名胜区、湖心岛旅游风景区、广州二龙山花园、何仙姑旅游景区、小楼人家景区、莲塘春色景区、南香山、白水山、白江湖森林公园景区。南中北三个旅游圈即南部工业商贸产业旅游圈、中部文化产业旅游圈、北部生态旅游产业圈。

【人文资源】 悠久的历史、灿烂的文化积淀，为增城留下了丰富的人文资源。增城是八仙之一何仙姑的故乡，何仙姑旅游景区的何仙姑家庙、千年仙藤、庙顶仙桃等神奇罕见；出过不少历史名人，如南宋名臣崔与之、明代三部尚书湛若水、太平天国翼王石达开等；现有省级文物保护单位万寿寺大殿、湛若水墓2处，市县级文物保护单位98处，对外公布的文物共499处；还有古海遗踪、坑贝村古建筑群、光布村客家围龙屋、金兰寺贝丘遗址、广州唯一吊桥碉楼宁远楼等保存完好的古迹；正果畲族村是广州地区唯一的少数民族聚居地。这些宝贵的人文资源，是增城历史悠久、文化灿烂的重要见证，也是增城旅游的亮点。

【农家乐】 增城的农家乐旅游产业初具规模，特别是区内各景区景点周边农民兴起了开办农家乐的热潮，建成了一批风格各异、价钱实惠、服务规范的中国乡村旅游金牌农家乐项目。农家乐初步形成依托八大核心景区（白水寨风景名胜区、湖心岛旅游风景区、畲族民俗风情区、小楼人家景区、何仙姑旅游景区、广州二龙山花园、增江画廊景区、莲塘春色景区），围绕自驾车游、自行车休闲健身游、增江画廊水上游三大绿道网沿线布点的格局，主要分布在小楼、正果、派潭三镇和荔城街、增江街以及城乡绿道沿线。通过发展以农家乐为主要载体的乡村旅游，探索以乡村生态旅游为特色带动现代服务业发展，推动生态旅游与都市农业相融合，拓宽农民增收致富的新路径。

绿道骑行

【千园计划】　　2014年6月，增城正式开展"千园计划"，即在全区辖区范围内建设一批有绿道、休闲设施的公益性、开放性的小花园、小公园。增城地方政府高度重视，将"千园计划"列为2015年民生十件实事之一。截至2015年6月底，增城纳入"千园计划"建设的园区共1 213个，已建成715个。实施"千园计划"是增城贯彻落实"绿色化"的重要抓手，实施"千园计划"一年以来，有效带动了城乡环境优化，营商环境进一步提升，民生福祉持续改善，社会风气得到净化，也为发展生态旅游、促进农民增收提供了平台。关于"千园计划"的建设，增城的思路很清晰：一是切实跳出传统"建"的思维模式，利用好街心街角、闲置用地，不盲目追求规模，不搞大拆大建，因地制宜建设；二是明确推进重点，优先抓好"卫生死角"，重点关注人口密集但休闲场所缺乏的地方，努力让成果惠及更多群众；三是提高建设品位，力求把每一个公园、花园都建成精品；四是充分调动各方积极性，充分调动各镇街、村社以及社会各界的积极性，引导企业、社会团体、民间资本等社会力量参与建设；五是用好民主议事平台，集各方智慧，确保工作和谐推进，真正把好事办实，把实事办好；六是重视做好后续管护，实施精细化管理，建立健全长效的管护机制。

【万家旅舍】　　按照"一间房，两张床，三顿饭，留下几百元，农民收入翻一番"的基本思路，增城从2014年7月底起至2017年7月底止，将用三年时间实施"万家旅舍"计划，具体是通过规划一批、新建一批的办法，在全区11个镇街的行政区域内，规划建设一万个家庭旅舍（馆），并建立统一的营销、管理机制，逐步形成珠三角以及国内外大众旅游市场所欢迎的休闲度假产业，带动第三产业发展，促进农民增收致富，发展大众化旅游，推动生态、绿色经济崛起。

具体来说，"万家旅舍"就是依托增城生态旅游核心景区景点和优质的生态及人文资源，利用现有的村民、村集体及企事业单位合法闲置住房，融合当地自然人文要素，迎合城市人的创意和美学元素，充分挖掘乡村旅游魅力资源而打造的颇具特色、主题各异、提供休闲游憩的度假住宿的品牌产品，包括高端、中端和大众市场消费的特色休闲度假住宿产品，力求为顾客营造规范、安全、休闲、舒适并能留下乡愁记忆印象的住宿环境。

增城的万家旅舍，包括城乡家庭旅馆（客栈）、度假村、生态农庄等，加挂统一的灯标、LOGO和编号，纳入标准化、精致化、品牌化管理。这是增城一个具有国际旅游休闲度假目的地意义的亮丽品牌。

【美丽乡村建设】 美丽乡村建设是增城涵盖农村经济、社会、文化、生态及农民素质提升的系统工程，不仅给村庄一个美丽的外表，还将提升农村、农民的生活水平和生活质量，实实在在地提升农民的幸福指数，推动城乡一体化发展。目前，增城已确定荔城街庆东村温山吓社、中新镇霞迳村、派潭镇高滩村田心塘社、小楼镇西园村、增江街初溪村、大埔围村、朱村街丹邱村、仙村镇基岗村、永宁街郭村、石滩镇仙塘村、仙村镇沙头村、正果镇黄屋村等为增城美丽乡村建设试点村。

美丽乡村建设的目标是力争实现功能区分清晰，产业特色明显，村容村貌整洁，生态环保和谐，基层组织坚强，村民就业充分，农民持续增收。比如，中新镇霞迳村不仅是增城美丽乡村建设试点村，而且还是广州市美丽乡村建设试点村。据了解，霞迳村结合村民的生产生活特点，把该村划分为农民居住区、旅游开发区（旧村拆除泥砖房腾出用地）、生态农业区、村内企业发展区四个功能区。该村将为村民建设集中居住区，真正让"住宅进区"，实现集约节约用地；通过拆除泥砖房，腾出空间和旅游发展用地；利用土地流转和农业扶持政策，发展2 000亩现代农田；规范整治好村内现有企业，为农民提供更多就业机会。

又如，增江街初溪村坐落在风景如画的增江河畔，处处鸟语花香，美丽的初溪公园吸引了许多市民前往娱乐休闲。初溪村将结合北汽项目的区位优势，将"以工业反哺农业，以产业带动发展，打造农民新居，持续提高农民收入"作为目标，坚持科学规划和创建美丽乡村。除了加强硬件设施建设，文化强村也是增城美丽乡村建设的一大亮点。正果镇黄屋村就以打造人文历史名村为目标，实行旧村环境整治，在村域范围内努力发展都市农业及乡村生态旅游，将该村打造为农业观光及生态旅游的宜居村庄。黄屋村将对现有村道、巷道进行修整，完善交通系统配置，铺设人行道，对排水沟进行统一硬底化处理；对村内环境卫生进行整治，尤其是在村内重要活动场所、塘边、村道边种植绿树。

此外，该村还注重建设休闲活动场所，开设橱窗向村民宣传文化知识，打造村民文化活动中心，进一步提高村民的文化修养和自身素质。

【大美增城摄影大赛】 2014年4月，作为"人文增城"建设的系列活动之一，"大美增城"全国摄影大展启动。面向国内外摄影家、摄影爱好者征集摄影作品，是增城首个国家级摄影赛事，也是近年来广州地区举办等级最高、奖金最丰厚、规模最大的一次摄影比赛。在长达一年的时间里，来自全国各地的摄影家走进增城，发掘增城的山水之美、人文之美，用镜头记录下这座现代化生态城市的美丽瞬间。摄影大展共收到来自国内外的投稿作品约7 000幅（组），作品内容丰富，涉及增城自然风光、旅游生态、人文历史、社会风貌等主题，其中，有鹤群栖息翔聚的鹤之洲，串联起山水城乡的绿道林带，碧波荡漾、风景如画的增江，飞流直下三千尺的白水仙瀑，华灯初上的城市夜景……经过层层遴选，评选出114幅（件）入围作品。其中，金质收藏作品1幅（件），银质收藏作品5幅（件），铜质收藏作品8幅（件），优秀作品100幅（件）。这一幅幅独具匠心的图景，成为传播"大美增城"的印记。

【旧增城八景】 旧的"增城八景"在清末民初年间就有评选记载，"八景"为南山钓台、增江晚渡、南山凤塔、燕石翔云、雁塔啼鸣、鲤鱼春浪、鹤岭书声、龟峰秋色。

【新增城八景】 新的"增城八景"则为1991年评出，"八景"分别为小楼仙源、古海遗踪、高滩温泉、正果佛岩、百花崖影、凤台览胜、西园挂绿、雁塔长虹。

【增城非物质文化遗产】 国家级非物质文化遗产：增城新塘榄雕；省级非物质文化遗产：客家舞貔貅、何仙姑与挂绿的传说、畲族拜祖公图；广州市非物质文化遗产：客家山歌"过山拉"、舞春牛、舞火狗。

【地理标志保护产品】 增城丝苗米、增城迟菜心、增城荔枝、增城挂绿、派潭凉粉草。

【旅游文化节庆】 荔枝文化旅游节、何仙姑文化旅游节、登山旅游节、增城菜心美食节、新塘国际牛仔服装节、新塘国际龙舟节、正果乡村旅游美食节、广场音乐文化节、广州甘泉文化节等。

生态北部

增城的北部包括派潭镇、小楼镇和正果镇。在1000平方公里的土地上，处处青山绿水，一派田园风光，生态景观罕见独特，奇峰奇石林立，球状风化地形地貌神奇特异，山乡田塘村林各具特色，温泉天池湖泊森林生态相依，广府文化与客家文化融合共存，堪称"南国乡村生态大公园"。

派潭

白水仙瀑

派潭镇地处珠江三角洲地区北端，是增城北部最大的山区镇，距广州市70公里，东北面与龙门县毗邻。全镇总面积290平方公里，辖34个行政村。派潭镇是一个农业大镇，主要农产品有水稻、荔枝、龙眼、大红柿、凉粉草、烟叶、粉葛、茶叶等，其中凉粉草、大红柿、粉葛是久负盛名的土特产。

派潭镇也是典型的生态镇，是广东省境内少有的原始自然生态景观保持较好的地区，与南昆山自然保护区一脉相连。区内的白水寨风景名胜区驰名中外，有我国大陆落差最大的高山瀑布——白水仙瀑；有广东省目前漂程最长、落差最大、叠水最多、风光最为原始的漂流项目——大丰门漂流；有九座海拔超千米的山峰，奇特险峻。派潭荣膺"全国重点镇""全国特色景观镇""中国十大休闲旅游名镇""广东省旅游特色镇""广东省生态示范镇"等称号。

派潭的其他旅游资源主要是古村宗祠，大多是在元、明、清三个朝代建村，而且一旦建村，大多世代相守，甚少有村庄消失，其古村落主要呈现三个特点：一是江西、福建、新丰三地是主要发源地，迁居者一般是从江西或福建途经新丰，以新丰为中转点再进入增城；二是由县内支系发散，沿路建村，就近开枝散叶，在派潭地域内迁移；三是广府人居住的本地村多是由二廊三间一天井或一客厅的院房相隔构成巷村，客家村则多为聚族而居、廊屋相通的围屋村。派潭境内典型的古村宗祠有新高埔村、熊氏宗祠、邓村石屋、鹅兜村、大埔村等，都是休闲旅游的理想目的地。

白水寨风景名胜区

　　各位游客，大家好！欢迎大家来到增城最美的景区——白水寨风景名胜区。白水寨位于增城北部派潭镇境内，以中国大陆落差最大瀑布闻名，被誉为广东"山水名片""北回归线上的瑰丽翡翠"。从这些赞誉中我们也能感觉到白水寨的美丽与大气！

　　白水寨风景名胜区东临南昆山脉，西邻从化温泉镇，南界增城小楼镇，北边则紧接广州市白云区。距广州市区、东莞、深圳、惠州和香港等均在一个半小时车程左右，交通便捷，是珠江三角洲生态休闲度假旅游胜地。白水寨园区内的自然生态非常丰富，竹影碧绿，古木参天，蝶舞蜂飞，尤其是面积达200平方公里的茂密水森林，更是夏季避暑纳凉的天然帐幕。2005年2月白水寨被评定为省级风景名胜区；2006年，该景区被广东省旅游局评选为"自然生态类最美乡村旅游示范区（点）"；2008年首届"选美广东"评选活动中获得"我最心动景区"奖项；2009年4月，白水寨景区被广州亚运会志愿者部选为首个广州亚运会志愿者实训基地，为数万名广州亚运会志愿者提供充满趣味性的户外拓展训练。

如诗如画的白水寨

白水寨崇山峻岭，群峰挺拔，奇峰奇石林立，海拔在1 000米以上的山峰就有9座，其中最高峰为海拔1 084.3米的牛牯嶂。其峰山势险峻，集雄、奇、险、秀于一身，山顶是花岗岩球状风化形成的怪异石蛋、岩洞，岩体表面有很多龟裂状的圆圈，这在南方各省花岗岩地貌中十分罕见，几近鬼斧神工。这里有令人望而生畏的悬崖峭壁，有重达千吨的山顶巨石，有长眠山下的大卧佛，有威武的将军石，有圣洁的母乳石，还有石象、石麒麟、石海豚……真是目不暇接，数不胜数。主峰白水寨山高828米，落差达428.5米的大瀑布从白水寨山上飞流直下，远看如白练飞虹，近观若仙子下凡。相传，这道形态优美、充满灵气的瀑布乃是八仙之一何仙姑的化身，所以被后人尊称为"白水仙瀑"。

　　风景区内有高山温泉，资源丰富，水温28℃～73℃，日出水量3 400吨，含氟、硫、氯、钙、钾、锌等，属偏硅酸泉，是极具保健疗效的稀有温泉。此外，景区内古村落星罗棋布。白水寨湖泊、天池众多，犹如散落在绿色群山之中的一块块蓝宝石或翡翠碧玉。被誉为"南国天池"的大封门水库、白水寨天池和七仙湖等，一泓秀水终年丰盈光艳、碧蓝如湛，春夏为雨雾烟霞笼罩，秋冬被长风波澜搅动，真可谓是"湖上一回首，青山卷白云"。碧水蓝天，青山白云，意境无限。

　　茂密的森林、充足的日照与湍急的水流，白水寨具备了产生充沛空气负离子的这三大要素。据权威机构中南林学院测定，白水寨飞瀑区域空气中的负离子含量高达11.25万个/立方厘米，位列广东参与测评的各景区之首，是名副其实的天然大氧吧。

　　为了使游人在登山观瀑吸氧的过程中获得最舒适的享受，白水寨园区内规划了多条登山路线。除了广东最长的登山步道——有9 999级石阶的"天南第一梯"，以及全国唯一一条用海船木建造的亲水栈道外，游人还可以选择乘车上山观光。此外，在白水寨山下还建有原生态山水乐园、儿童山水乐园、荔乡风味餐厅、水车群落和花之广场等配套设施，登山归来的游客可在此休憩放松。

　　白水寨风景名胜区分为白水仙瀑、大丰门、高滩温泉、派潭河、密石卧佛、车洞水车、牛牯嶂、石马龙、古村和高埔十大景区。随着白水寨内多个旅游项目的相继建成并对游客开放，旅游产品日益丰富，市场承载力不断提高，白水寨集观光、休闲、度假、健身、体验、商务于一体的综合型景区的品位进一步凸现，成为广州旅游新的聚焦点。

　　白水寨的概况就为大家介绍到这里，下面让我们一一去领略白水寨之美吧。

白水仙瀑

　　白水仙瀑是白水寨风景名胜区的核心景区之一，位于白水寨山上。白水寨山高林密，雨量充沛，这里每年降雨量达到了2 200毫米，造就了景区内千泉百瀑的大自然奇观。这里拥有中国大陆落差最大的瀑布——白水仙瀑，落差达428.5米，瀑布从海拔828米的白水寨山之巅飘然而下，气势磅礴；瀑布外形如古代仕女，翩翩挂于悬崖峭壁之上，为国内瀑布之罕见，是增城旅游的地域标志。

【远观】　大家从这里远望瀑布，是不是有"飞流直下三千尺，疑是银河落九天"的感觉呢？其实刚刚我们沿着增派公路（增城—派潭）一路前往白水寨的时候，前方的视野就非常宽阔。我们远远就能看到，洁白纯净的白水仙瀑正从远处的高山上飞泻而下，分三层跌落，形成了三段形态各异的瀑布。开始一段如玉龙凌空起舞，中间一段如巨幅丝帘披挂，最后一段似白绢散落林间，三段瀑布有分有合，一气呵成，犹如白练飞虹点缀在青山绿水间，蔚为壮观。

【近看】　我们现在来到白水寨山下，大家不妨仔细打量一下，这里连绵的群山都被茂密苍翠的森林覆盖着，在浓浓的绿意怀抱之中，一道长长的瀑布飘然而下，有如仙女下凡。她冰清玉洁，手持一朵白莲迎风而立，安详娴静。每年夏季丰水期，瀑布水量充沛，其形态也更丰满，更展现出仙女的奇观，或站，或蹲，或飞舞，或飘然独立，让人惊叹。相传这道神奇的瀑布乃是"八仙"之一何仙姑的化身，她在得道成仙时把自己的形态化为瀑布，所以称为"白水仙瀑"。增城当地人说，何仙姑的家就在与白水寨所在的派潭镇相邻的小楼镇，但她得道成仙，却是在灵气独具的白水寨山呢。

【细看】　有易学专家发现，白水仙瀑在峡谷中奔流的时候，顺着山谷的走势自下而上分为六段：在山下，瀑布绵延千里，化作流动的清溪，犹如蛰伏的巨龙；及至在山涧遇到巨石拦路才现出真身；再往上，瀑布声威愈壮，发出轰鸣的响声；紧接着，它又纵身一跃，沿着高高的山岩向上攀升，身手矫健时如飞龙腾空，气势磅礴处更如蛟龙昂首。这宛如巨龙从蛰伏到腾空的过程，正与《易经》第一卦乾卦的卦象完全吻合，非常神奇。大家不妨仔细观察观察，看看是不是有道理。

【亲沐】　为了给各位游客带来比视觉感受更具质感的触觉享受，在白水寨山上靠近瀑布的地方建有多个观瀑平台。虽然瀑布旁的山崖是最佳

亲水栈道上游人如织

的观赏地点，但由于岩石笔直陡峭无法站立，景区方面便用坚固的海船木板在山崖上建造了三个观瀑平台，利用奇妙的空间组合使游人与瀑布近在咫尺。当我们置身于1 425级的瀑鸣台时，瀑布自身旁轰鸣而下，如巨幅丝帘披挂在半空中，震慑云天。继续往上走数百级步阶，或沿着瀑鸣台旁曲折蜿蜒的小路爬升，就到达了2 199级的亲瀑台，这里是第二层瀑布跌落的地方。站在台上，可同时眺望远处的山川，聆听虫鸣鸟语与瀑流鸣响交织而成的大自然乐章。3 299级的沐瀑台是最接近瀑布源头的地方，瀑水仿佛就在我们头顶的峭壁上凌空飞落，激起阵阵水雾，带来一身的凉爽舒适。沐浴在瀑布营造出的缭绕雾气中，聆听瀑布冲击岩壁的轰鸣水声，恣意呼吸混合着清凉水气和丰富负离子的空气，令人通体舒畅。

【白水仙瀑传说】　白水寨瀑布，其瀑面形态像一位侧立的仙女，传说正是何仙姑的化身。相传很久以前，每年的三月初三，天上各路神仙都会应王母娘娘的邀请，到昆仑山瑶池参加蟠桃盛会。吕洞宾、汉钟离、铁拐李等七位神仙，只因缺少一位向王母娘娘敬酒的女仙而迟迟不能成行。吕洞宾情急之下，驾起祥云遍游天下，欲寻一位有仙缘的人间女子共赴蟠桃盛会。

吕洞宾曾在博罗罗浮山修炼过道术，心想此处是道家福地。这一带人杰地灵，必有合意之人。于是他按落云头，谁知由于心急用力过猛，没有落在罗浮山，却落在离罗浮山不远的增城县城内一个叫春冈的山上。当时正是唐朝武则天时期，何泰夫妇从小楼迁居到县城，就居住在春冈山脚下。何泰在县城开了一间远近闻名的药材铺，名叫"泰全堂"，意即药铺里的药材又好又多。何泰出身书香之家，做生意以积德行善为本，时常拿出钱粮救济穷人，人称"何善人"。何泰年过四十始得一女。此女出生时已非同凡响，旧时县志记载：仙姑在出生时，有紫色的云彩缭绕在屋顶上。何女三四岁时，聪明伶俐，诗书倒背如流。长到16岁时，何女不仅出落得貌如天仙，而且知书达礼，才智过人，上门求亲的人踏破了门槛。何泰夫妇心里乐开了花，要从中物色一个百里挑一的上门女婿来承继家业。

当日，何泰正在坐堂售药。吕洞宾走下春冈，化作云游道士，逐户化缘。走在街上，忽见"泰全堂"药店，吕洞宾心想，泰全泰全，即什么都全，如此大的口气！随即想去打探一番，看是否名副其实。何泰见一云游道士进门，便笑脸相迎。吕洞宾还过礼后就说："我要买几味药，不知宝号可有？"何泰答道："我祖传药铺，有三千药料，八百丹方，远近闻名，一定可以满足你的要求。"吕洞宾听说即提笔在手，在药店粉板上写下四味药名：一要家和散；二要顺气汤；三要清毒饮；四要化气丹。

何泰找了半天，一味也没有找到，心知道士有意刁难，只好回吕洞宾说没有此四味药。谁知吕洞宾一定要这四味药，说没有就砸招牌，两人就你一句我一句争吵起来。

正在楼上读书的何姑娘被争吵声惊动，忙下楼探问何事。何姑娘对吕洞宾说："仙长莫急，您要什么药待小女子帮您找。"吕洞宾见何姑娘柳眉奇清，体态轻盈，天生一副天仙模样，心里已觉此姑娘有缘，于是将要找的几味药重述一遍。何姑娘一听就问吕洞宾："请问仙长是自幼出家还是中年出家？"吕洞宾答道："自幼出家和中年出家又怎样？"何姑娘说："自幼出家不知此药，中年出家才知此药。"吕洞宾就说："我是中年出家。"何姑娘马上朗声答道："父慈子孝家和散，弟忍兄宽顺气汤，妯娌和睦清毒饮，家有贤妻化气丹。"

吕洞宾一听大喜，心想何姑娘不仅貌似天仙，而且心灵机巧，有仙家慧质，有此姑娘向王母娘娘献酒，王母娘娘不知该有多高兴。吕洞宾于是现出真身，向何泰夫妇说明来意，要度何姑娘成仙。

何姑娘自幼天资聪颖，饱读诗书，喜清静道行，忽见眼前有仙人点化，度她成仙，自然喜出望外。但何泰夫妇只得一女，说什么也不肯让女儿离家步入仙界。夫妇俩为了拴住女儿不让其离开，急急为其挑选了夫婿，并择下日子成亲。何姑娘虽十分孝道，疼惜父母，但自知自己天命如此，修道与尽孝不能两全，便下定决心跟吕洞宾入道成仙。

成亲的日子到了，何姑娘却不见了，只在家里水井旁找到她的鞋，丫鬟又在书房找到她写的一首诗："麻姑怪我恋尘器，一隔仙凡道路遥；此去沧州弄明月，倒骑黄鹤听鸾箫。"

何姑娘诗中言明自己立志修行，何泰夫妇看了，自知女儿再也找不到了，只得伤心地痛哭一场。其实，何姑娘早已到了道家福地罗浮山，找到吕洞宾。吕洞宾见何姑娘立志修行，十分高兴，拉起何姑娘步入云端。何姑娘对吕洞宾说，希望能向家乡父老道别。吕洞宾一听随即掉转云头，飞临增城春冈上空。

何姑娘在彩云缭绕中向父老乡亲拜别。当时增城人都见有凤凰伴着五彩祥云浮在春冈山上空，后又飞落在春冈山。正当人们跪地膜拜之际，一条黄绢从空中飘落在春冈山上，上面写着何姑娘的三首诗，其中一首是这样写的："已随

水观音

群真入紫微，故乡回首尚迟迟；千年留取井边履，说与草堂仙子知。"

后来增城人把春冈山改叫凤凰山，将何姑娘的三首诗写在凤凰山脚下万寿寺旁何家故居井旁的墙壁上，一千多年过去了，至今井和诗还可以见到。

话说吕洞宾与何姑娘离开县城，往北飞去，当飞临增城派潭北部群山时，只见群峰耸立，云雾如烟，古树苍翠，山花烂漫，溪泉清碧，猿猴跳跃，孔雀绚丽。景色如此优美，吕洞宾不由得大呼一声："真是人间仙境。"话毕，何姑娘忽见一女子顺着深洞往下漂，忙呼吕洞宾救人。吕洞宾一看，哈哈大笑："水中的女子，是你的凡体，你已成仙了。"原来只因吕洞宾大呼一句，此地即布满仙气，变为仙境，何姑娘也因此脱胎换骨变为何仙姑了。何仙姑不忍心见自己的身体在水中漂浸，于是施起法术，按照自己身体的模样将肉身点化成一条巨大的瀑布。瀑布如一侧立的女子，面向南边，意思是何姑娘虽然已成仙人，但肉身永留家乡，守望南边自己的故乡。这条巨大的瀑布，就是现在的"白水仙瀑"。

【海船木栈道】 为了让大家可以轻松欣赏白水寨最美的自然生态景观，景区方面还在白水仙瀑奔流的峡谷中用海船木建造了一条亲水栈道。栈道的每一块木板均取自退役的老海船。它们在经过海水几十年甚至上百年的浸泡和冲压之后，品质愈发坚韧与耐磨，更形成了防水、防虫的天然保护性。而木板上那些深深浅浅的颜色、或密或疏或大或小的孔眼以及黑得发亮的铆钉，则令栈道通体散发出大气、厚重、沧桑的美感。海船木栈道顺着山谷、贴着溪流、迎着瀑布而建，沿途水色流丽，山岩秀美，空气清新。虽然是登山步道，但这条栈道却充分体现了以人为本的原则。它在建造时巧妙利用山谷的起伏地势上下连接，尽量减少步阶梯级的设置，并在沿途设置了多个观景凉亭和戏水平台供游客休憩嬉戏。这些贴心的设计都令原本疲惫的登山旅程变得舒适而写意。

【天南第一梯】 大家看，这里从山脚至山顶，修建在白水寨山丘陵线上的，就是远近闻名的"天南第一梯"。这条广东省最长的登山步道横跨三座高山，连接两大天池，全长6.6公里，共有9 999级石阶，分为寻仙、怡景、知难、勇士、览胜、登峰六段，分别寓意"胜境寻仙""悠闲怡景""知难而上""勇士进取""登高览胜"以及"登峰如愿"。大家不妨拾级而上，一边登高远眺，一边吸纳峡谷的灵气，绮丽的风光一定会让您忘记旅途的疲惫。

【高山湖泊】 现在出现在大家前面的就是这里的高山湖泊。白水寨地处降雨频密的增城北部山区，充沛的降雨量不仅造就了中国内陆第一高瀑的磅礴气势，也为白水寨带来了美不胜收的湖泊风光。瀑布从山上飞流直下，蔚为壮观。瀑布源头苍翠、险峻的群山环抱，仙姑天湖和七仙湖就像碧绿的翡翠般镶嵌在层林叠翠间，这两个大型的高山湖泊总容量达480万立方米。在白水寨山下，瀑布流水又汇聚成一个天然的湖泊。湖水清澈，晶莹如玉，晴朗之际，湖面宛若明镜，将旁边的青山密林、绿草红花倒映其中，美不胜收。

【自然美景】 大家在观赏的过程中可以多留意一下我们周边的环境，是不是感觉特别惬意呢？这里复杂多变的地形加上温凉湿润的山地气候，还有不停流动的瀑布水流，为白水寨孕育出了丰富的动植物生态资源。其中以面积达200平方公里的原始山林尤其让人惊喜，一年四季各蕴其趣。春来叶吐新芽，满眼绿意；夏则枝繁叶茂，翠绿清爽；秋来枫香红叶，彩绘山林；到了冬日，叶黄飘零，又平添了几分萧瑟之美。漫步在林荫幽深的森林步道中，仰望着高耸的树林，聆听着清脆的鸟鸣和潺潺的瀑布流水声，任阳光洒落身上，大自然的律动让人心旷神怡。

白水寨一年四季总有不同的花朵在绽放，为娴静的青山绿水增添了缤纷的色彩和热闹的气息。每年3月是最佳的赏花期，园区里随处可见盛开的花儿。栈道上的野花开得最灿烂，与洁白的流水相映成趣；山脚草坪上的桃花和石竹花开得最招摇，桃花绯红如朝霞般绚烂，石竹缤纷如织锦的"地毯"；山上的杜鹃开得最娇俏，艳红的、粉白的、嫩黄的，随着山风起舞；山外乡间公路上的千亩油菜花开得最有气势，从路边一直延伸到远处的山下，交织成一片金黄色的花海，把天地映得金光一片。

【山水乐园】 沁凉的空气，清凉的山水，不知不觉，我们来到了白水寨山脚的生态山水乐园，大自然的气息是如此清新。奔流不息的瀑布为乐园带来了纯净天然的山水，波光潋滟就像翡翠碧绿的光芒。这里的园区分为成人山水乐园和儿童山水乐园两部分，均以大小不一、形态各异的山石堆砌而成，远近

密石卧佛

高低、错落有致。石块经过打磨,圆滑却又不失奇趣。绿树繁花和如茵绿草点缀在水岸边,生机盎然。大家不妨脱下鞋子,放好行李,好好玩耍一下吧!在山水乐园里,我们可以在碧绿透澈的泉水中畅泳、打水仗,玩水上步行球、潮流核子球等水上活动,也可以在这里的拱桥、曲桥上随意走走,或者干脆懒洋洋地躺在岸边,遥望着瀑布秀色,享受悠然自得的乐趣。

当然,小朋友们也不要闲着哦。白云在蓝天上散步,这里水深不及膝的儿童山水乐园最适合小朋友们和爸爸妈妈一起玩耍啦,小朋友们可以尽情戏水,抓山坑鱼,踩小水车,玩泥沙……各位爸爸妈妈可以放心地让小朋友和天然的山水玩个不亦乐乎。

【密石卧佛】 大家来看,这一片山丘像什么造型呢?这里就是目前国内已知的最大的露天山体卧佛。它位于白水寨景区内与高滩温泉相距一望之遥的正西方,连绵起伏着几座矮小的山丘,其中一座山丘起伏的形状,神似一位卧地而眠的睡佛。也有人说,那是佛祖在"天池天浴"。大家看看,它的神态是那么安详,浑然天成,不得不让人惊叹大自然鬼斧神工的造化啊!

【精选登山线路】 登山观光能够陶冶性情、强身健体,但也是一项挑战体能和耐力的运动,所以大家应量力而行,选择适合自己的线路登山。

逍遥游:登山步径起点—海船木栈道—1 425级瀑鸣台。海船木栈道与登山步径起步点相接,通至1 425级瀑鸣台。栈道依水而建,沿途有多个凉亭和观景台。漫步其中，可以一边观瀑戏水，一边呼吸清新空气。行至1 425级时，即可抵达第一个零距离触瀑点——瀑鸣台，感受瀑布奔流直下的磅礴气势。之后沿石阶而下，可达899级观光车站，可选择以车代步，逍遥到底。

经典游：登山步径起点—海船木栈道—1 425级瀑鸣台—2 199级亲瀑台。至1 425级瀑鸣台后，若体力允许，建议沿登山步径继续前行至2 199级亲瀑台。至此已到达第二个零距离接触瀑布点，唯有亲临方知道这条中国大陆落差最大的瀑布的壮美，之后沿步径下山。

挑战游：登山步径起点—海船木栈道—1 425级瀑鸣台—3 299级沐瀑台—仙姑天池。体能充沛者当然更喜欢知难而上。行至3 299级处，即可抵达第三个零距离接触瀑布点——沐瀑台。让从山顶飞驰而下的瀑布水花，沐浴身心。而3 699级的沐云亭，更让人们体会到天人合一的微妙感受。落差高达428.5米，壮观无比的瀑布近在眼前。之后轻松穿过"神仙沟"，即可抵达4 099级处的仙姑天池。

全景游：乘车至山顶仙姑天池，自上而下沿途观景。搭乘景区专车到达瀑布的源头——仙姑天池，自上而下，穿越神仙沟，至沐云亭、沐瀑台、亲瀑台、瀑鸣台、观瀑台，再由会仙桥自下而上沿海船木栈道观景，到达1299级观瀑台后再下山。建议行至899级观光车站时，以车代步，可轻松洒脱。这种全景赏瀑的游览方式是最充实的。

温馨提示：除了步行，游客还可乘车上山，目前白水寨景区内为游客提供上下山往返服务的观光车，包括通往899级观瀑点的环保车及通往瀑布源头仙姑天池的穿梭巴。

高滩温泉

其实大家来到白水寨玩，有一个经典项目是一定要做的，否则就不算来过白水寨了。那就是泡这边的温泉——高滩温泉。温泉景区位于派潭镇高滩村一带，有着丰富的自然露头热泉，其微量元素含量有较高的医疗价值。根据广州测试分析中心按医疗热矿水质标准和饮用天然矿泉水标准测试，温泉水主要含有偏硅酸、氡、硫化氢等对人体具有疗养作用的化学成分，以及对人体健康有益的铨、

在增城泡温泉，是一人生享受

锶、锌和溴化物等微量元素，在温泉浴疗时可以穿过皮肤至人体组织内发挥作用。温泉水日产量达4 000吨，温度均在40℃~63℃，低于这个温度的地热水资源含量更大。

高滩温泉景区内现有金叶子温泉度假酒店、高滩温泉酒店、香江健康山谷、巴登巴登温泉度假酒店、三英温泉度假酒店等。

派潭河

现在，我们看到的这条河流就是派潭河。派潭河发源于南昆山马坑嶂，由高滩水、灵山水、高埔水、车洞水和小迳水等小河组成，流经派潭镇，于小楼镇合二龙河汇入增江。派潭河长36公里，河两岸植被覆盖率高，生态环境良好，风景十分秀丽。河水距离居民很近，方便居民生活。沿河南下有河大塘围龙屋、石篱山、熊氏宗祠和石屋村等景点，到时我们可以一一游览。

牛牯嶂

大家现在来到的就是增城第一峰——牛牯嶂。在白水寨景区的高峰群中，最高的就是牛牯嶂了，它位于派潭镇与龙门县交界，由三座海拔超过1 000米的山峰组成，最高峰1 084.3米，因形似水牛而得名。牛牯嶂的特点是雄、奇、险、秀。雄伟险峻的高大山体，壁立如削，千米山峰由岩石垂直节理发育而成，在高温和雨水冲刷的作用下，山峰突兀，两侧如百丈深渊。奇特秀美的山体裸露，没有一棵乔木，许多巨大的石蛋造型奇特，形成各种各样的造型地貌，似人似物。石狮、石狗、石核桃、石象、石熊、石麒麟、石猿猴等形象应有尽有，蔚为大观。

关于这些石头，有一个美丽的传说。很久很久以前，太上老君化成青年赶着一群石牛沿派潭河而下，到附近一个地方去筑城。当仙人赶到高陂头时，见到一位妇女背着小孩在河边洗衣服，就问她有没有见到一群牛沿河下来，妇女随口答道："哪里有牛？就见到石头一个跟着一个滚下来。"天机被道破，石

牛牯嶂第一峰

牛也停在河中不动了。后来，石牛变成石头留在派潭河，山那边的仙人也变成了一座山，像一头巨大的青水牛牯匍匐着，这就是今天的牛牯嶂。

事实上牛牯嶂形成于燕山四期地质年代，距今已有几亿个年头了，山上奇特的山石景观是因为致密坚硬的花岗岩石经亿万年的风化、剥蚀、冲刷而形成的。牛牯嶂山间有多处以瀑布、奇石、岩洞为主题的胜景，著名的有"七仙姑""星岩""石室"，其中最大的一个岩洞，人称"石洞天"，洞内可以容纳数百人。

牛牯嶂不但景色瑰丽多姿，而且动植物资源丰富，有山牛、山猪、山羊、山鹿、黄鲸、穿山甲、龟、蛇、石燕、画眉、鹧鸪、百灵、山鹰；林木多古松、杉树、红桐、格木、沙树；中草药材有沙参、巴戟、牛膝、鸡骨草、七叶一枝花等。目前，人们在山上筑了大猪兜水库和灯芯塘水库，在山脚建了两座水电站，并修筑灵山公路，直通发电站。

大丰门旅游区

大家现在来到的就是大丰门旅游区。大丰门位于白水仙瀑景区与南昆山景区之间，置身其间，可"尽揽白水寨之飞瀑，坐拥南昆山之雄奇"。北回归线穿越其中，面积达238平方公里。这里遍布奇峰秀水、峡谷激流、森林湖泊、冰臼奇石、瀑布深潭、天梯云雾，千百年来这里人迹罕至、封闭原始，可以说是集全国名山胜水的优点于一身，同时又独具特色，令人叹为观止。

【来历】 大家可能觉得好奇，大丰门这个名字是怎么来的呢？其实啊，据当地人讲，这里以前叫"大封门"，"封"是"封闭"的"封"，这个名字有个美丽的传说。相传在唐朝神龙年间，增城小楼镇有个年轻貌美的村姑，叫何秀姑，她被吕洞宾点化，得道成仙，成为"八仙"之一之后，与其他七位前来相迎的仙人一起东赴蓬莱。当何仙姑驾着祥云，带着七仙来到这里的时候，众仙人被这里的美丽山水所吸引，不禁都停下脚步细细欣赏。而何仙姑也非常留恋这里的山山水水，决定最后在天池沐浴畅游一回，因为以后可能就见不到故乡的美景了。其余七位仙人为了让何仙姑在沐浴时不受打扰，便同时使出仙法，把这里的山门和栈道都封了起来，这样外人就无法进入了。这就是"大封门"这个名字的来历。一直到2003年，增城经过精心的旅游策划和保护性开发，决定把这里作为旅游景区开"门"面世，同时根据景区的发展需要，改称为现在的"大丰门"。

【自然奇景】 据统计，由于山高林密，保护完好，大丰门景区的空气负离子含量达到每立方厘米112 380个，是清心洗肺的"大氧吧"，大家来到这里可千万不要浪费，好好地呼吸吧。景区内森林面积多达13万亩，生长着樟、松、红枫、杨梅树、红花荷、桫椤、毛竹等无数植物，仅是受国家三级保护以上植物就多达上百种，可谓奇花古木丛生，珍稀草药遍野，其中恐龙时代植物野生桫椤和柏栎，都是国家一级保护植物。如果大家运气好的话，还能见到这里的果子狸、穿山甲、小松鼠。这些小动物在这里逍遥快活，甚至可能会有捣蛋的野鸡，冷不防从你身边的灌木丛中拍翼而起，把你吓一大跳，等你回过神来，它已经飞得无影无踪了。

因为这里植被茂密，雨量充沛，山势险峻，加上独特的球状风化地貌，造就了"百湖千泉万瀑"的自然奇观，泉、潭、瀑秀色天成，一泉一景，一潭一色，一瀑一态，潭潭相映、瀑瀑相连。大丰门集雄、奇、险、秀、幽、珍于一体，形成了神奇特异的地质奇观。

瀑布飞流之雄：森林内隐藏着世界级的瀑布群景观，目前已经发现的有36处。如果说白水仙瀑犹如一位文雅端庄的古代仕女，那么落差达88米的锦绣（水过钻）大瀑布就好像一条狂野的巨龙从天而降，气势磅礴，气吞山河，在悬崖峭壁的撞击下，飞入鳄鱼潭激起惊涛骇浪。瀑布水分多股，落分四级，有一注注、一股股狂泻而下的，亦有张开如幕的水帘式浪漫飘泻，形成独特的、多姿多彩的、气象万千的集束式瀑布。锦绣大瀑布集黄果树瀑布之壮阔、壶口瀑布之雄浑、九寨瀑布之隽秀于一体，可谓华南最壮观的瀑布。此外，在游客中心上方，落差192米的翡翠大瀑布在苍山翠绿的掩映下，宛如一条玉带镶嵌于山中，上映蔚蓝深邃的天际，下坠山色空蒙的谷底，似冰清玉洁的少女，霓裳翩翩、风情万种，景中有瀑，瀑中有仙。最为神奇的是，这条瀑布时隐时现，相传这是仙姑出浴时的化身。

石臼石景之奇：锦绣大瀑布的上方，遍布着亚洲罕见的石臼群——其数量之多，体形之大，造型之绝妙，水流之变幻，令人叹为观止。这是大自然历经几十万年甚至几百万年磨蚀而成的作品，这些石臼大多呈圆形，直径在20厘米至5米之间，数量很多，

石臼

好像是一个个摆在河床上的圆盘子和大簸箕，有趣的是石臼里还有小鱼小虾在水草间游弋；筒状的有的深可蓄水，像是大水缸一般，有的底部已经穿透，在上面可以看到浪花从下面飘过……

断崖绝壁之险：景区内奇峰林立，巨壑纵横，断崖绝壁如刀削斧劈，棱角分明，少有曲线。特别是锦绣大瀑布的层级式断崖，顶天立地，陡峭险绝，令人生畏。丰水季节，水花纷飞、彩虹幻出。可谓"奇中见秀丽、拙中见诡异"，至奇至险，在全国花岗岩山体景观中独树一帜。

天池碧潭之秀：被誉为"广东喀纳斯湖"的大丰门天池，就位于景区的入口处，湖面面积近10平方公里，犹如绿色群山环抱的一块翡翠，将两岸青山倒映水中，山衬水、水映山，浑然一体。一泓秀水终年丰盈光艳，碧蓝如湛，春夏为雨雾烟霞笼罩，秋冬被长风搅动波澜。

峡谷深壑之幽：在海拔上千米的牛牯嶂等群峰的夹峙下，砺坻大峡谷两岸悬崖对峙，滩多水急，怪石丛生，泉瀑飞泻，崖树斜逸，异草遍被。峡谷最深处高差达748米，最窄处仅容双人并行。因峡深壁陡，林荫蔽日，谷中很多地方终年难见天日。即便是盛夏来到这里，也会觉得清凉袭人。

高山牡丹之珍：大丰门景区大面积地引种国家珍稀野生花卉——高山野牡丹。其原产地是在云南西部横断山区，生于海拔上千米的山坡灌木林中，既有观赏价值，又有药用价值。

【大丰门栈道】 随着大丰门景区的不断完善，已建成峡谷亲水栈道4 300米。古朴而粗放的原木栈道，依山取势，既经细心雕琢却又浑然天成，可以让你零距离地亲近那一潭碧幽，聆听山泉叮咚；原质的石坎道，可以让你嬉戏流泉、触感溪瀑；雅致的木桥，让你凭栏远眺深山幽谷、晨岚暮霭、雨雾烟霞；在锦绣大瀑布下嬉水滩内为游客设计的游乐场地，设有古典龙骨水车群，古老水车带动着石磨缓缓转动，形态各异，古朴有致。

栈道观景路线：南国天池—观景小食吧—古老水车群—锦绣大瀑布—特色休闲区—峡谷氧吧—薰衣草、波斯花花海世界。

【峡谷漂流】 当然，来到大丰门，不可不尝试的就是峡谷漂流了，这里的漂流被称为"华南第一漂"，甚至还被誉为"全球漂流之霸"，怎么样，大家是不是动心啦？大丰门漂流选址在景区内的砺坻大峡谷。雅鲁藏布大峡谷堪称世界第一大峡谷，大峡谷江面最大坡降（河段高程差与距离之比）为7.535%，而砺坻大峡谷漂流河道的坡降达到惊人的6.157%，其惊险刺激程度不言而喻，巨大的落差和陡峭的河床，赋予了大丰门漂流激情澎湃、奔放汹涌、虎啸奔突、粗犷豪迈的阳刚之美。朋友们可以充分领略一把搏浪飞舟、高歌击桨的豪放。此外，峡谷中遍布何首乌、巴戟、九尾草等野生植物，漂流河道又由多股泉水汇集而成，水中富含中草药成分及多种矿物质。以前山民上山担水，多用此地

勇士漂流

山泉水泡茶洗浴，以养生保健、养颜乌发，所以附近的村落经常可以见到一些百岁老人。在这里，大家可以真正享受在"天然矿泉水"中与浪共舞的乐趣，是地地道道的"养生漂流"。

大丰门漂流河道经过业界资深人士以及国际漂流工程专家精心设计，自然和谐，浑然天成。漂流河道分为三个漂段，分别是威猛漂、霸王漂、无敌漂。全长6 350米，总落差391米，共有930个极速落差，278道大小叠水，6段原始绝壁景观，是广东省目前漂程最长、落差最大、叠水最多、风光最为原始的漂流项目，并已成为国际皮划艇激流赛场、亚洲无动力皮艇激流回旋训练基地。

威猛漂：全长2 890米，总落差112米，连续41段S型急流落差，4个超259米连环大落差，8个戏水战场，漂程约80分钟。

霸王漂：全长5 550米，总落差279米，连续93段S型落差，9个超259米连环大落差，漂程约120分钟。

无敌漂：全长6 350米，总落差391米，其中最大落差57米，有连续467米、近90度的急流落差，漂程约140分钟。

大丰门漂流的"5大王牌"分别如下：

河道最长：全长6 350米的国际顶级赛道，漂程2.5小时，为华南之最。

落差最大：落差391米，坡降6.16%，媲美世界第一大峡谷——雅鲁藏布大峡谷。

风光最美：两岸悬崖对峙，泉瀑飞泻，300米落差的大瀑布群让人叹为观止。

水质最优：由多股山泉汇集而成，清澈见底，达到国家一级饮用水标准。

设计最安全：参照《美国户外运动安全准则》设计，历经4年测试改良。

派潭古村落群

【新高埔村】 欢迎大家来到这个古老的村落——新高埔村，这里是增城目前保存较为原始、整体风貌较完整、规模较大的广府民居古建筑群。据清代《增城县志》及村中《张氏族谱》记载，新高埔村始建于明万历二十六年（1598），该村占地面积2万平方米，坐西向东，依山环水，是极为罕见的有护村河涌（引后山不远处水库水）、碉楼的古村落，村落由前至后依次分布有半月形水塘、禾坪（晒谷场）、屋脊塑龙的门楼、围墙、龙归古庙，村前有一条麻石街。我们细细地看一下这些门楼，还可以看到清代官式装饰，主要有龙、凤、狮、天马、海马、狻猊、獬豸等。

从门楼进入村内，前面居中有梅庵张公祠、补斋张公祠等三大祠堂。大家再往前走，这里均匀分布着九排纵十四路青砖屋，砌的大多是花岗石墙脚，显得非常高雅大方，左右与青云巷相毗连，形成一个紧凑密集的传统砖宅街道，这种窄间距、大深高的巷道，是不是给大家一种肃穆凝重的感觉呢？

村内的这些民居里，还有清代的小花园及花台石雕照壁、木雕嵌玻璃的屏风和玻璃花窗。大家不妨自由地漫步村中，感受这种随处皆有的浓浓古意，追忆一回旧日时光吧。

【熊氏宗祠】 欢迎朋友们来到熊氏宗祠，这个宗祠位于派潭镇腊田布村，在2002年被公布为广州市文物保护单位。建于清代，通面阔28米，通深70米，面积1 960平方米。祠堂深七进，头门面宽三间，两边有衬祠，深三间，硬山顶，碌灰筒瓦，灰塑龙船行正脊，封檐板饰雕花纹，两檐柱为花岗石石质，覆盆状柱础，红色花岗岩墙裙。据熊氏后人言，他们在该村居住至今已29代了。这可追溯到南宋末至元初时代，距今约600年历史了。该祠七进深的布局，在广州市范围内尚未有发现。

【邓村石屋】 各位游客朋友，这里就是邓村石屋了。石屋始建于清代，绝大部分村屋目前仍保留清代建筑风格，民居为四合院式，是增城典型的较大规模的客家围屋古村落。该村面阔82.5米，进深为41.5米，建筑占地面积3 400多平方米。村落依山傍水，村前为半月形水塘、围墙、禾坪（晒谷场）以及三排平铺麻石路，村的左右各设一门楼，村屋正面开有三扇趟栊门，村右侧建有一座七层青砖碉楼，高约22米，宽约11米，呈四方形。村屋以祠堂为中轴，对称横纵向各建两列居屋。祠堂面阔五间，为三进两天井院落四合院式布局，主体建筑为风火式山墙硬山顶，穿斗式梁架结构，驼峰斗拱，瓜柱和梁枋精雕细刻，墙头饰传统的山水、花鸟、人物、故事彩画，屋脊灰塑、封檐板等装饰雕塑精湛，结构和装饰都保存得非常完整。

熊氏宗祠

　　【鹅兜村】　朋友们，这里也是一个典型的清代传统广府村落。大家可以看到，村子位于山脚，呈带状分布，是这个区域绵延山脚最长的村落，约有1公里长。村落规模较大，保存比较完整。房屋装饰特色有木雕、彩绘、灰雕工艺。有祠堂、水塘，沿村中小巷设置排水沟渠，村民主要从事传统的农业养殖业。鹅兜村自然风光优美，绝对值得我们一游。

　　【大埔村】　这个村落已有280多年历史了。村里的秉辉公祠保存完好，祠门前堂广阔，堂前有月形水塘，塘里鱼跃清波。站在堂中放眼万顷良田，郁郁葱葱，一派生机。近年来，大埔村大力发展特色农业，先后建成了荔枝、优质香蕉等一批林果基地，十分适合都市一族休闲度假旅游。

🏵 派潭百年老街 🏵

　　大家现在所处的街道就是派潭老街了。它位于派潭镇人民街，是明末清初的老街。派潭逢农历三、六、十为圩期，届时老街上便人潮涌动，热闹非凡。街长约200米，宽约6米。沿街巷排列两至三层骑楼，沿里弄排列居民住宅以及商业建筑等。局部保留有古旧青石路，路旁有古榕树和古木棉树，街巷尽头通向派潭河，景观优美。古街后面可以直接欣赏小河、石桥、田园、群山等美景。大家可以在街上买点本地特产。

派潭老街

小迳村

　　欢迎大家来到小迳村,这里是一个革命老区村庄。派潭镇是著名的革命老区,截至1993年就有18个村被批准认定为革命老区村庄,其中最著名的就是小迳村。早在1937年9月,小迳村就成立了由共产党领导的抗日自卫队。其一边配合正规军对日作战,一边发动群众开展抗日救亡运动。小迳村还是东纵北撤复员人员自卫队驻地、东纵四支队基地及中共增城县委(1948年)的旧址,以及中共增城县地下交通联络总站。1948年县委带领军民进行"小迳反击战"的战场,1949年东江纵队第三支队二、六团增从边办事处旧址,在东江革命斗争史上占有重要的地位。小迳村革命根据地已被广州市委党史办和增城市委党史办确定为"党史教育基地",派潭镇在小迳村建设革命斗争史展览馆中张挂了近百幅珍贵革命史料照片,再现轰轰烈烈的革命斗争历史。

　　【小迳村旧事】　　小迳村于民国二十六年(1937)9月间成立抗日自卫队,后改称增城县民众抗日自卫团独立第十一中队,有100余人。1938年冬至1939年冬,日军多次进犯派潭、正果地区,小迳村自卫中队配合国民革命军在派潭湾吓交通要道担任警戒和维持当地治安要务。

　　1940年2月,该村建立中共支部,进一步发动群众开展抗日救亡运动。同年5月至8月中共增城后方县委机关驻该村。1945年8月日军投降后,东江纵队第四支队曾驻小迳,中共小迳支部筹集粮草支持部队。是年冬,国民党当局"围剿"东纵四支队，小迳村东坑和大岭脚的民房大部分被烧毁。1948年3月，中共增龙县委机关驻小迳，4月，县国民党当局派武装1 000余人进村"围剿"，小迳民兵配合县委机关警卫排等进行抵抗，取得反"围剿"的胜利。1949年8月，中共增城县委机关驻小迳，直到增城全境解放。

这里的每一寸土地都浸染过正义之血；这里的每一块砖头都铭刻过不朽之诗；这里的每一株草木都生长过野性的传奇。这里曾经全民皆兵，一个当时仅有几百人的小山村，在抗日战争和解放战争中，就有81人参加革命。

1948年4月，国民党军队联合地方反动势力共三四千人，向派潭游击区发动空前残酷的"围剿"，游击队根据地遭到严重破坏。这是一场典型的敌强我弱、以少胜多的战役。敌人冲进小迳村，全村村民奋起反抗，许多群众被国民党兵打死或打伤，财物被抢劫一空，还被抢走耕牛100多头。大家在展览馆里可以再次看到这些场景。

【增城县委旧址】　大家好，这里是增城县委旧址。它是一栋当地普通的建筑，青砖墙体，屋顶为木质结构，屋面为黑色燕子瓦。尽管它的周围是残垣断梁，荒草萋萋，却仿佛可以听到当年那金戈铁马之声。

旧址的门楣正中为三个苍劲的大字：山海镇。两侧雕刻着宋刚、宋岳、宋博等英雄的名字，他们曾率部队驻扎在这里，浴血奋战，为解放战争立下了不可磨灭的功劳。从大门正中进去，我们可以看到一个小小的四合院，这种院子具有清代南方典型的客家院落特征：石阶、廊柱、天井、重门、藏书阁、堂屋，显得朴实而雅致。而堂屋的两侧及后面是一间连一间的房子，有十多间，每一间面积都不是太大。

【增城县地下交通联络总站】　大家可能看过那部电视连续剧——《地下交通站》吧，这里就是一个地下交通联络站，设在小迳村。它建于20世纪40年代，前后相距200米有两处联络站，都是比较典型的客家围屋，门口仍挂有新中国成立后颁发给宋刚、宋博的"军属光荣"和"工属光荣"的纪念牌。宋刚的故居现仍有人居住，宋博的故居经过翻新，现保存完好，成为广东红色旅游景点之一。

宋刚、宋博、宋岳、陈李中、丘松学、李一鸣、钟育民、钟达明、徐文、朱翼、罗声以及千千万万前赴后继的英雄们，他们的名字就是血与火淬成的石头，这块石头就是佩在派潭大地母亲怀抱中的一颗闪亮的红宝石！

派潭民俗：舞貔貅、舞春牛、客家山歌

派潭镇人口的70%是客家人，客家文化源远流长，蕴藏着深厚的文化底蕴。客家民间文化艺术项目有舞貔貅、舞春牛、客家山歌、舞渔灯、舞凤鸡等，它们都是派潭文化的重要组成部分，来到派潭，有几项民俗活动可不得不看。

【舞貔貅】　增城舞貔貅活动始于清乾隆年间，距今有近300年历史，是当地客家人的传统舞蹈节目，又称"舞客家猫""舞客家狮""舞醒狮"，被列为广东省级非物质遗产。作为春节传统民俗的舞貔貅，广受当地村民欢迎。

　　在舞貔貅的表演中，除主角貔貅外，表演者一般还有大头佛、黄面猴、绿面猴、驼背猴与小狮子。表演中，貔貅有时静如处子，有时动如脱兔；大头佛憨态可掬，舞步慢条斯理；黄面猴机灵活泼，一会儿挑逗大头佛，一会儿戏耍貔貅；驼背猴两腿一跨，蹲着马步就上场了，十分喜感。整个表演呈现出热闹、祥和的气氛。

【舞春牛】　派潭镇客家人以耕读传家，自古形成了不少崇尚牛的牛耕文化。据说，派潭"舞春牛"是明末清初从江西长宁一带南迁至派潭的客家人围绕农业生产，模仿鞭牛耕地的鞭春、迎春牛等习俗。每年春节来到，客家人舞起春牛，通过放牧、犁田、担花篮、送饭等情节，相互逗乐，抒发感情，表现对未来生活的祈求和对爱情的祝福。

　　派潭的"春牛"由竹料扎骨架，用纸盒和黄色绸缎扎成一条"牛"，有牛角、牛眼、牛嘴、牛身、牛脚和牛尾等，惟妙惟肖，俨如一条健壮的黄牛。牛肚空心，便于"舞春牛"时由演员背起，一般由三男三女共六个演员组成，道具还有鞭子、犁、锄头和花篮等。

【客家山歌】　客家山歌是客家人口头创作的结合生活和实践的智慧结晶。据有关资料记载，客家山歌源远流长，早在宋代就已经很流行了，至今已有千年历史。

舞春牛

增城地区的客家山歌歌词朴实、韵律优美、格调清新、易唱易懂，有着自己鲜明的六个特点：条条山歌有妹名；自古山歌从口出；山歌多是情歌；双关意思耐人寻味；以"赋、比、兴"的手法来表达意境、主题；"山歌打擂台""山歌大联唱"或到野外唱"过山拉"等文化娱乐活动与时俱进。增城客家山歌常用的调子有：春牛调、过山拉、打画眉、五句板、莲花板。

派潭广场

大家前面这个广场就是派潭广场。广场占地面积1万平方米，配备25平方米的户外LED彩色显示屏一台和占地300平方米的室外永久舞台一座，具备表演、文体健身、休闲活动、曲艺表演等功能。派潭镇还以党委、政府办公区为中心，依托派潭广场，将综治信访维稳中心、计生综合楼、文化中心、图书馆、影剧院、老干活动中心、劳务服务中心、农业技术服务中心、便民综合中心等窗口单位汇聚在广场四周，形成便民、利民、为民的服务区域，使群众办事尽享一站式服务。

合利蔬菜基地

朋友们，今天我们要造访的这个蔬菜基地位于派潭镇刘家村，是香港合利贸易公司于2001年12月投资建设的一个标准化无公害蔬菜示范基地，也是广州市十大蔬菜基地之一。主要种植品种有菜心、白菜、豆角、葱、节瓜等，产品主要销往香港、深圳、东莞、广州等地，年产销蔬菜4 500吨，总产值1 800万元。该

增城菜心

基地规划建设面积3 000亩，目前已完成首期建设面积1 500亩，分别建有库容量为434立方米冷库2座，自动化喷灌面积500亩，温棚育苗室100个，下阶段计划扩大建设面积至2 000亩。

合利蔬菜基地积极实施"公司+基地+农户"的农业产业化经营模式，带动周边农户大力发展蔬菜生产，年收购农户种植的蔬菜320吨，增加当地农民年收入150多万元；解决当地农户就业岗位近100个，增加农民年收入80多万元；租用土地1 500亩，增加农村集体年收入90万元。

将军石的传说

在南昆山白茫茫的群山中，派潭至南昆山的温南公路22公里处，是几十丈深的大丰门支流深坑瀑布。瀑布日夜不停向山下奔流。深坑对岸高山陡峭的山峰叫沥底山，沥底山上有块数丈高的巨石屹立在半山坡上，这块神奇的巨石叫将军石。将军石的由来，有着一个悲壮的传说，这是一个古代起义军与朝廷军队之间生死搏斗、壮烈无比的战争故事。

据传当朝皇帝昏庸无能，国家战乱频仍，天灾人祸，民不聊生，各地起义军纷纷揭竿而起，南方武林和穷苦百姓组成一支武装起义军。起义军作战勇敢，爱护百姓，特别是起义军首领李将军精通武艺、英勇善战，带领起义军打了无数胜仗，沉重打击了朝廷军队。后来朝廷兵部挑选了一位有名将军带领多于起义军一倍的兵力，决心剿灭起义军。一天起义军在龙门永汉与敌军相遇，敌军人多，正面交锋对己不利，起义军便边战边退，把敌军引到与增城交界南昆山脉的牛牯嶂群山，以利用山高林密打击敌人。两军一直打到与牛牯嶂相接的沥底山。沥底山下是万丈深坑，无路可退，两军只得决一死战。朝廷军队虽然兵多，但起义军作战英勇顽强，熟悉地形。两军交锋从上午一直打到日落西山，天昏地暗，尸首遍地，血染群山，相当惨烈。厮杀到太阳下山时，两军官兵全部战死，只剩下两位将军决斗。双方打到筋疲力尽，终因起义军李将军技高一筹，最后杀死了敌方将军。当时已接近黄昏，日落云霞，将军看到沥底山晚雾茫茫，群山林海遮天蔽日，无法辨别下山的路。这时将军看到不远处有块不大的石头，他想站在石头上寻找下山的方向，当他站在石头上的时候，奇迹发生了——站着的石头慢慢升起，变得有数丈高！将军在石头上观望，找到了下山的路，最终成功走出深山密林。原来李将军的英勇顽强精神感动了山神，山神变成石头救了李将军一命。从此以后，沥底山上这块数丈高的巨石就被人们称为"将军石"。

天王山的传说

连绵百里的南昆、罗浮山脉，连接从化、增城、龙门、博罗。群山之中，在南昆山脉的从化、增城（白水寨群峰）、龙门三县交界处有一座巍峨的山峰叫天王山。传说有个巨人盘踞天王山，人称"平天王"。此人身高二丈、腰身六尺、长相魁梧，且力大无比，武艺高超，能飞檐走壁，专门行侠仗义，劫富济贫。穷人说他是平天王，奸商官府却说他是贼天王。

据说当年朝廷昏君荒淫无度，官府衙门腐败无能，压榨百姓，民不聊生，百姓生活苦如黄连。平天王看到官府腐败，百姓日子苦不堪言，便挺身而出，要劫富济贫。为解救民众，他便在三县交界地夜间专对奸商官吏行劫，要他们定期交出一定钱财。奸商官吏为了保命只得如数交钱。平天王将劫得的钱财一一分给三地贫苦百姓。穷人把平天王视为恩人，敬爱有加，可是奸商官吏却对他恨之入骨，巴不得活捉他将其置于死地。后来三县奸商官吏一起商讨，决定派人上告朝廷，说当地有个贼天王专与朝廷作对，贻害一方，要求朝廷派兵捉拿平天王。皇帝得知此事，同意派兵抓平天王。此事被平天王的线人得知，告诉平天王。平天王想朝廷官兵人多势众，自己与其硬碰会吃亏，必须智取。他想天王山地处群峰之中，山高林密、坑多路曲、地形复杂，而且方圆十里无人居住，为了迷惑官兵他写了这样的诗："天王山、天王山，九曲十三弯，弯弯十八姓，姓姓八千人。天王山、天王山，离天三尺三，人过要低头，马过要下鞍，捉拿平天王，要比登天难。"他命手下的人把诗贴在三县官府衙门城墙和集镇街上。当朝廷官兵来到，看见墙上平天王的诗作时，认为天王山山地险恶，都害怕三分。一日，朝廷官兵在天王山山脚下，看到了一些穿破的烂草鞋，有一尺多长，丢在路旁，他们更加害怕，之前听说平天王身高二丈都有所怀疑，而今看见路边破草鞋有一尺多长，都认为是平天王穿烂丢弃的，眼见为实，全都相信平天王是个巨人了，而且武艺高强；加上天王山道路弯曲险要，林密坑深，云雾缥缈，更加令人心惊胆战，领头的赶紧撤兵，奏报朝廷，朝廷不了了之。原来是平天王叫人编织了十多双一尺多长的草鞋，在石头上磨破，好像人穿破的一样，丢在天王山附近的山路用来迷惑官兵，官兵信以为真，便撤离了天王山。平天王用计吓走朝廷官兵，不战而胜。三县百姓欢呼，更敬仰平天王。现在天王山山顶草丛中还留下地基石头和屋地痕迹。

车洞古水车景区

我们现在来到了派潭镇的车洞村，这里距离派潭镇约5公里，交通方便，最出名的就是车洞水车了。这种古水车有两三百年历史了，从清末到20世纪五六十年代，车洞香粉在派潭圩码头上船运至广州、佛山、东莞石龙等地。这种春香粉的水车最鼎盛时有50多座，香车群在那个年代养活了车洞村民。

古水车是古代山区先民发明的，也叫"翻转筒车"，是用来灌溉农田的水车，车洞先民利用"翻转筒车"的原理改装成为春香粉的水车。这是古代农业农耕的文化产物，这种原始的生产工具一直保存并延续至今，因此十分珍贵。车洞水车群处在山谷中，依山而建，一条溪流连接带动三四部水车转动。老水车轮轴上长满斑驳的青苔，支撑车轴的树桩长成树木，古朴低矮的泥砖瓦香车房见证着历史的点点滴滴，粉尘四溢散发出醉人的芳香，吱吱作响的老水车好像历史的时钟年复一年不停地转动，使人感觉到远去岁月的沧桑。这种古老的生产方式体现出丰富的文化内涵，是农耕文化的活化石。水车下面河床底的石岗经历千百万年的雨水冲击变成光滑凹凸的深坑，成冰臼状；河的下游有壮观的巨石群，河两岸陡峭山峰叠翠，山下层层梯田，尽显山区景色的田园风光。

车洞水车

大家走过来看，这些水车沿用古代的传统动力方式，基本保存古代水车的建造风格。据当地人介绍，车洞村现还保留有10座水车，承包给个人用来制作香粉（土香）。每座老水车都十分古旧，车上爬满青苔，每座水车都安装有5个石臼。在此起彼落的舂声中，村民们把一种叫血果的树叶舂成粉末后，卖给线香加工厂。一个水车作坊一天可以打出150多斤香粉。

车洞村有着清代传统的广府村落布局，由多个村落组成共存于山间沟谷沿线。村内景观优美，与周边环境和谐融洽。山水景色与古水车群、村落群相协调、相结合，大家不妨在这里悠闲地走一走、瞧一瞧。

龙归古庙

欢迎大家来到增城派潭镇高埔村的龙归古庙。龙归古庙是一座具有广府特色建筑，坐北朝南偏东，五间三进，供奉西方三圣等神佛，青砖石脚，白色外墙，石板大门，门匾石刻"龙归古庙，万历二十六年建，道光辛丑孟春重修"。大门有石刻门联："座镇三乡德并鸪峰耸峙，门开众妙恩同沧水汪洋。"龙归古庙虽破旧简陋，但风水非常好，庙前有湖有山，周边风景秀丽，具有非常厚重的历史文化底蕴。它始建于明万历二十六年（1598），至今已有400多年历史。

宋朝以来，派潭就有高埔村，后来高埔村人丁兴旺，分出新高埔、旧高埔两条村庄。明朝时期，旧高埔村人丁兴旺，财运亨通，新高埔村则相对要差些，一些人认为旧高埔村风水好，吸走了新高埔村的财运，新旧高埔村也因此产生矛盾。当时一位从旧高埔村走出的大官就想了一个办法，在新旧高埔村之间修一座庙，这座庙既保佑旧高埔村，也保佑新高埔村。这座庙就是龙归古庙。龙归古庙建成后，香火非常鼎盛，新高埔村与旧高埔村也都丁财两旺，自然没有矛盾了。后来由于时代变迁，龙归古庙才逐渐没落。

美丽乡村：上九陂村、高滩村

【上九陂村】 欢迎来到美丽乡村——上九陂村，这个小村位于派潭镇北部山区，就在白水寨风景名胜区下，与派潭镇政府相距13公里，面积3.8平方公里。以前上九陂村的村民主要靠耕地为生，村集体收入低，是有名的贫困村。然而今天，正如大家所看到的，上九陂村发生了翻天覆地的变化。近年来，借着扶贫开发的东风，这里建起了一座座农家别墅。如今这些白砖黛瓦的别墅成了游客们首选的农家旅馆。单北山社目前用于经营农家旅馆的别墅就有30套，可容纳约300名旅客同时入住。春节期间，这些农家旅馆入住率急涨，生意相当火爆，从大年初一至年十二，整个北山社农家旅馆营业额预计近60万元。而且，村里利用紧邻景区的优越条件，把与旅游相关的产业统统纳入旅游业的范畴来发展，为村民提供致富路径，十几户村民经营起农家乐餐馆，客流不断、生意兴隆；几十户村民在景区中组成一条商业街，摆卖自产的农特产品，经营起小生意，农特产品在旅游市场中备受欢迎，成为村民增收的新亮点。

2015年4月，上九陂村名村项目启动仪式在这里隆重举行，这是广州市首批名镇名村建设的创建点之一。按照广州、增城扶贫开发（名镇名村）建设的统一部署，派潭镇规划将北山社打造成旅游名村项目，这是广州市首批规划建设的八个名镇名村之一。2015年8月，上九陂村被评为"中国乡村旅游模范村"。

【高滩村】　大家好，欢迎来到美丽乡村——高滩村，这里位于派潭镇的北部山区内，紧靠白水寨及大丰门等旅游景区，山多地少，四周群山翠叠，东有牛牯嶂，南有增高岭，西有狮头岭，北有白水寨风景名胜区，周边的旅游资源特别丰富。自从高滩村被确定为增城美丽乡村建设示范村以来，按照"优化空间布局，改善基础服务设施，加大环境综合整治，探索特色产业发展，提升农村发展环境，提高农民生产生活质量"的总体目标，高滩村稳步推进美丽乡村建设。截至目前，已建成2.8公里村道、241盏太阳能路灯、18套垃圾分类收集设施和一批污水处理、供水设施。同时，高滩村泥砖房连片改造项目现已启动，项目主要对高滩田心塘及柴厂两个合作社的连片泥砖房进行改造。两个合作社现有村民136户，共有510间泥砖房需改造，总面积17 046平方米。按照统一规划、统一风格，这些泥砖房将重新建设。按照推进新型城市化发展的要求，以切实提高高滩村产业实力、环境品质和幸福指数为目标，派潭镇因地制宜，科学规划，推进土地资源节约集约利用，致力将高滩村打造成"生态宜居、富裕和谐、特色文化"的幸福乡村示范区；通过"三旧"改造，改善人居环境，完善公共设施，挖掘和守护村落文化，发展温泉旅游产业，形成融"游、住、食、购、娱、文"于一体的完整产业链，将高滩村建设成为"经济低碳、环境优美、集约发展"的美丽乡村建设示范区。

小楼镇位于增城中北部，南距市政府所在地荔城街10公里。全镇总面积129.07平方公里，辖20个村委会和1个居委会，总人口约4.9万。全镇以"仙姑故里，道教圣地"为特色，大做"仙"字文章。何仙姑旅游景区是增城的核心景区之一。小楼景区还有一座700多年历史的报德祠，该祠是岭南唯一一座佛教、道教、儒教三教合一的建筑，旁边的一棵木棉花树与何仙姑桃、挂绿并称为增城"仙花、仙桃、仙果"。

小楼景区文化内涵丰富，每年的仙姑诞（农历三月初七）、得道升仙日（八月初八）、何仙姑文化旅游节、仙桃义卖活动（六月上旬）、增城菜心美食节（十二月下旬）等精彩纷呈，有着广泛的社会影响力。

何仙姑旅游景区

大家好，欢迎来到著名的宗教文化旅游景区——何仙姑旅游景区。这里位于增城小楼镇，距增城市区10公里，是增城新八景之一。景区占地总面积3 000亩，人文资源独特，历史文化悠久，是中国道教"八仙"之一何仙姑的故乡。主要景点包括何仙姑家庙、千年仙藤、庙顶仙桃、仙姑井、何仙姑宝塔、何仙姑钟楼、仙人洞、何仙姑故里等，集何仙姑文化和自然生态景观于一体。景区与白水寨的白水仙瀑、白湖水乡的烟囱飞榕、西园挂绿等一脉相承，南北呼应，构成了完整的何仙姑文化体系。

【美好传说】 这里孕育着关于何仙姑的美好传说。据《历世真仙体道通鉴后集》卷五、《历代神仙通鉴》卷四载：何仙姑为增城县何泰之女，唐天后时，居住在云母溪，十四五岁的时候，有一天晚上梦见神人教食云母粉，说可轻身不死。何仙姑按神人指点服食了云母粉，发誓终身不嫁人，渐渐有了一些仙气，能从一个山顶凌空走到另一个山顶。于唐中宗景龙年间（707—710），终于升天成仙。据中山大学有关专家称，何仙姑是最晚进入八仙的成员，但历史对何仙姑的仙事的记载，要比八仙中的曹国舅、铁拐李早许多，这不仅和全真教的发展有关，更与社会的发展和宋元明妇女地位的提高有关。

还有另外一个传说。何仙姑本名何秀姑，是增城县小楼区新桂乡人，其父何泰以开药铺为业。秀姑自小聪明伶俐，少时幸遇云游到此的吕洞宾。吕给她

何仙姑家庙

吃了一些云母粉，从此能知人间祸福，并常去罗浮山访仙。后父母为她找了个姓冯的婆家，秀姑不肯嫁人，自投家门前的水井。投井时只穿着一只鞋，还有一只鞋留在井台上，但死不见尸。后来，她从福建莆田的江河里漂出来，原来那井与河是相通的，这在当时传为奇案，遂有秀姑"登仙"的传说。另说是莆田的县令调往增城任职的途中，船舵后方有女尸逆水追随，此尸乃何仙姑真身。

据说，增城挂绿荔枝也与何仙姑传说有关。相传是何仙姑在大会群仙聚于增城西园寺的时候，把一条翠绿色的绸带挂在荔枝树上，挂绿荔枝由此感染仙气而成。

何仙姑成仙之事还惊动了当年的唐天后——武则天，武则天下旨赐何仙姑三件宝：一是在其家乡增城建祠奉祀；二是赐紫霞一袭；三是在唐天宝十年下旨建一碑以作纪念。

【何仙姑家庙】 朋友们，我们来到了何仙姑家庙，这里是广州市重点文物保护单位。始建于明朝，因战乱屡经修建，最后一次重建是清咸丰八年（1858）。家庙是砖石台梁式结构，三进式，第一、三进13架出前廊为封火山墙；第二进四柱一间五架拜亭为硬山顶，其正脊和垂脊均有反翘装饰。庙正面山门镌刻的隶书门额"何仙姑家庙"，为咸丰八年戊午嘉平黄培芳所书，山门上还镌刻了一幅行书对联："千年履舄遗丹井，百代衣冠拜古祠。"这副对联出自当年吏官王映斗手笔，上联中的"履""舄"二字均指绣花鞋，意思是讲千年前何仙姑在井旁留下一只绣花鞋升仙的故事，下联反映何仙姑家庙历史悠久以及人们对何仙姑的崇敬之情。

进入家庙大门，首先是一面镶着"护法大天王"画像的屏风。这幅画由广州市道教协会的高奇居士所作，具有较高的艺术价值和欣赏价值。但这个屏风原来镶的是一幅何仙姑画像，这幅画是由广东著名书画艺术家麦汉兴、陈水源联作，由我国已故著名书法大师麦华三题字，至今已数十年历史。由于这幅何仙姑画像出自书画大师之手，艺术价值高，凡进入家庙的游客都会细心欣赏一番，据不完全统计，至今观赏过这幅画作的人数已超过200万人次，这幅画作也成为何仙姑家庙名副其实的镇庙之宝了。由于家庙的环境不适宜保存这幅画像，所以画像现存放于管理景区的仙源公司。

庙二进正堂供奉何仙姑立像。何仙姑像用樟木雕塑而成，高约七十厘米，为唐朝村姑装束。家庙有两大节庆，每逢农历三月初七仙姑诞、八月初八仙姑得道成仙日，当地村民都会自发举行庆典活动，各乡唱大戏、放烟火，连续数天，并在仙井旁边请"仙汤"，以求福祉。其间，到家庙广场上祭祀的游人多达数万人，香火盛极一时。后应信众要求，翻修家庙和家庙广场，并增建仙源牌坊、八仙会馆、麻姑殿、云母溪和仙姑碑林等配套景点。

庙里面还有一座三忠殿，三忠殿供奉着张世杰、文天祥、陆秀夫三位南宋抗元名将。三位忠烈抗敌护国，他们的事迹可歌可泣，在岭南地区广为流传。在此立庙一是缅怀三位忠烈的功绩，二是激励后人的爱国热忱。

何仙姑宝塔

【仙藤园】 现在我们来到了仙藤园，这是一片绿色的天地。一条千年古藤牵引出仙姑故里充满仙意的景象。仙藤园以仙藤为中心，以何仙姑文化为主题，结合中国传统园林建筑手法建造而成，占地面积约1.5万平方米，凸显了生态与文化并存的艺术效果。园中那棵古藤已有千年历史，由青藤绕着一棵古榕和几棵杂树繁衍而成，因此藤树交错，分不清藤生树生，且神龙见尾不见首，藤根源在哪至今仍是个谜。古藤枝干直径最粗处约150厘米，延伸跨度30多米。据悉，古藤的学名为"白花鱼藤"，是我国稀有的植物。古藤六月开花如瑞雪，八月结果，花开季节，芬芳遍地，香气袭人。从远处看，古藤就像白色的巨龙，气势更为磅礴。有一首诗这样赞道："仙境古藤漾春意，沧桑千载蕴玄机。柔刚相济自强劲，傲骨化龙展雄奇。"

【何仙姑宝塔】 现在我们来到了家庙背后的观音山，这里屹立着两座建筑——宝塔和钟楼，是由日本友人山冈容治伉俪捐资200多万元兴建的，是何仙姑景区及中日友好文化的标志性建筑。详情大家可以看看石壁后面的《何仙姑塔记》。

何仙姑宝塔外观雄伟，构造周密精巧，高39米，塔身呈四方形，共11层，红、白、绿三种色调和谐悦目，融合中日仿古建筑风格，底层有梯直上塔顶。登塔远眺，四方风物、百里锦绣尽收眼底。

【何仙姑钟楼】 何仙姑钟楼位于宝塔前方，建于2米高的花岗岩台基上，刻有"国荣民富 风调雨顺 人类丰乐 世界和平"16个大字。巨型青铜吊钟直径2.1米，高3米，重约2.5吨，堪称"广东第一钟"。即使是悬挂着，一般人想推动它还要费很大力气呢！大钟响一声寓意风调雨顺，响两声寓意国泰民安，响三声寓意世界和平，是很有意义的一口钟。

小楼人家景区

大家好，欢迎来到小楼人家景区。

景区位于小楼镇，横跨东境村和西境村，是广州地区首个农家乐旅游示范点，是岭南田园风光与客家乡村风俗相结合的景区，是按照"原生态、原产权、原居民、原民俗"四原保护原则来进行开发设置的。景区总面积约2万亩，涵盖庙潭、东境、西境、腊布等生态旅游资源丰富的村落，是融历史文化古迹、都市农业生产基地、滨水休闲、农耕文化展示、农家乐餐厅以及荔枝山林于一体的生态乡村旅游区，是增城北部888平方公里南国乡村大公园的门户景区。2008年12月，其获得"广州地区农家乐旅游示范点"称号；2009年12月，其又获得"广东省农业旅游示范基地"称号。

小楼人家景区有六大休闲体验主题：以荔枝为主题的始祖仙荔园；由栈道、荷花、游鱼围合的八仙湖；融道、佛、儒三教于一体的古迹报德祠；可容纳1000人同时就餐的农庄美食休闲中心；田园风光壮丽的农耕体验基地——冬瓜菜心万

亩园；经历800年沧桑岁月、有着独特人文的东西境古街。这六大主题是岭南文化、广府文化、自然景观文化、农耕文化的有机结合，是原生态、原产权、原居民、原民俗的真实体现，是体验农耕乐趣、品尝农家美味、感受农家休闲、领略独特文化魅力的不二之选。我相信等会儿大家漫步景区，一定会思绪万千，因为这里确实有"小楼一夜听春雨，深巷明朝卖杏花"的韵味。

此外，小楼人家景区还注重对青少年的引导和培养，着力对青少年学农基地的打造，与周边相关机构一起，寓教于乐，形成青少年的都市农业体验基地、科普基地及法制教育基地。

【报德祠】 朋友们，这座位于小楼人家景区内的古建筑就是报德祠。它坐落在招贤山、卧虎山及澄溪水的名山圣水之间，是岭南唯一一座佛教、儒教、道教"三教合一"的建筑。报德祠立南海洪圣王为王座，立原颖公、麒卿公侍左右，依次为太岁、麻姑、仓祖、观音、文昌、如来笑佛等诸神座并立，充分阐释了中华文化广泛包容的内涵，又分明地将儒、道、释三教精义体现其中。整个古祠分为报德祠、仓祖堂和景星楼三部分，由木梁支撑起庙顶，整座古祠没有用上一根铁钉。在建筑思想上，不仅体现了中华文明几千年来追求的"修身、齐家、治国、平天下"的思想，而且指明了"立功、立德、立言"的生命归宿。

北宋以前，当地人士建过积因寺，元代改建仓祖堂，明洪武年间增建了景星楼，洪武十八年（1385）奉旨建报德祠。仓祖堂已有700多年的历史，景星楼有600多年历史，报德祠有400多年历史。400多年来，报德祠历经多次修缮，最近一次修缮是在2001年。祠庙虽然小，但青砖绿瓦，画檐雕梁，结构独特。

清代前的碑记碑刻就有七块，是增城寺庙中保留碑记石刻最多的。古祠内建有"武德阁""洪圣殿""颍川堂"等殿堂。仓祖堂则先于报德祠而有，这地方的人饮水思源，读书有出息了，设立仓祖堂，把仓祖也供奉上了，仓祖堂还保留有宋咸淳进士李肖龙的《帽峰夏云》，广州听雨轩"五才子"于元末书写的《浪湖春水》《石潭渔钓》等诗。景星楼为尖顶六方塔，共五层，底三层建于明朝，上面两层是清朝乾隆时加建的。楼里供奉的，当仁不让是文曲星。

【东西境百年老街】 朋友们，现在我们来到了东西境老街。这是小楼人家景区又一颗璀璨的明珠。东境村、西境村的人都姓周，都是北宋大理学家、名篇《爱莲说》的作者周敦颐的后人。东西境老街有着"岭南周庄""岭南丽江"的老街风格。老街集吃、住、行、游、购、娱于一体，与原居民共生，一户一品，成为都市人休闲的好去处，是小楼人家景区的重要景点。古朴的集贸古街长1.5公里，800年来紧密地联系着东西境古村落，是周姓家族几百年来生产生活、生息繁衍的聚居地。老街内质朴的麻石道路、错落的祠堂大厅、整齐的民居排屋，还有旧时私塾、举人旗石以及极富岭南特色的"田、塘、村、林"古村落格局，无不包含着浓郁的地方特色文化和丰富的民俗文化。这里是广府文化与客家文化的交汇，是儒教、道教和佛教的融合，是古代农耕文明与现代都市农业的碰撞与和谐。

在这条街上，可以买到增城的土特产，可以尝到小楼盆菜人家的美味佳肴，可以在凝缩着悠悠岁月的老街上随意徜徉，发思古之幽情。好了，大家可以自由行动，看看有什么东西值得买回去的。

🐉 广州二龙山花园 🐉

　　大家好，欢迎来到广州二龙山花园。该旅游区位于增城小楼镇邓山村西部以及沙岗村南部山林，是增城"绿肺"的主要组成部分，旅游区面积7 000多亩，计划总投资3亿元，是一个以百年古树、千亩古梯田、十里古水翁树、十里山溪、两百米落差瀑布、十里林栈道、山泉水上乐园胜景为特色，具有优美自然景色和神话传说，中国美景与欧美小镇风情相结合的现代健康休闲度假胜地。

　　二龙山，是增城北部800平方公里旅游区的门户，群山深处，重峦叠嶂，是增城最后一块处女地，因两条山脉（俗称龙脉）发源于此，故名二龙山。

　　旅游区内将建六大功能景区，分别为古梯田百花园、可爱动物世界、啤酒文化街、山泉乐园、千亩古榄园和二龙山山居文化。

　　【二龙传说】　传说在古代，当朝皇帝突感身体不适，心神不定，便唤来御医，为其治疗。不想御医无法断定所患何症，亦无法下药治疗，皇帝将其斥退，再唤其他御医，竟无人能治。见状，丞相献言，何不叫法师测测？帝允，法师入测，知乃南方有龙子萌生，便遁寻至二龙山，得知龙脉所在，将生龙子，便令人将龙脉挖断，遗址在今腊圃村后龙山附近。龙脉发自二龙山，分两条，一条经腊圃村至荔城，另一条则由镇龙至新塘。在镇龙，设法将龙锁住，并把地名唤作"镇龙"。因龙脉被破坏，皇帝病痛得除，江山得保，而增城，当然出不来皇帝。但因为这两条龙，增城还是出了两个大人物，分别是明朝一代大儒，三部尚书湛若水和南宋名臣崔与之。到二龙山走走、住住，沾沾龙气，吸吸灵气，多好！

　　【古梯田百花园】　大家眼前的千亩古梯田，古朴典雅，全由山石堆砌而成，没有石灰或水泥，坚固耐用，国内少见。梯田古已有之，且一直使用，只是在新中国成立前夕因山上四个村庄全部迁移，才停止耕种。梯田田基全部用山里的石头堆砌而成。梯田全部依照地形，尽可能地利用山体的土壤堆田。梯田在山谷和山腰，上山腰全是森林，树木保持完好，百年古树抬头可见，泉水处处，汇成几道溪流哗哗流下，田地得以灌溉。梯田土壤肥沃，已是黑色泥沙土，若非千年辛勤耕种，高山之上的黄红土地，绝不会变成这样。山下较开阳低平的是耕种的村庄田地，变成深黑色的也不多见。望着这肥沃的土地、这精致典雅的古梯田，不得不佩服增城先民的勤劳智慧，更感恩他们用心血和汗水为我们留下了这宝贵的遗产。梯田分别种有荷花、薰衣草、玫瑰、日本菊、芥末花等二十多个品种的鲜花。这些花卉，不但色彩鲜艳、香气袭人，而且大多可食用，有的还可现摘现吃。据说，这些花卉来自世界各地，均是名贵花种。

待整个工程完工之时，全部种上花卉的话，将有过百个品种，真是名副其实的世界花园。

【可爱动物世界】　人工饲养温驯善良的动物，如山羊、羚牛等，你可与这些可爱的动物零距离亲密接触。有的动物很有个性，它若喜欢你，会挨近你，与你亲近，耳鬓厮磨；如不喜欢你，则会向你吐口水，任性得很。

【山泉乐园】　引山泉水入园，有瀑布、泳池，可玩、可游、干净、舒畅。在山上办水上乐园，不多见。

【啤酒文化街】　这里的啤酒全部由德国原装进口，是德国最好的啤酒，甚至啤酒师傅都是德国专家，非常专业，啤酒的味道自然十分地道。

【千亩古榄园】　千亩古榄树，其树龄全部过百年，有的甚至三四百年，树粗壮茂盛，各具形态。古榄为乌榄，为增城特产。乌榄全身是宝，榄肉可食用，做法千变万化，可咸可甜，可干可湿，可作菜可做零（食），榄味十足，别具风味。榄肉可榨油。榄仁是绝好的食品，清雅香甜，爽脆油滑，是制作"五仁"月饼的首选。榄核是"广州榄雕"的原料，《核舟记》中的"核"其实就是榄核，其原件已找到，是增城人所雕，其核当然也是增城榄核了。榄树下有大石，有泉水，坐着听水响、鸣叫、鸟叫，十分惬意。

【二龙山山居文化】　深山本是神仙居场，有文化、有成就的贤人爱隐居山林，依山傍水是国人理想的居所。二龙山传承中国山居文化，让你住古贤之幽，享古贤之乐，实为养生修心之理想居所。

【十华里野生水翁树】　景区有5公里长的野生水翁树，沿山溪排列，把溪水都覆盖住，严密不透光。野生水翁树的花儿绿白色，春天开花，夏天结果。花除了好看，增城人更爱把它摘下，晒干当茶饮用，其口感甘甜清香，利尿去湿，清热解毒，陈年功效更佳。其果紫黑，酸甜可口，具药效。

广州二龙山花园

【万亩百年古森林】　百年以上的古树木，经风雨的磨炼、岁月的洗礼、甘露的润泽，早已成为大自然中的宝藏。在二龙山，百年以上的古树随处可见。古树枝繁叶茂，流光溢彩，生机勃勃。春日，新枝娇嫩，色彩鲜翠，艳美多姿。这万亩林海、千亩花海、十里清溪，赏不完，闻不够，听不厌。

🪷 北回归线绿道公园 🪷

　　大家好，欢迎来到小楼镇约场村的北回归线绿道公园。这里既是绿道又是公园，环境非常优美。其中单车道全长1 200米，铺设水泥混凝土路面宽3米；新建的绿道公园，面积17 500平方米；这边还有一个北回归线标志性广场，占地面积5 500平方米。这里是全球第一条北回归线绿道，也是一条集旅游、科普、体育和文化于一体的绿道，骑行其中，美不胜收。

🪷 滨江公园 🪷

　　游客朋友们，欢迎来到滨江公园。这里是增城实施"一河两岸"工程的重要组成部分，占地30亩。滨江公园原本是一段长为600米的护岸大堤，自2008年以来，小楼镇按照实施公园化战略以及城乡环境整治的要求，着手对沿江进行环境整治和景观建设，建设了文化广场、休闲路径、绿化带、停车场等配套设施。滨江公园作为集观光、游览、休憩于一体的临江生态公园，与何仙姑旅游景区互为对景。在此，大家可以感受何仙姑文化的人文氛围，也可以亲近江水，体验增江之秀美。

🪷 东西境森林公园 🪷

　　大家好，今天我们游览的是东西境森林公园，这是集游憩疗养、休闲度假于一体的森林公园。其横贯小楼镇东境村和西境村，占地1 000亩，原是当地村民的水源涵养林，800多年来与当地周姓族人同生共荣。公园内古木葱茏，浓荫蔽日，鸟语花香，植物资源丰富，自然生态优美，俨然是一座绿色天然大氧吧。现已完成登山路径、排水、绿化等基础设施建设。

　　大家不妨跟着我沿着步道上山，这里是后龙山，满目青翠，参天古树随处可见，阳光斑驳，树影婆娑，鸟呼蝉鸣，幽静中透着热闹，空气中渗透着大量的负离子，呼吸间沁入心脾，是都市人远离喧嚣、洗涤身心、假日"充电"的好去处。

广州古村落：东境村

　　大家，欢迎来到东境村，这里是著名的古村落，位于小楼镇东北部，东境村历史悠久，源远流长，是中国理学鼻祖周敦颐先生后人的聚居地，自南宋开庆元年（1259）开村，至今已有700多年的历史。周氏宗族自迁居此地以来，秉承祖风，治族倡学，重教兴农，历代人才辈出，成为远近驰名的名乡望族。今日东境村仍然古风盎然，完整保存着宗祠、家塾、麻石老街以及古朴的民居等，饱含着丰富的文化内涵和宗族遗迹。2014年底，东境村入选第三批"广东古村落"，有专家认为，东境村最难能可贵的一点，就是这里依然充满人烟的声息，古今文明交融发展，是一个"活古村"，这与众多古村落已逐渐走向衰败有着明显区别。

　　这里始建于明清和民国时期的祠堂、家塾、古塔，不仅保存完好，而且至今仍在发挥着作用。年代久远的老街、古巷、民居，仍然充溢着人烟的声息，上古遗风与现代风尚在此水乳交融。走进东境老街，最引人注目的就是那座始建于清初的周氏宗祠，这座宗祠又名敦睦堂，面阔五间18米，深三进、二天井、阶台抱鼓，门伏敦用大青石雕花，工艺极其精细。内设六稍间二走廊，上船厅装饰、驼峰灰雕压顶。一、二、三进厅雕梁画栋，燕子托、含接梁和穿

老街风情

插梁、雀替齐全。首进厅内墙壁上，保留着清代远近闻名的周家三代画师（周钜、周世恒、周榕柏）的彩绘。这座宗祠为历代周氏宗族的聚会场所，现今除了展示周氏文化之外，还充当着绿道驿站的作用。与周氏宗祠相对应的，还有一座始建于明朝的仁里楼。仁里楼面阔10米，高7米，在古时具有报更及远眺守望的功能。按习俗，村里的"金榜题名""洞房花烛"等喜讯均通过仁里楼传递。

每逢村民举行婚庆，主人家均要在更楼大门贴上喜联，燃放礼炮，新人携手由更楼入村。这种习俗一直延续至今。此外，东境村保存完好的旧式建筑，还有雅川家塾，属明末年间建筑，工艺特别精致，采用青砖建筑，梁间饰以木雕，天井地上铺上大理石等，虽然经过岁月的洗刷，失去了昔日的艳丽，却多了几分沧桑的质感，青砖墙、屋檐边、门枕石、雕、镂、镌、刻无不显示出较高的艺术和历史价值。旧时的雅川家塾，今日已用于农村社会公共服务中心、村民文化室及党员干部现代远程教育终端接收站点等用途，为村民提供娱乐、学习场所，让东境村民在古家塾内读上现代书。

在雅川家塾右侧，还建有一座喜庆堂，是宏福堂家塾的旧址，占地400多平方米。据悉，宏福堂家塾乃是广东海军学校第六届校长、海军舰长、江防司令、前增城县县长周天禄的家塾。由于宏福堂家塾年久失修，里边杂草丛生，残缺不堪，已是一派荒凉景象。后经由政府及村委拨款，按明代建筑重新建造。新建的喜庆堂气势雄伟，风格独特，成为东境村民集会、节庆婚嫁、寿宴等招待客人的主要场所，为东境村子孙后代造福。

值得一提的还有坐落在村前田野中的势凌霄塔，势凌霄塔始建于清嘉庆二十五年（1821），因塔状似立笔，被当地人称作"文笔塔"。这座汉式文塔分5层，高30米，登塔眺望，四外田园美景尽收眼底。

最能印证周姓家族数百年来在东境村繁衍生息的，当数村中那条有着600多年历史的老街，老街从周氏宗祠开始，笔直延伸，直接连到西境村，路面全部用一条又一条长长的麻石铺就，古朴沉厚。现在的老街街面尽管已大大拓宽了，但那几列麻石还完整保存着，能将人思绪牵引回遥远的岁月。老街两边，分布着同样古朴的民居，这些民居多为青砖建造，有不少已经历了漫长的岁月洗礼。据介绍，东境民居群按照"仙人撒网"的格局来建筑，与周边的田、塘、林融为一体，方位一律坐北向南，内有十纵六横的纵横十六巷，不少巷道也是用麻石铺就。由十条纵向的里巷的命名，可窥见古代在此走出的名人或值得称道的往昔。如郎官第，即为清代举人周沉的故居所在，大夫第曾走出清康熙年间进士周俊儒，其他的巷名还有赐史第、百岁坊、星平坊、盛世坊、流芳里、东南门等，均可顾名思义，倾听遥远的岁月回声。而印证东境"活古村"之说的，则是纵横十六巷中，至今仍然安居乐业的当地村民，走在巷道中，随时可见村民进出，还可走进热情的居民家中喝喝茶、聊聊天，体味古村浓郁的生活气息。

美丽乡村：西境村

　　游客朋友们大家好，欢迎来到美丽乡村——西境村。这里道路宽阔平坦，绿树掩映着街灯；街道干净整洁，楼房错落有致；人们在花红草绿的休闲公园里愉快地交谈，到处呈现出一派美丽和谐的动人景象。

　　西境村位于小楼镇中部，总面积3.7平方公里，辖5个经济合作社，总人口320户，共1 620人，是远近闻名的"冬瓜村"。近年来，西境村村民依靠种植迟菜心和黑皮冬瓜等特色农产品，发展成片经营，树立农产品品牌，走上了致富之路，村民尝到了科学发展的甜头。党员干部带头、群众积极参与，该村成为"创建全国文明村镇工作先进村"，村里制定了《西境村文明示范创建公约》，发动党员干部带头大搞村主干道、卫生死角的环境卫生，清拆违章搭建。几年来，西境村通过努力创建文明村，村容村貌得到显著改善，村民的文明素质不断提高，先后被评为增城市文明示范村、广州市文明示范村、广东省文明村。村里坚持用规划指导建设，力求使新农村既完好保留传统风貌，充分体现岭南农村朴实、自然、生态的特点，又营造出适合居住的人文环境，打造美丽和谐的生态家园。创建文明村以来，西境村投入317万元分期落实新村建设和旧村整治改造，不断完善基础设施建设，美化人居环境。对全村980米的街、巷、道进行了硬底化改造，村内主干道按宽6米的村道建设标准铺砌水泥路700多米，改善了交通环境，并积极完善文体休闲设施，建成了公园、篮球场、阅览室等文体设施。同时，大力抓好村主干道绿化、亮化工程建设。西境村人在创建文明村的同时，也"创造出了生产力"。近年来，生产发展了，环境整治好了，尤其是村里的旧街也展露出新颜，该村按照增城主体功能区规划布局，大力开发乡村旅游休闲产业，积极融入"小楼人家"乡村旅游项目建设中，逐步由单一的农业向综合的都市农业和生态旅游业发展转变。绿水环绕的农居、宽广美丽的休闲公园、品种独特的农产品、繁华而充满岭南风情的越来圩市商贸老街……一年四季，前往观光的游客或走进村里的休闲公园、老街参观；或走下农田，摘冬瓜、采迟菜心、挖马铃薯，惬意地享受着农家乐趣。

正果

　　正果镇位于增城东北16公里，东北与龙门县交界，西接小楼、派潭，南邻荔城等地，东南依博罗县罗浮山麓。正果为增城龙门咽喉要道，增龙公路纵贯全境，镇东北面有公路通龙门麻榨镇，西南有公路通派潭、小楼、福和等镇。正果镇旅游资源丰富，名胜有湖心岛、正果寺、佛爷故居、成佛岩、明山寺、正因寺、洪圣庙、二龙争珠街、仙姑祠、三破石、凌波洞、兰溪山庄、畲族风情村等。正果镇还是著名的腊味镇，其兰溪荔枝、畲族枇杷、黄塘头菜、腐竹、菜干、慈姑等名优土特产久负盛名。

　　正果的名称起源于一位名叫余宾的牧童，相传他8岁时牧牛，有特异功能，牛不能走出其划定的圈吃草。据说他以后在此地"得成证果"。南宋庆元三年（1197）建成证果寺，发展为圩镇，"证果"之名后简化为"正果"，今名正果寺。明、清代为增城县金牛都；中华人民共和国成立初为第五区；1958年改称正果人民公社（"文化大革命"期间改称前进人民公社）；1983年撤社改称正果区；1987年改称镇。

湖心岛旅游风景区

　　各位游客朋友，大家好，欢迎来到湖心岛旅游风景区。景区位于正果镇增江河上游，距市区中心20公里，距正果圩以北3公里。景区规划面积约50平方公里（含增江河上游13公里水域），以增江两岸的蒙花布乡村公园、汀塘榄园竹海、湖心岛湿地公园、二龙古渡、黄屋新农村、何屋古村落等为核心景点，通过游船方式将沿线景观串起来。以"水的世界、花的海洋、鸟的天堂"为建设理念，努力打造集观光、休闲、旅游、购物、餐饮、商务于一体的生态旅游示范区。

　　湖心岛原是增江河上游的一个江心岛屿，面积约250亩。岛上浓荫如盖，空气清新，鸟语花香，幽深宁静。1991年在湖心岛下游建成水力发电站，修筑长146米的拦河闸坝，使原来狭窄的河道变成宽阔的平湖。从河坝到龙门永汉镇交界，一共有18公里的水路，水面面积达到5 000亩。碧绿的湖水、青翠的垂柳、百年树龄的乌榄树，这大自然的鬼斧神工，令人仿佛置身于一幅巨型的山水画之中。乌榄和荔枝都是增城的特产，在景点开发之后，大家可以到山上亲手采摘乌榄和荔枝，享受自然带来的欢乐。翡翠般的湖面，既可泛舟、游泳，又可静赏、垂钓。大家如果登上岸边的山峰眺望，远山近水与平畴沃野尽收眼底，令人赏心悦目。

5 000亩水面包围着的湖心岛，又叫"二龙争珠滩"。相传在1 800多年前，湖心岛北面的罗浮山和南面的南昆山的山脉都起源于此，而湖心岛就像一颗明珠镶嵌在两山之间，仿佛两条巨龙在争夺这颗宝珠，目前还保持着这原始的状态。

　　自从这一片宝岛被发现以后，增城特别重视对其的开发和保护。着力打造湖心岛湿地公园，开发湖心岛旅游风景游船项目，同时，着力抓好增正线、正麻线绿上添花工程及湖心岛周边"鸟语花香工程"。在正果大道沿线换种上开花效果好、花期长的林木，在湖心岛周边地区加种各色花卉，营造出人间正果的优美环境，真正打造"山水正果、绿色正果、魅力正果、人间正果"的气象。

　　正果湖心岛核心景区按功能分为一带六区，让不同客户群拥有相对独立完整的专属空间，并将不同客户群之间的过渡空间联系起来，形成增江画廊观光带和乡村休闲娱乐区、宗教养心体验区、湿地养生度假区、旅游地产开发区、休闲农业示范区、外围景观控制区的"一带六区"旅游格局。2009年5月，著名旅游专家魏小安坐游船游览湖心岛的自然美景时，情不自禁赋对联一对，上联是"天上绿水源"，下联是"人间正果地"，横批是"天上人间"。可见，湖心岛景区是多么迷人，多么秀美啊！

【湖心岛游船】　游船西起蒙花布村，途经汀塘村、湖心岛、二龙古渡、黄屋新农村，东至何屋村长达13公里的水域。各位请看，船经过此地，无数的树枝倒影在水中晃动，水面如镜，能清晰地看到一棵树、一条树枝甚至是一片片的叶子。游船划过水面，漾起长长的水波，把水里的游鱼惊走了。伫立在江水之中的湖心岛，就如玉盘中的一颗翡翠，晶莹剔透，温润无比。通过两个小时的游船观光，大家可以一边欣赏增江画廊美景，一边聆听讲解员讲解增城、正果历史文化及其民俗风情，乐趣无穷，非常惬意。

【湖心岛湿地公园】　岛上有树林、草坡数百亩，均无人搅扰，纯粹的原生态。岛的四周长满高大的水翁树，无数的枝条拥向水面，有的直接把半个树身泡在水里。浓密的翠竹围着小岛转，修长的枝条随风摇曳，最柔软的一部分早已迫不及待地垂入水中，在水边形成一个个美丽的弧度。有动听的鸣唱从林间传出，循声望去，一开始看不见鸟的踪影，隔一会儿，却见三三两两的鸟儿飞出，飞到对面的树林去了。

【汀塘榄园竹海】　下船后，大家可以到汀塘榄园竹海看看，汀塘榄园竹海以近百亩生长时间超过数百年的乌榄树林、林内的翠竹和周边的田园风光为重点。榄园地势平坦，乌榄树生长时间均超过百年，树壮枝高，形态各异，自成景观，十分罕见。榄树间隙里布满翠竹，且紧挨着河边，空气清新，一片青绿，让人感到无比舒适。榄林和翠竹在美丽的增江河畔构成了一个天然的公园。游人可约上爱侣或三五知己，漫步于石头小径，倾听鸟语水声，感受清风榄香；也可骑上自行车，穿越榄树林，倚着翠竹，欣赏增江画廊美景。

榄园竹海

　　汀塘还有一个世代传唱的白榄精故事。相传，大约在南汉白龙至大有元年（917—928）间，增城金牛都汀塘村同住翟姓和黄姓。翟姓有个翟员外养有一女，长得端庄秀丽，知书识礼，不少富家子弟登门求婚，其中姓姚的县太爷也想让她当自己的儿媳妇。翟小姐叫丫鬟暗中了解知县的少爷，知其品行极坏，就禀告父亲，誓死不嫁姚公子。适时，南汉王出榜招妃。姚知县遭受拒绝，心生恨意，就推翟小姐入选，叫她一世见不到父母。翟小姐入了南汉王宫，南汉王见她姿色不差，就陪她游南宫、大明、昌华、甘泉、秀华、玉清、太微诸宫。她入寝宫后，日夜啼哭，南汉王问她为何啼哭，她说皇上能答应妾身一件事就不哭了。王问："哪件事？"翟妃道："我在皇上身边享受荣华富贵，但父母在家，村里年年被洪水浸，望皇上赐妾身回家筑条围墙。"南汉王见翟妃语言恳切，立即叫太监送翟妃回家。翟妃回来即组织村民筑村围。时有月余，围墙将合拢时，被一棵高大的榄树挡住，翟妃在场指挥，叫人砍倒榄树。树倒时，翟妃不幸被树丫压中脑门，不久死了。那棵致使翟妃香消玉殒的榄树，后来又生出了芽，开枝散叶，长成了参天大树。

　　【蒙花布乡村公园】　蒙花布乡村公园以宁静优美的自然生态环境和长达2公里沙滩为亮点。穿过庄稼旁的泥砖屋和老祠堂，闻着清郁的花香，听着零碎的鸡犬声，畅谈在茂榕下，垂钓于荷塘中，漫步在沙滩上，靠倚于古榄前，感受简单、静谧、自然的农家生活。

　　【黄何屋乡村公园】　黄屋祠堂、民国大戏院以仙姑祠、务本堂古建筑和古村落等古建筑为依托，以黄屋村"小湖心岛"公园和何屋村码头广场等旅游景观为核心，以村周边的绿化美化为亮点，结合新农村建设，呈现一派典型的乡村公园景象。

【百亩油菜花示范基地】 百亩油菜花示范基地按不同的季节种植不同颜色的花，形成姹紫嫣红的花海。来到百亩油菜花示范基地，只见金黄色的油菜花在迎风招展，花香弥漫在空气中，就像一片飘香的黄色海洋令人心旷神怡。

正果寺

大家好，欢迎来到正果寺，这里也是增城八景之一。

【正果寺来历】 正果寺又名佛爷寺，其历史要追溯到北宋时期，当时有一位余宾公，是增城金牛都香浦塘（今正果镇番丰）人，出生于北宋景祐二年（1035），出生时跪地双掌合十，朝天礼拜。及长为避瘟疫迁到今成佛岩（距寺约3公里处瑞山）山下，给人放牛，8岁到明山寺出家，苦练修行，功德圆满，修成正果，得道成佛。金牛都因宾公坐地成佛，得道升天，以成正果，改名为正果圩。当时名流彭序曾写下楹联"正是敕封昭显佛，果然圣寿得施神"。为纪念宾公佛，乡民将其真身塑像建寺祀之，每年农历五月初九定为佛爷诞，并举行龙船会、成佛岩洗浴日等活动，形成一套独具特色的民俗风情。

宾公佛之所以闻名岭南，是因为宾公原是真人圆寂后成佛的。相传宾公7岁时，与其姐在槌窿村外婆家放牛。一天宾公性情突变，酷爱佛门习性，天天摆出带来的斋果，招呼同辈吃斋为僧。同辈人惊讶不知所措，因入佛门即出族，所以皆害怕而离去。一次，他向同辈讲佛门"悟性"，说有了悟性，能先知行觉，并即时告诉同伙：现在，增城演大戏，你们不知，我却知道。同伙不信，欲去看，却怕牛偷食庄稼。他先将牛赶到一处，用先制造好的"神水"，在牛食草的地方圈了个大圈，然后邀同伙一齐去增城。同伙扯着他的衫尾，合上眼睛，听令，几步就到了增城，回来后，看见牛群仍在圈内吃草。此后，牛仔入了明山寺削发为僧，也做了很多传奇的事，人们都视他为神人。到10岁那年，他坐在瑞山的石块上，明山寺僧徒推他时，俨如巨石，千钧难移其身。最后，众人只好就地建龛堂，把他供奉起来。后人敬佩他虔诚佛祖心切而归天的动人品格，视其为活佛。遇有水旱灾害或疾疫流行，都来向他祈求保佑，没有不灵验的。南宋绍兴中期，姚孝资在增城做县官时，恰逢增城遭受大旱灾，他亲自去正果向宾公佛祈求保佑，甘雨随即降临。宾公坐化后，人们在他坐的岩石上镌刻"成佛岩"三个大字，至今还清晰可见。随后人们又将宾公佛骸骨移入正果寺塑制佛像供人奉祀。曾有人硬将佛像抬上船，想运到县城所在地供奉，但船到中途就沉没了，人们用网打捞佛像，却怎么也打捞不起来。晚上，又见佛像出现在明山寺前的小河当中。县官听说此事，立即下令赐寺额，并派人画下宾公画像，挂于县城万寿寺中供奉。从此，正果寺又叫宾佛寺，香火极盛，尤其是农历五月初九佛爷诞，方圆数百里的信众皆慕名而至，拜谒宾公佛。

宾公佛圣迹昭彰，功德及民。传说明朝一位黄家媳妇带着小儿跟随乡亲去拜宾公佛，船行至半路，突然狂风骤起，将小孩卷入江中。黄家媳妇伤心至极，到了正果寺，在宾公佛面前连求三签，都是上上签，说小孩已在佛爷护送下，平安回到家了。黄家媳妇半信半疑，回到家中，果见小儿躺在床上安然入睡，不禁喜上眉梢，大感宾公佛法力无边。光绪三年（1877），洪水泛滥成灾，堤围岌岌可危，乡民祈宾公佛庇佑，宾公大显神通，化身乡民打出宾公旗帜，抢险救堤，洪水顿时消退，转危为安。宾公屡昭圣异，乡民感恩，所以寺院塑造三尊行佛，每逢佛爷诞或灾疫流行，均接宾公佛巡乡，以求镇妖驱邪。

【麻石牌坊】 大家看到这块麻石牌坊了吧，上面写着"敕封昭显"等字，位于山顶的正处，不管旱涝，长年皆滴水，地面麻石被滴水成臼，此一景象成为神奇传说，大家都慕名前来观看。大家眼前的石牌坊由青石精雕细刻而成，工艺堪称一绝。牌坊上"敕封昭显""旷典""殊恩""龙章""凤诏"为当年清光绪皇帝御笔亲书。为什么牌坊题字要皇帝御笔亲书呢？相传在咸丰四年（1854），匪寇攻陷县城，乡民打着宾公旗帜，集众抗匪，收复县城。光绪六年（1880），皇帝降旨，敕加封号，造"敕封昭显"石牌坊。

【入寺】 通过牌坊左转，拾级而上，映入我们眼帘的就是正果寺。正果寺历史悠久，始建于南宋庆元三年（1197），明朝成化年间重建，经历清嘉庆二十二年（1817）、光绪六年（1880）两次重修。自宾公开座以来，历祀宋、元、明等朝代，乃至民国，相沿至今，超过900年，香火十分鼎盛。慕名前来瞻仰宾公佛的名人有南宋抗元名将文天祥、陆秀夫，明朝海瑞，国父孙中山，国民党总裁蒋介石以及我们敬爱的朱德委员长等。

正果寺现保存建筑面积750平方米，是一座三进三栋、抬梁式、硬山顶与歇山顶兼并的古建筑物。正果寺最大的特点是精湛的建筑装饰艺术，整座建筑古色古香，巍峨壮丽，尤以三托（莲花托、燕子托、龙凤托）、三雕（石雕、木雕、浮雕）著称于世，充分体现了明清时代岭南民间古建筑艺术的风格特点。

请各位往上看，整座建筑装饰得最华丽、最引人注目的是屋顶脊饰。脊饰在明亮的蓝天衬托下，色彩斑斓，富丽堂皇，具有浓烈的民间艺术韵味。你们看，那蹲伏在屋檐垂脊上的一对陶塑狮子，全身青绿色，大眼圆睁，张口翘尾，就像要凌空而下，气势雄伟。把狮子装饰放在垂脊上，带有避邪保平安的寓意。屋顶正中的横脊上，有以唐僧四师徒西天取经为故事题材的脊饰。这种独特的装饰，广东人称为花脊。花脊分上下两层，下层以石雕作脊基，上层为二龙戏珠的陶塑。现在请跟我入寺参观。

【四大天王】 山门左右两边供奉的是佛教中的护法神将——四大天王，又叫护世四天王。他们所执的法器，各有不同的寓意。右边执剑的是南方增长天王，代表风（锋）；弹琵琶的是东方持国天王，代表调。左边执伞的是北方多闻天王，代表雨；捉蛇的是西方广目天王，代表顺。四大天王就代表风调雨顺。大家看正面的屏风上的四幅板刻，由右至左分别记载了宾公佛的生平事迹。

【大雄宝殿】 绕过屏风，往里走，见到的就是大雄宝殿。大雄宝殿建于康熙五十四年（1715）。殿前东边的钟楼，西边的鼓楼，即所谓晨钟暮鼓，现已不存，钟、鼓移入殿内，待会儿大家进殿就会看到。大雄宝殿右边是蛇盘神龟雕像，左边是观音阁。

大家知道殿内供奉的是什么佛吗？请看这些挂幡就知道了。释迦牟尼佛是古印度净饭王太子，观世人之生、老、病、死诸苦，就出家修行，寻找解脱之道。经六年苦行后，坐在菩提树下，开悟成佛，终于认识了人生宇宙的真谛，找到了由生死此岸到解脱彼岸的道路。你们看两旁的对联：要识今世兴衰当问先人作事，欲知后来祸福须思自己行为。对联意义深刻，告诫人们要静思己过，乐善好施。大殿两边墙壁上有彩色泥塑十八罗汉像，形态栩栩如生，无一相同。十八罗汉是释迦牟尼佛的十六大弟子，后人加上后世二尊演变而成。

【宾公生佛】 穿过大雄宝殿，第三进供奉的是宾公生佛。宾公生佛以肉身装塑而成，那么如何保存这真身不腐呢？真身不同于埃及的木乃伊，也不是

香火鼎盛的正果寺

医学上的干尸和蜡尸，而是先把尸体弄成盘膝而坐的姿势，背后撑铁条，然后用掺加了五香粉的福州漆，在尸身上反复扫抹几十层，使尸体有一层厚五六毫米的漆壳。全尸身仅在下部留一个孔。再把漆好的尸身放在装满生石灰的大缸上。数年之后，尸体肌肉腐坏，尸水由下部小孔排出，漆壳内便剩下一架骨头，这便是"真身"了。宾公生佛是有求必应的，大家留意到门前的对联没有？"证得菩提心有路，果真佛法力无边"，因此，大家在参拜过程中，心诚则灵。

【蛇盘神龟雕像】 走出佛爷殿，我们参观蛇盘神龟雕像。相传，龟蛇相会，是千年难遇的吉祥征兆。

【观音阁】 这里供奉的是东海观音。东海观音与南海观音有什么区别呢？南海观音手持净瓶以杨柳枝将甘露洒向人间。而我们面前的东海观音右手呈"观自在"的手势，左手净瓶瓶口向下，代表收水，表示收集甘露以惠泽生灵。观音左右是善财与龙女。大家猜观音是男还是女？其实观音是男的，因为观音以慈悲为怀，经常化身为女子，普度众生，因此，民间的观音大多是女的装扮。

成佛岩

大家看，这里有一块大石，就是前面说的成佛岩，相传这是宾公佛修炼成佛的地方。当时增城知县见宾公真心成佛，肉身俱圆寂，便选址在化身处建佛堂，选址之日在此烧香祈祷择吉，半个时辰后，有金牛都司衙卒来报："知县大人，你在此地烧香，其火烟在正果某处出，既然你嫌此地离圩太远，何不就在冒烟处建寺，立宾公佛祭祀呢？"知县一听，甚合其意，由此就在现正果镇区内建立了正果寺。但又不忘此化身处，便挥笔写了"成佛岩"三字，直至如今，字迹仍清晰可见。

仙姑祠

　　大家好，我们看到的这座祠堂就是仙姑祠，它位于正果镇何屋村东的河边，连建筑、花园占地500平方米，原是清乾隆年间何屋巨富何信邦的别墅，何信邦去世后改为仙姑祠，供人游览和祀奉何仙姑。这座清代建筑物在民国时就受文物专家称许，从选址到建筑，都别具一格，整座建筑，广三间，深两进，通面深10米，通进深14米，总建筑面积140平方米。余坪空间360平方米，头进架前后出廊，二进卷廊出大厅，大厅四条小金梁柱、檐柱、檀梁、驼峰、瓜柱、抢头梁、穿插枋、屏风花窗、花鸟浮雕、卷龙雕刻等，用料良好，手工精细。更妙的是，整座建筑物掩映在绿树之中，几百年树龄的槌树、柏树、榆树、龙眼树、富贵果等，或是英俊挺拔，绿叶婆娑，或是枯木逢春，别有生机。西边有一堵公园式的云墙，高高低低犹如行云流水，大小两道通门，一道踏小曲径通仙姑祠门，一道踏草地通向河边麻石埗头。埗头虽小，但很别致，砌石级九度，按古代鲁班师傅尺寸建筑，石级直达水面。香火鼎盛时期，河边泊满了大大小小接送香客的船只。

　　仙姑祠前面浓荫树下，曾建有一座四柱小凉亭，设有亭栏杆，供人们登亭乘凉，远观山峦水色，近听祠院梵音。古人在亭下对亭抒怀，写了一首《登亭》诗云："林远青山绿，湖平绿到堤；娟娟新月色，生生夕阳西。"可惜此亭在日寇入侵时被毁。

仙姑祠石额上，镌刻"仙姑祠"三个大字，为乾隆庚辰科举人何渥手题，门左右刻有楹联："威灵通五岭，赫濯镇龙潭。"此楹联已深入人心，妇孺能诵。可惜在"文化大革命"时被毁掉，幸好村中有识之人何继瑶早有预见，拓印收藏。门前的小花园，有两道小门，一为"曲径"，一为"通幽"，被毁后，现改为"挹秀"。现在，仙姑祠的香客不多，却是格外幽静。站在祠旁的古树底下，朝向增江，可见波光涟漪，光影点点，叶绿水清，令人心旷神怡。

正果务本堂

大家好，欢迎来到坐落在何屋村大围坊的务本堂，其主人是何信邦（1759—1837）。何信邦字聚堂，号务本，清乾隆五十四年（1789）贤人举，官授儒林郎。他官职虽小，但名头却不小，行堂直隶文物山水，调任清东陵府太社令（八品），常与科尔沁郡王郊游各地，学得不少有关天文地理常识。后来，科尔沁封为亲王，何信邦升为尚书典史，结识不少京官人物，也积累了无人知晓的巨大财富；告老回乡后，建了"务本堂"及独特优雅的别墅（后人改作仙姑祠）。死后葬于大楼山，其墓地列为文物保护单位。

务本堂建于清道光六年（1826），通宽94.1米，通深58.6米，面积5 514.26平方米。建筑群以聚堂家塾作为主建筑，向西隔青云巷又有四列三进祠堂。聚堂家塾深三进，总面积511.02平方米，头门面宽三间16.7米，深三间6.1米，两边有衬祠。硬山顶，人字形封火山墙，船形正脊，碌灰瓦筒，封檐板有精美缠枝花饰木雕。花岗岩砌筑大门框，上面匾额石刻"聚堂家塾"。青砖石脚，石墙裙高1.71米，塾台上立石质梅花檐柱，虾公梁。衬祠檐下饰三级砖雕斗拱，有彩绘。天井有牌坊式廊，歇山顶，如意状正脊，人字形反翘垂脊，碌灰瓦筒，中间檐下有栏杆装饰。两廊柱是石质梅花柱，束腰柱础。二进祠堂建于0.55米的台基上，宽三间16.7米，深三间86米；两侧有梢间，宽6.7米，深4.76米。四金柱，两檐柱，明间设隔扇，封檐板雕花。后进天井有廊，条石天井地面狭小，长4.76米，宽3.12米。后堂为硬山顶，龙船形脊，人字形封火山墙，面宽三间，隔有次间，深三间6.38米，原两檐柱间有花罩，直落地面。西面四列三进祠堂，排列整齐，有廊贯通，四通八达。每进祠堂都是面阔三间，进深三间，天井两边起平顶屋，仅留天井为连片祠堂的采光处。祠堂群后面为瓦屋排房，与两边略同。建筑群的前面为开阔水泥地及齐腰围墙，侧面有一门楼，足见该建筑群布局的严整、合理。

正果老街

大家好，这里就是正果的老街了。这条老街是以正果的圩镇为基础而形成的，有着60多年的历史了，洒满了正果人的时代记忆。今日的正果老街，虽然不及往日的繁华热闹，但也是人来人往，有着不少特色的小店。大家不妨在这里轻松漫步，在坤记云吞店吃上一碗云吞，在字画铺翻一翻字画。还有，来到这里可以买一些当地土特产，比如，这里有几家农副产品——黄塘头菜的门市，可以买上一些作为手信带回去。

师爷山与师爷庙

大家好，欢迎来到正果西湖滩村北面的师爷山，这里海拔不高，也就三四百米，容易登临。

正果钟法进师爷庙为增城有名的道教古观，距增城北28公里，位于师爷山旁，师爷山山体呈独立浅丘貌，增江河从旁绕过，山间林木森秀，鸟语花香。

相传吕洞宾曾飞身于师爷山山巅，只见九龙汇拢在师爷山，恰似九龙拱珠，其山紫气升腾，妙觉此处仙气汇聚，风水堪称一绝，顿有七十二小福地之美名；永汉水、麻榨水、浪拔水汇合处，曲而有情，两岸翠竹拔尖，水面宽阔，江面上有绿堤，有西湖之神韵，故有小西湖之称。

增城荔乡仙境素有八大名人，一仙一佛，一术一巫，一将一相，一麟一凤，钟法进师爷为一术也。据传，钟法进师爷为宋末元初人，祖籍广东五华，因反抗外族入侵而亲自组织义军奋勇抗战，因粮草短缺战败，而战走陕西终南山继续抗战，在终南山会仙洞缘遇太上道祖传救世心诀，顿觉人生如浮云，虚假莫辨，遂隐居会仙洞12年，潜心钻研道学，后又到江苏句容山（茅山）继续修炼，得三茅真君传授济世法术，尽得其精髓，道成出山后来到广东增城正果镇（金牛都）浪拔一带，利用仙术济世救人，扶危助贫，施医赠药，大开方便之门；在龙归山麓（即现师爷山增江河畔）设立道场讲经研习，把道之精要：清静无为，抱朴守一，炼精化炁，炼炁还神，炼神入虚，传化于世人。广州、东莞、南海、博罗、龙门等群众为其仙术所感应，将其英勇抗战及济世救人事迹树立宗祠，予以纪念。

据民间传说，师爷庙创建于明朝以前，曾为增城香火鼎盛处之一。时松竹相加，梅兰相映，笙歌鸟唱，云朋霞友，凌霄逼天；后因多历年所，风雨飘摇，草没苔侵，齿带倾圮，慨莫为济。1994年，在善信大德倡议下重建师爷庙，于当年秋八月动工，竣工于1996年春三月，并刻石碑为记。

畲族民族民俗文化旅游示范区

游客朋友们，现在我们来到了正果镇东部罗浮山西北麓，这里的畲族村是广州地区唯一的少数民族聚居村。畲族古代为游猎民族，历代生活在我国东南沿海的一些山区。增城畲族主要从湖南迁入，至今定居于增城的有盘、雷、末三个姓氏，分居于吓水、通坑、榕树㙍三条自然村，共300余人。他们有自己的语言、民歌和服饰，擅长唱山歌，还有作为其氏族标志而崇拜的图腾。畲族村地处增城与博罗两地交界处，林木丰茂，风景清幽。游人进入畲族地区的盘山公路（全长约10公里），即可看到很多独特的景观。自然景观主要有荔枝园、桃花谷、柿树坡、扫把山、梨花沟、枇杷谷、枫树坡、古树神韵、竹溪村落等，人文景观主要是具畲族特色的房屋建筑、文化习俗和酥醪古观（博罗县境内）等。增城目前正进行畲族村生态旅游区规划，初步设计有25个景点和8个精品景点，规划建设的8大精品景点分别是荔林春晓、千年古寨、桃花山谷、畲村天泉、秤钩风藤、澄潭月影、天地石灶等。

【畲族概况】　畲族，是我国少数民族之一。畲族自称"山客"或"畲民"。现全国有70多万人，主要分布在我国东南沿海一带，福建、浙江、江西、广东、安徽、湖南等省共百余县内，其中以福建和浙江为最多，全国唯

一一个畲族自治县就在浙江丽水地区的景宁。畲族主要从事农业生产，长期与汉族杂居。现广东省内有畲族人民几千人，分布在潮安、海丰、增城、丰顺、博罗、惠东和惠阳等地区。

畲族的"畲"字，是"以火烧荒，辟地种田"之意，而靠着"刀耕火种"的原始耕作方法生存的族群，便被称为"畲民"。畲族起源于广东潮州凤凰山，后迁居福建、江西、浙江、湖南等省份。而正果的畲民则是再从湖南迁返广东的一支，至今已有数百年历史。畲族《起源歌》里述说了他们迁徙的缘由："田差难种吃，田好官来争；官多难生养，思量再搬迁。"

【玉犬图腾】 畲族的古老传说中，畲族人的始祖是犬，每逢春节要祭拜始祖。

农历大年初一一大早，正果镇畲族村里的男女老少，便带着供品，聚集在祠堂烧香祭拜，大放鞭炮。在这一天，祠堂里会郑重张挂起一幅约6米长的《畲族祖图》，让村民们瞻仰。过了农历大年初一，祖图又收藏在村委会。这幅祖图现在已经成为广东省的非物质文化遗产之一。

祖图中显示他们的祖先是龙犬盘瓠（狗头人身狗头王）。祖图分为盘王殿、盘王棺木、盘蓝雷殿、唐法王殿、盘王墓等几个部分。畲族人对自己的先祖盘王（即盘瓠）无比崇拜，其虔诚表现为：

一是世代珍藏祖图，由族中最长寿的长者保管，每年只在大年初一拿出来供族人瞻仰，族人不得外传。

二是对祖先虔诚崇拜。大年初一，拜祖宗、看祖图、拜盘王、烧砧等活动，都很隆重。过去拜祖宗还有一定的仪式。

三是严格遵从祖训，不偷不抢，不做坏事；在融入汉族社会的过程中，以代代相传的方式保留自己的民族语言和民歌——《高皇歌》。

拜祖公活动简介：大年初一，天亮起床放鞭炮。整天斋戒，不吃荤，不杀生。祭祖用津丝、腐竹、大橘、糍、饼等，还可用咸鱼、鱿鱼。这一天，拜祖宗、看祖图、拜盘王、烧砧等活动，都很隆重。过去拜祖宗还有一定的仪式，先由一位尊长穿着长衫，在祖公堂吹笛，笛声清亮悠扬。听见笛音，盘、雷、末三姓男丁便带上各自集体准备好的供品到祖公堂拜祖宗，还带上席子以便跪拜，拜三拜。负责保管祖图的尊长把祖图拿到祖公堂，摊开，让全村老小瞻仰。拜完祖公和瞻仰祖图后，男丁还要出门拜盘古王，随后有烧砧的活动。烧砧是老年人津津乐道的大型活动，全村出动，围在盘古王前面的空地里，男丁在最前面，女人在后面。"砧"是用一个竹筒做的，用鞭炮引子固定三个铜钱，放在竹筒里，四周塞满火粉，舂压结实之后，点燃引子，使其燃烧发热膨胀，"砰"地把铜钱冲往高处，掉在谁的面前，谁就是"横财到手"，有时掉在两人中间，就用尺子量一量，看离谁最近。幸运者，点燃三支香，到盘古王的香炉里取红包。第二年初一，就由幸运者筹办当年的烧砖活动。年三十晚就要把砖舂好，年初一烧砖前，把红包放在盘古王的香炉里。这个红包是年年升值的。"横财到手"是运气好的象征，全家都看成大好事，兴高采烈。未光明老人回忆起16岁那年"横财到手"的情景，依然兴奋不已。那年是他父亲帮忙舂砖并准备红包的。烧砖的活动，一直持续到"文化大革命"开始才停止，至今，老年人仍十分向往，有人希望能恢复。拜祖公、看祖图的活动，"文化大革命"后已恢复，年年如此。

这幅《畲族祖图》原件以绢布彩绘，保存了近千年，现被广东省档案馆收藏，村里展示的是复制件。过去，怕外族欺负，畲民不敢把祖图拿出来张扬。只有在大年初一这天，才把祖图摊开，放在祠堂的地上向村民展示，老人家向年轻人讲始祖的光辉历史和本族的起源。在畲族村里，几乎家家户户都养狗，传说哪家的狗寿命最长，就会给这家人带来好运。大人还会教育小孩，不能打狗。以前，畲族人养狗，不吃狗肉。现在有些年轻人受外面的影响，破了这个忌，但老人家是坚决不吃狗肉的。

【狗头王的传说】 史料记载，上古时代，高辛皇后耳痛三年，后来从耳朵里取出一条虫子，将其放在盘中养育，竟然变成了一条龙犬。高辛皇见了大喜，赐名龙期，号称盘瓠。其时犬戎入侵，国家危急，高辛皇下诏求贤，谓有能斩番王首级来献者，即将第三公主嫁他为妻。龙犬知道后，即前往敌营，乘番王酒醉，将其头颅咬断，衔回献给了高辛皇。

高辛皇因为他是狗而不想将公主嫁给他，龙期忽然讲起来人话："你将我放入金钟内，七天七夜，就可变为人形。"到了第六天，公主怕他闷饿而死，打开金钟一看，龙期的身体已变成人形，尚余犬头未变，但已经无法完成变化。于是盘瓠穿上大衣，公主则戴上狗头冠以尽量接近盘瓠的形象，二人结婚后入山居住，开荒种地，植树染布，生儿育女。

【民居习惯】 历史上畲族人民辗转迁徙，物质生活尤为简朴。他们"结庐山谷，诛茅为瓦，编竹为篱，伐荻为户牖"，聚族而居。一般住茅草房和木结构瓦房。现在随着畲族人民生活水平的改变，修小楼房的人越来越多。火笼、火塘是畲族人民家庭生活所不可缺少的。由于山区气候寒冷，严冬腊月，一家人都围坐在火塘边烤火取暖。畲族山区，水田少，旱地多，水稻种植较少，杂粮较多。他们普遍以地瓜米掺上稻米为主食，纯米饭只有宴请贵宾时才食用，喜食虾皮、海带、豆腐等。尤喜饮米酒和麦酒。畲族的传统服饰，斑斓绚丽，丰富多彩。畲族服装崇尚青蓝色，衣料多为自织的麻布。现在畲族男子服装与汉族无异，而闽东、浙南的部分畲族妇女，其服饰仍具有鲜明的民族风格。衣领、袖口和右襟多镶花边，有穿短裤裹绑腿的习惯。

【畲族妇女发式】 正果畲族村中妇女头上都是梳髻的，但有明显的分别。未婚女青年的髻，梳成一叠；已婚妇女的髻梳成两叠；老年妇女的髻梳成三叠。

这个梳髻的习俗，除表示她们的不同年龄和身份外，更有意思的是，一叠是一层山峦，两叠是两层山峦，三叠是多层峰。向人们表示：青山不老，健康高寿，祝福吉祥。

【畲族开居地】 800年前畲族开始在此定居。聚居地位于一条山沟内，四面环山，沟长约1 000米，沟内自然风光十分秀美，小溪流过，泉水涓涓，可不时听到鸟鸣。沟内植被茂盛，以高大乔木为主，树种有沙木、鱼尾葵、竹子等。有几棵畲族开居时留下的古树，受到畲族人保护。至今仍保存有畲族开居时的房屋遗址、残垣断墙。

【兰溪荔枝沟】 畲族吓水村坐落在玉盆山中腰，离山坑底有400米高，其山坑流水层层泻下，形成梯级瀑布，其中下沟瀑布流水量最大，被称为"兰溪荔枝沟"。在群山巍峨间流水潺潺，终年不断，汇聚成流，刚下过大雨时更是咆哮如涛，远近皆闻其声。

荔枝沟由于落差悬殊，河床呈梯形渐下，站在沟底上望，尽是悬崖峭壁，沿沟瀑布相连，深潭相接，妙趣横生。一路既可赏青山、溪流、瀑布、田野与村庄，也可赏有古人传说的"白鳝过河、老虎过河、神龟出海、仙人探石、天然沙滩"等天然景色，感受畲族生态风情。尤其是这里的老树荔枝，晚熟、清甜、口感特别好。2006年7月，这里的荔枝被"哥德堡号"访问广州系列活动组委会选定为"百年享宴"的特供荔枝。

沟内河水清澈见底，河岸野生荔枝众多，鹅卵石五彩斑斓，民风淳朴，是理想的水上漂流和度假之地。漂流河道最宽约4米，最窄处约1米，长约3公里。

荔枝沟

在沟底的荔枝林中有休闲娱乐和服务区，通过狭长的竹栏桥进入，由多间用竹子和山草建起的亭舍组成，呈现出山居茅舍的民族情调。区内有一片绿荫遮天的古荔枝树，整个环境显得幽静清爽。

【枇杷园】 枇杷园位于畲族文化民俗村，依山而建，山上种满枇杷树，面积约80亩。山脚下正畲公路旁已建有餐厅和休闲设施，建筑风格朴素自然。现已计划建设游客休闲娱乐度假的场所。枇杷树形整齐美观，叶大荫浓，四季常青，春萌新叶白毛茸茸，秋孕冬花，春实夏熟，在绿叶丛中，累累金丸，古人称为佳实。宋代宋祁有诗云："有果实西蜀，作花凌早寒。树繁碧玉叶，柯叠黄金丸。土都不可寄，味咀独长叹。"这是对枇杷树的花、叶、果的写实，非常确切。

空气清新、环境优美的畲族村枇杷园，是广州市宗教局为支持少数民族，从福建引进枇杷种苗，落户在吓水村北山的。其由增城区团委挂钩管理，每星期日前往枇杷园除草、施肥，以畲汉两族结成友谊，所以命名为"友谊园"。这里山清水秀，土壤肥沃，海拔高，昼夜温差大，无污染。所产枇杷橙红色、个头大、皮薄肉厚、清甜多汁。3月上旬开始上市，3月下旬至4月中旬大熟，那时就是来此游玩的最佳时节了。

白面石红色旅游区

大家好，欢迎来到白面石村，这里是著名的革命老区。现村内乱石坑、老虎石山一带存有中共增龙博中心县委旧址、东纵北江机关遗址、华南抗日第一枪战场遗址、抗日将士纪念亭和烈士墓等，是难得的缅怀革命先烈、弘扬民族精神的红色旅游景区。

虽然白面石村是一个只有200多人的小村落，但据考证所知，华南抗日的第一枪就是在这里打响的，众多中华儿女在这里承担起民族存亡的重任，充当保家卫国的先锋。而这里的抗日指挥中心，就是增龙博中心县委旧址。后当地政府对县委旧址进行重建，作为抗日事迹的纪念馆，并要把它作为爱国主义教育的课堂，以告诫后人，勿忘国耻，为中华之崛起而奋斗。

【华南抗日第一枪战场遗址】 据考证，华南抗日第一枪是在正果白面石村打响的。1938年10月12日，日军在大亚湾登陆后，分三路进攻增城。19日，中国守军在增城、博罗交界的白面石村布防阻击，翌日即在该村的老虎石顶（山名）与日军鏖战一昼夜，国军阵亡130多人。目前，在往昔的华南抗日第一枪战场遗址上，当地政府修建了一座宏伟的抗日烈士纪念碑，四周修建浮雕，并刻图说明，以重现当年的战争实景。纪念碑四周建有小广场，种上木棉树，刻一牌匾，介绍英雄事迹。对百人墓重新修葺，进行绿化、美化，四周种上杜鹃花、凤凰树，营造一片鲜红的主色彩和烈士洒血的全景。

【中共增龙博中心县委旧址】 中共增龙博中心县委旧址位于白面石村内，是一个建于半山腰的小院建筑，院内分东西两排，每排有四间瓦房，院子四周有围墙。1940年4月至1942年5月间，作为增城、龙门、博罗三县中共县委所在地，这里主要领导增城、龙门、博罗等地的党组织开展工作，为广东东江地区抗日斗争取得胜利作出了重大贡献。2005年，中共增龙博中心县委旧址被定为增城市爱国主义教育基地。为弘扬革命传统和"红色文化"，正果镇政府于2006年开始对该址进行修复，投入资金近50万元。修复工程以"建新如旧"原则进行，重建的"中心县委"完全尊重旧址的原貌，建筑风格仍按照以前的客家土楼四合院的样式，室内布局仿照旧址，甚至重建用的部分砖、木柱等材料都是旧址原来的，以最大限度使建成后的"中心县委"旧址保持原貌，保证革命历史文化的延续性。

【瑞山革命烈士纪念碑】 瑞山革命烈士纪念碑位于正果镇东北部，正果寺后高60米的瑞山上。山脚下为正果中学（后搬迁），原为瑞山义学，康熙四十九年（1710）由知县沈倡建，绅士姚玉魁、生员（秀才）姚湘涛捐田，此事有义学田碑记载。从原瑞山义学即原正果中学广场的东侧石阶而上，便到达庄严幽静的纪念碑所在地。纪念碑基座为正四方形，长6米，高1.8米；碑体正四面锥形，宽4米，高8米，碑体贴大理石方砖。纪念碑为纪念抗日和解放战争烈士而建，碑前有一个90平方米的广场，广场上种植有松柏。山上植被十分茂盛，多为高大乔木。每年清明节镇政府都要前来祭拜革命烈士。

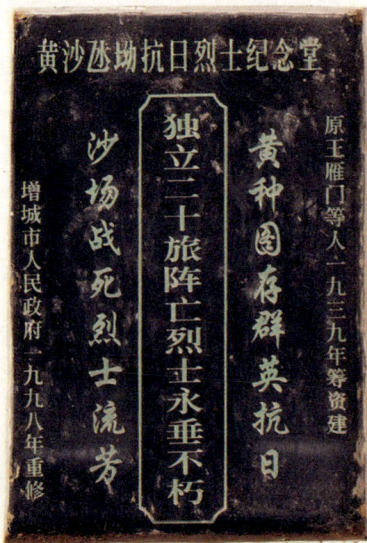

白面石抗日烈士纪念亭之纪念碑文

【白面石抗日烈士纪念亭】 白面石抗日烈士纪念亭位于白面石村的白面石与乌头石交界处。该亭是爱国人士王雁门为纪念1938年10月国民革命军独立二十旅二营官兵在抵抗日军侵略军第一阻击战中鏖战阵亡的官兵而倡建的。1938年10月在白面石村的老虎石项，中国守军与日军鏖战一昼夜。是役为广州失陷前中国守军进行的最顽强的一场抵御战。战役结束后，当地爱国民主人士王雁门发动群众捐资，殓葬国军阵亡将士，并建"抗日烈士纪念亭"。亭内有王雁门的题词："黄种图存，群英抗日；沙场战死，烈士流芳。"该亭建筑结构简朴，砖石木混合结构。新中国成立后，其被定为县文物保护单位。亭后方山上有抗日烈士墓，为一个百人大墓，安葬的是当年130多位抗日烈士的遗骨。

月亮湾公园

大家好，我们来到了位于正果番丰村的月亮湾公园。这片公园有1 000多亩，主要有荔枝树和乌榄树。枝繁叶茂的荔枝树和乌榄树遮蔽了阳光，林中清凉无比。这里的荔枝树都是经过上百年的生长才长成这样的，乌榄树则更高寿，每株都有两三百年的历史了，树木分属当地村民所有。

白江湖森林公园

欢迎来到白江湖森林公园，这个公园是2000年经广州市林业局批准建立的市级森林公园，原来全称为"广州市梳脑白江湖森林公园"，公园规划面积为11 000亩。2010年更名为"广州市白江湖森林公园"。公园建设是以保护性开发为宗旨，定位于集环境保护、平衡生态、游览观赏、度假娱乐、科普教育等功能于一体，以自然生态景观为主体，生态景观与人工景观相结合的综合性景观类型多功能森林生态公园。

公园地处广州市东部门户位置，坐落于正果镇浪拔村，增龙公路、广河高速从公园门口经过，交通十分便利，西距增城市区25公里，驱车仅需半个小时；距广州市区75公里，驱车也仅需50分钟；南与东莞隔江相望约50公里，约需40分钟车程；东距惠州60公里，驱车约50分钟。公园东面有南昆山自然保护区及永汉温泉（大观园、大自然等），南面与正果的湖心岛毗连，西面有增城正果寺、小楼何仙姑旅游景观，北面有增城派潭的白水寨风景名胜区。

公园有白江湖、双龟望月、天然浴缸、百丈飞泉、试剑石、打鼓潭、檀香园等特色景点。接下来还将重点建设白江湖、神山峡谷、溯溪游道、环山游道等，努力打造以"何仙姑池—神山峡谷（试剑石、百丈飞泉、天然浴缸、双龟望月等）—白江湖—神山阁—白江湖丛花谷"为主题的游览线路，努力把白江湖森林公园建成以周边景点为主要目的地的游客中转站或休闲站。

【仙姑迎宾】 在公园入口人工湖边中修设何仙姑雕塑，与入口桥面相对，寓意仙姑迎宾。

【打鼓潭】 此潭面积大约400平方米，深3米左右，形为偏圆形，如鼓之表面。当地人称用石子投入水中，会发出击鼓般的声响，故命名为打鼓潭。

【天然浴缸】 在水嗡处有大、小两个坑，大的面积为0.8平方米，小的面积为0.6平方米，如两个锅连在一起，据当地老人说，此处叫作"仙人锅"。坑内水深约1米，置身其中到成人腰腹位置，故被称为天然浴缸。

【水喻飞瀑】 在水喻处有一溪水咆哮而下，形成约20米高、5米宽的瀑布，水珠晶莹如珠，飘落水中。

【试剑石】 双豚戏水下有一椭圆形石头，长2米，高1米，由于风化作用从中断开，似被锋利的剑从中一劈为二，故被命名为试剑石。

【双龟望月】 位于梳脑石处，有高5米左右的石堆，从东北面看，形如一只山龟爬在另一只山龟的背上，似在私语，遥望远方，又似在笑迎游客。

【珍贵树种景观】 在进山公路左侧种植一定规模的珍贵树种，如楠木、檀香、花梨木等。这些珍贵树木通直高大，翠绿长青，每个树种选择一两棵，在树干挂出标识，介绍树名、特征及其价值，使其兼具观赏与经济意义。

【百丈飞泉】 该瀑布是公园内最为壮观的瀑布之一，其落差约50米，宽10米，加上四周山势陡峭，其势更显雄伟。在多雨季节，瀑布的气势更加磅礴。

【白江湖】 位于炉塘肚护林站旁，湖面约2 000平方米，深8.5米，湖边有环湖木栈道及千年桐等景观。千年桐树姿优美，开花雪白壮观，与波光粼粼的湖水交相辉映，形成绿树、白花、银光交错的湖坝风光。

美丽乡村：黄屋村、蒙花布村

【黄屋村】 欢迎来到黄屋村，这里是增城的社会主义新农村建设示范村，位于正果东北部，增江河上游，属于湖心岛旅游景区范围内，全村共190户，798人。

大家请跟着我进村，大家可以看到，一条条小巷将民居分割开来，地面上干干净净，基本上看不到垃圾；村口的公园和休闲广场上，老人们正在拉家常，一派其乐融融的景象。近年来，黄屋村以改善人居环境为突破口，坚持改善人居环境与培育文明新风相结合，推进文明示范村建设，为村民创造了更舒适、优美的生产生活环境。这里，给人最大的感觉就是，蓝天白云下，水清、树绿、楼齐、路洁。

在绿树掩映下，新旧民居与古色古香的特色建筑格外秀丽。村中旧民居以青砖建筑为主，规格、朝向均整齐划一；新村规划统一，环境卫生整洁。村落附近有增城县驻地旧址，村中有民国大戏院、祠堂等特色建筑，其中民国大戏院高大气派，保存完好，青砖灰瓦颇有特色。2012年以来，黄屋村通过多途径筹集资金，共投入美丽乡村和文明示范村创建资金达700多万元，硬化村道社巷，铺设下水管道、广场砖，建设村民活动中心、农家书屋、休闲公园、绿道和健身场所等，村庄面貌发生了翻天覆地的变化。

近几年，黄屋村先后被评为"广东省宜居示范村庄""广东省卫生村""广州市卫生村""增城市美丽乡村建设试点村""先进村社""平安村

蒙花布沙滩

标兵""无毒社区"等。2013年12月入选全国"美丽乡村"创建试点村,是广东省30个、广州市5个试点村中增城唯一一个入选的村。

【蒙花布村】 大家好,欢迎来到蒙花布村,它位于正果中部增江河畔,是一个面积约1.5平方公里的"小岛",辖2个自然村、4个合作社,常住人口92户、360人。2003年被评为"广东省生态示范村",2005年被评为"增城市文明示范村"。

村内没有任何工业企业,绿化覆盖率达70%,具有优良的自然生态条件;盛产黄皮、青榄、芒果、乌榄、荔枝等,具有较好的果园观光资源;水资源丰富,村四周增江河水环绕,有长达2公里沙质细滑均匀的沙滩,具备打造乡村游的潜质。

该村注重规划、开发和建设,科学应用生态学、经济学的原理对村庄进行整治和设计,积极开展社会主义新农村建设,营造乡村旅游环境,抓好村容村貌整治和生态环境保护,为开发乡村游打下良好基础。在新农村建设中,累计投入了186.5万元,兴建了水泥篮球场、文化阅览室、绿化园地,建设了2.65公里的环村水泥路,100%的农户饮上了自来水,通了有线电视,村容面貌明显改善,村民的生态环境意识也得到了较大的提高。目前,已建成拥有20多家农户经营型的万家旅舍示范村。

休闲中部

增城中部地区青山环抱、绿水绕城，建有多个城市广场、生态公园和一批绿色生态社区，城区绿化覆盖率达45%，人均公共绿地面积17.4平方米，是适宜休闲度假的山水生态之城，包括荔城街、增江街、朱村街和中新镇。

荔城

　　荔城街位于珠江三角洲东北部，是增城区委、区政府所在地，是全区政治、经济、文化、科技和通信的中心。全街总面积149.71平方公里，城区面积17平方公里，人口约15万。荔城街是闻名海内外的"西园挂绿"荔枝母树所在地。

　　荔城街交通发达，广汕公路横贯其中，增江河纵流而过。名胜景点丰富，区内有"增城八景"中的"西园挂绿""凤台览胜""雁塔长虹""百花崖影"四景，有增城广场、万达广场、挂绿广场、增城公园、荔枝文化公园、雁塔公园、荔江公园等观光游览胜地，还有自行车休闲健身绿道、增江西岸景观带、莲塘农业生态园等多条服务和设施完善的休闲旅游路线。

北四归线
大美增城

休闲挂绿湖

挂绿湖

　　游客朋友们，大家好，前面这一片浩渺的水面就是挂绿湖了。说起挂绿湖，其实是一个人工湖，而且是近年来才开发完成的，是目前广州地区最大的人工湖。它位于挂绿新城的核心位置，规划的水面面积8平方公里，核心区65平方公里，区域综合保护区110平方公里，是具有湿地保护、备用水源、防洪防旱、农林灌溉、调节气候等综合功能的生态旅游湖区。

　　目前，我们看到的是挂绿湖第一期工程和市民广场，是2011年6月开工建设的，在2013年底完成了3平方公里水面的建设，2014年底前已建成8平方公里水面。挂绿湖工程项目包括挂绿湖调蓄区工程、市民亲水广场、二环环路建设和挂绿湖大道改造工程。项目的建成，不仅为市民提供了一个休闲、运动平台，而且还能提升新城区的防洪、排涝能力。

　　挂绿湖区曾规划1 000亩甘泉公园（又名花花世界）、100亩挂绿荔枝园和200亩荔枝博览园等三个主题公园。挂绿湖的建成将逐步形成"森林围城、绿道穿城、绿意满城"的新城区，成为广州最具岭南特色的水城、花城、绿城的核心区和广州生态文化新地标。

　　8平方公里的挂绿湖承担着五大功能：

　　一是水利功能。挂绿湖连通增江、东江、西福河，8平方公里的库容能够起到水量调节器的作用，保障增城汛期不受涝，旱期不受旱。

　　二是饮用水储备功能。挂绿湖是增城的"胃"。一旦增江上游地区出现水污染事件，可紧急启用挂绿湖备用水源，为城区市民提供3个月干净的应急水源；同时，通过挂绿湖规划建设，增塘水库和增城的母亲河——西福河也同步进行全面保护和污染治理，为增城提供更加可靠而稳定的干净水源。

三是气候调节功能。挂绿湖也是增城的"肺"，是增城的空气"调节器"，能够调节整个增城的气候，为市民提供清新的空气。

四是湿地功能。挂绿湖还是增城的"肾"，能够过滤水源，保障水质，保护生物多样性，更好地实现人与自然的和谐相处。

五是生态地标功能。挂绿湖更是增城未来发展的"心脏"，为增城市民、村民提供一个生态休闲的好地方，同时将打造成代表广州参与国际、国内竞争的生态地标，吸引高端产业，发展生态经济，拉动全国乃至世界各地的游客到增城旅游、消费、居住、创业，拉动增城经济社会发展，促进群众就业创业，创造幸福的生活。

来，我们沿着挂绿湖边走一走吧。现在我们从北面的市民亲水广场出发，如果环绕湖边走一圈的话，需要一个多小时。湖岸线总长19.20公里，湖区分为湿地生态区、滨湖休闲区、湖光山色区和森林氧吧区四个景观功能区。大家可能留意到了，整个挂绿湖边的景色设置是山水园林的自然景观主题，它使工程与自然景色融为一体。

走在湖面的木栈道上，湖水清澈见底，小鱼小虾不时从水草中游出。沿途各式的亲水平台、小桥、垂钓台、绿道，将挂绿湖变成一个小桥流水、回廊曲榭、鸟语花香的市民休闲公园。大家看到没有，这条是湖的中轴线，刚好正对增城新行政中心，两边的湖心岛、水杉左右对称。这里是整个湖最美的地方。一路上，视野开阔，景点错落有致，浅滩处水草茂盛，不时还有白鹭在水面上自由飞翔呢，感觉特别美吧。

挂绿广场

大家好，欢迎来到挂绿广场。广场位于荔城街的商业中心，占地面积达60亩。据《增城县志》等文献记载，广场所在地原名叫"西园"，闻名于世的"西园挂绿"母树就生长在这里。"西园挂绿"是增城极具知名度的传统文化产物，现为市级古树名木保护单位，也是增城新八景之一。

【挂绿广场由来】　因为城市发展的需要，增城政府要拆除原有的临时旧建筑物，重新规划建设成城市广场。2000年，增城市委、市政府决定以"商场换广场，广场旺商场"的方式，不花政府一分钱，打造挂绿广场。按照规划，把5万平方米的土地进行科学规划，即3万平方米围绕这棵闻名世界的挂绿母树建挂绿广场，2万平方米建高级商场。通过高级商场资金的产出来建设广场，利用建设好广场来使商场的租金更贵，以商场换广场，广场旺商场。

　　以挂绿母树为中心的挂绿广场分为三大功能区：商业广场区、城市标志性雕塑区和"西园挂绿"母树观赏区，构成了一个动静分区合理、空间错落有致、兼具现代气息与传统韵味的综合性广场，是集游览观光、休闲度假和消费购物的理想场所。每逢节假日或周末，广场内或开设文化论坛，或举行商业展销，或举行主题活动，游客与市民同乐，热闹非凡。大家现在开始自由活动吧。

　　【关于挂绿】　大家肯定都吃过荔枝，但不一定吃过挂绿荔枝。关于挂绿，还是有很多故事的，我给大家简单介绍一下。增城"挂绿"自有文字记载以来已有400多年历史，最早见于清代钱以垲所著的《岭海见闻》，其卷二中说："新塘去莞四十里，地隶增城，湛甘泉先生所居乡也。有湛氏居傍山麓，树木丛翳。康熙八年，偶产一树，以为杂木，欲除之，及花，乃荔枝也。其实大于常荔，坚莹似玉，脆如霜梨，津液内敛，剥而怀之，三日不变。其色微红带绿，因名挂绿。味之香美，冠于群荔。"在西园挂绿之前，《增城县志》记载挂绿的地址都是新塘四望岗，可见挂绿原产地为新塘。但为什么如今新塘没有挂绿荔枝呢？即使有，也是从西园挂绿接枝的二代挂绿，且多为清朝年间所种。那原产地的挂绿是怎样消失的呢？清道光年间，曾在增城任教的崔弼道出了原因："广州荔枝，以挂绿为上。增城大墩、沙贝诸村，所在多有。花时，长吏使标志之。岁畏其扰，斧之无遗类矣。"（《帛编诗集》卷五）可见，原来新塘大墩、沙贝等村多有种挂绿，虽然挂绿珍贵但并没有到珍稀的地步。后来因为官吏在挂绿开花时就指定强买，果农不堪压榨，就将果树都砍了。由于西园那一株离官衙较近，得以幸存下来。后来几经社会动荡，到新中国成立前夕，就只剩下增城县城里西园的半株了。

挂绿荔枝果实扁圆，个头不大，通常1斤有23个左右。果蒂带有一绿豆般的小果粒；蒂两侧果肩隆起，带小果粒侧稍高，谓之龙头，另一边谓之凤尾。果实成熟时红紫相间，一绿线直贯到底，因此得"挂绿"一名。挂绿荔枝自为人知就深受宠爱，源起虽不久，但物以稀为贵，又口味独特，所以成为荔枝中的后起之秀。广东文学家屈大均（1630—1696）曾赋诗赞咏："端阳是处子离离，火齐如山入市时。一树增城名挂绿，冰融雪沃少人知。"类似赞美之词非常多见。

【"西园挂绿"母树观赏园】　来，大家往这边走，前面就是挂绿母树的观赏园了，它以驰名中外的"西园挂绿"母树为主体，包括种植园、护园河和观荔廊三个部分，构成一个开放式的观赏园。具有300多年历史的"西园挂绿"母树，几经沧桑变迁，见证了增城的历史文化。在20世纪三四十年代，由于社会动荡、战乱频发，挂绿古树没有得到精心的照料，到1946年，原有的三桠树枯萎两桠，树势委颓，1948年结果仅140余颗。新中国成立后，古树焕发了新的生机，1955年取得丰收，收果37公斤，一部分上送北京给国家领导人，一部分则在广州南方大厦向市民公开发售，一时成为佳话。随后出于种种原因，古树逐年渐弱，甚至颗粒无收，到1979年最后一桠枝干亦枯萎，现仍能看到枯桠遗迹。幸好在枯萎前经科技人员采取措施使树头萌发新芽，才得以保存。

进入20世纪80年代，由于国运昌盛，地方重视，农科人员精心管理栽培，新长的树体更生复壮，树冠不断扩大，到90年代初期已有结果，近几年更是挂果累累。现在古树已达4米多高，树冠东西与南北延伸近20平方米，焕发出勃勃的生机。增城挂绿以"西园挂绿"母树为宗，现在已经发展成为一个系列品种，第二、三代品种分布于增城各镇街。品质优良而且产量比较稳定的有二三十棵。丰年产量有1 500多公斤，经剔除次果后能供应市场的约为1 250公斤。由于慕名求果人多而果源有限，供不应求状况仍很突出。近年来，农林部门正引导各地农民大力发展优质荔枝种植，挂绿是重点品种。相信经过一段时期的努力，挂绿荔枝会越来越多地供应于市场，满足人们对增城名果的需要。我们看过"西园挂绿"母树后，相信大家的事业肯定会蒸蒸日上，生机勃勃。

【挂绿拍卖】　这么珍贵的挂绿，这些年来都是哪些人有幸得到呢？据了解，增城"挂绿"在2000年之前，只在1955年于广州南方大厦公开售卖过。那年"挂绿"丰产，于是摘了几十斤到广州街头以普通价格售卖，当时广州人民都排起长队争相购买，至今仍传为佳话呢。增城在2001年和2002年举行了"挂绿"拍卖，2002年一颗挂绿荔枝果拍出了55.5万元的天价，创下吉尼斯纪录，成为世界上最贵的水果；2003年和2004年没有拍卖，举行了"挂绿赠抗非英雄"和"挂绿诗会"活动；2005年举办以"名城、名果、名家、名画"为主题的叶绿野先生精品拍卖会，买画赠"挂绿"；2006年没有拍卖"挂绿"，改拍卖仙姑庙顶的"仙桃"；2007年拍卖我国著名青年油画家谢楚余先生的6幅油画作品，竞得油画作品者获赠西园"挂绿"一颗；2008年没有进行拍卖，而是现场抽奖赠市民50颗；2009年采摘的30颗珍贵"挂绿"也以抽奖形式送给现场普通市民。

【西园挂绿与何仙姑】　大家知道，八仙中的何仙姑是增城小楼人。她与西园挂绿，也有一段故事呢。一天，她云游到西园，见西园风光绮丽，荔林葱茏，便坐在一棵荔枝树上，就着月色，在手帕上描绣家乡的秀美风光。绣呀、绣呀，不知不觉残月西沉，天将通晓，何仙姑便乘风归去，无意中留下一缕绿色丝线悬挂枝头。此后，这棵荔枝的果身，便有了一条绿线萦绕，故名"挂绿"。可见"挂绿"荔枝是充满了神仙灵气的佳果。

增城广场

　　大家好，欢迎来到增城广场，这是一个广场式公园、公园式广场，占地600亩，是全国最大的文化广场。中国群众文化学会、中国文化报授予其"全国特色广场"称号。2002年12月竣工落成。整个广场绿化面积达55%，绿化覆盖率为68%。

增城广场上的音乐雕塑

广场自北往南，依次为市政广场、历史文化长廊、音乐文化雕塑广场。广场东侧为生态乐湖，广场西侧为园林绿地，中间设有观礼台。北面16根红色方形石柱雕刻着文化历史的鲜明符号。整个广场以音乐文化为主的特色概念：立足长远，打造音乐之乡，把广场变成国内著名的音乐文化雕塑广场。

【市政广场】　大家现在来到的这片广场就是市政广场，占地3万平方米，可容纳5万人举行大型活动；万人永久舞台呈半圆形布置，7 330个座席与绿化结合，舞台与水池结合，加上灯具的装饰，形成一个适于表演、观赏、休息的场所。广场承载增城的大型活动和晚会演出，特色文化表演永不落幕，每年演出80多场。

【历史文化长廊】　放眼望去，在广场的东侧，历史文化长廊位于弧形台阶之上，整个空间呈南北向布局，向纵深方向展开，仿佛时间的轴线、历史的轨迹。其中有文化会馆，给你一个品茶、读书、闲聊的环境；有增城名优特产直销店，特别是增城获国家级非物质文化遗产的新塘榄雕展销；有增城展览厅，展览厅内大约每半个月，就有一次或书画或摄影或奇石等的文化优秀作品展出；长廊两侧为绿化休闲活动区，修建了很长的报纸宣传橱窗，方便市民在休闲之余阅读报纸。

南侧外墙醒目位置镶嵌一块牌匾，上面写着"广州增城宣言"：追求科学发展，追求社会和谐，追求天人和谐；确保生态永续，确保发展永续，确保宜居永续。

北侧外墙醒目位置镶嵌一块牌匾，上面写着"广州增城宣言十大共识"。大家可以走上前去念一念。

【音乐文化雕塑广场】　大家可能都注意到了广场到处分布着雕塑。是的，增城广场又是一个音乐文化雕塑广场，是增城人民艺术与休闲的幸福"大客厅"，是市民及游客接受音乐文化艺术熏陶的好去处。音乐无国界，雕塑重现时间与空间，音乐雕塑在此结合，在此凝固。在创作百座音乐特色文化雕塑活动中，广场东为东方民乐雕塑广场、广场西为西洋音乐雕塑广场。截至2009年12月，该广场已邀请著名雕塑家梁明诚、梁君令、肖铁航、卓国平、肖泳完成了音乐文化雕塑50组，增城历史名人雕塑两组。两组增城历史名人，也是广东历史文化名人，他们分别是南宋名相、粤词之祖崔与之，明朝大儒、三部尚书湛若水，雕像栩栩如生，展现出了增城人杰地灵、人才辈出的兴旺景象。

每当夜幕降临，增城广场的夜晚就会热闹非凡，成千上万的市民都喜欢偕老带幼到增城广场载歌载舞，自娱自乐，休闲健身。中老年人喜欢参加交谊舞，年轻人喜欢跳一些欢快的健美操，而小孩的活动也很丰富，有的玩蹦蹦跳，有的玩滑板，在增城广场这个海洋般的天地里自由穿梭，呈现一派和谐景象。

增城广场又被喻为市民文化中心，是增城市民文化休闲中心、现代远程教育基地、老干部党建工作活动基地、荔城社区党员服务中心、开放式便民惠民信息中心。增城广场内还竖有三个巨型电子视屏，每天晚上向市民和游客播放精彩的电视节目。增城坚持以人为本，按照"以人才为核心，以教育为关键，以文化定输赢，以音乐增魅力，以体育添活力，以环境与卫生保健康"的思路，大力发展富有特色的群众文化，以先进文化引领市民积极向上、开拓进取，市民文化中心是其中的一个重要基地。它呈现出三大特点：一是文化设施齐全。中心以文化为主题，建有万人永久舞台、音乐文化雕塑群，还有供增城粤剧、客家山歌爱好者自娱自乐表演的乐湖等一批文化设施，可满足各类不同层次的文化活动需求。二是服务功能齐全。中心分为信息发布和咨询服务区、远程教育区、文化学习区、展览展示区、娱乐活动区等五大主题服务区，通过市民文化中心这个平台，宣传党的理论知识，开展各项党建活动，为党员干部免费提供各种文化活动和公共信息服务，延伸政府服务平台。三是群众文化活动活跃。中心每年都举办增城广场音乐文化节等大型文化节庆活动，每天晚上均有成千上万的市民自发到此开展文化娱乐休闲活动，是接受现代文化熏陶的重要阵地。现在增城广场已成为珠三角组团旅行社进入增城市区的首选景点，特别是早晚游客居多。

各位游客朋友，今天，让我们一同步入美丽而繁华的增城广场，体验五彩缤纷的广场文化盛宴吧。

荔枝文化公园

大家好，欢迎来到荔枝文化公园，这个公园位于荔城街的荔景大道，也就是我们现在看到的这条大道，交通十分便利，是一个开放式的主题公园，堪称市区中的一块绿洲，是市民和游客观光休闲的好去处。公园依山坡而建，地势开阔，林木茂盛，空气清新。从增城大道左拐进荔景大道，车过增城图书馆，即可见荔林掩映下的一块斜草坡，修剪有"荔枝文化公园"六个大字，气势不凡。沿着山路上山，红花绿草点缀着无数枝繁叶茂的荔枝树，枝条交错，浓荫如盖，让人身心为之舒展。沿着精心布置的石阶拾级而上，两旁是浓茂的荔枝林，清新的气息扑鼻而来。沿途有专供游人休憩的休闲长廊，有纪念增城女干部植树的"巾帼园"。行不多久，即可登上山顶，山顶开阔处修有"赏荔亭"和"东坡赏荔雕像"，这是荔枝文化公园的重要景点，值得一游。

【赏荔亭】 在公园山顶地势开阔平坦处建有一座三层高的岭南风格的亭子，名为"赏荔亭"。站在亭前，清风徐来，四望开阔，颇有登临怀古之感。亭前凭栏，可俯瞰增城全貌，尤其是近处的圆形图书馆和增城广场。不妨试想，在荔枝成熟之季，约上三两知己，登临此亭，一边品荔，一边遥望，该是何等惬意！

东坡赏荔雕像

【东坡赏荔雕像】 赏荔亭前塑有一座"东坡赏荔"的雕像。东坡神态安逸，面带微笑，两手剥荔，形态极为生动传神。身后屏石刻有那首著名的食荔诗：罗浮山下四时春，卢橘黄（杨）梅次第新。日啖荔枝三百颗，不辞长作岭南人。

增城儿童公园

各位小朋友和家长，大家好，欢迎来到增城儿童公园。这是一个免费开放型公园，进园不收费，另外，专为儿童开设的"童话城堡""秋千荡漾""波波池""航海世界""欢乐旋转""亲水鱼池""攀爬乐园"等主题游乐项目全部免费。

增城儿童公园项目主要是在原增城公园的基础上改造建成的，建设中保留了原有的大部分树木及绿地。目前，整个公园绿化覆盖率达到90%以上，基本上每个游乐场所都有树遮阴，这使儿童公园在新增儿童游乐功能的同时，继续发挥原增城公园"城市绿肺"的作用。结合绿化率高的特点，儿童公园开发出多个生态型游乐点，其中，园内建设了面积达44 800平方米的山体园区。

儿童公园以"大树上的精灵王国"为设计概念，主要分为入口广场区、主轴大道、市民健身区、山体园区、林下儿童活动区五大功能板块。

入口广场区主要活动功能为市民户外活动、儿童欢乐舞台演出。

主轴大道贯穿南北，占地约20 515平方米，该区域以通行与户外活动为主，塑造缤纷的游览环境，主要活动功能为快乐风筝、野外露营。

市民健身区位于公园西北面，占地面积4 000平方米，以康体健身为主要功能，同时增加了适合儿童、成人共同使用的活动器械场地，主要活动功能为户外健身活动、林下休憩空间。

山体园区位于公园西部，面积44 800平方米，以亲近自然为主，保留大部分自然绿地以便于开展环保主题科普活动，主要活动功能为丛林小木屋、植物辨认、科普教育展示栏、栗子攀爬架、探险步道、戏水捉鱼等。

林下儿童活动区面积19 740平方米，由三个口袋主题、户外活动、器械公园组成，可满足不同年龄段儿童户外游乐的需求，主要活动功能为螺旋科普墙、树屋隧道、儿童攀爬处、林下乒乓球场、植物迷宫等。

增城万达广场

大家好，欢迎来到增城万达广场。万达广场位于增城广场对面，地处增城中部中央商务区、中央居住区、生态保护区和体育休闲区交汇处，雄踞规划地铁16号线和21号线交汇站增城广场站之上。总建筑面积近40万平方米，包括了大型商业中心、购物中心、步行街区、SOHO公寓、五星级酒店、万达IMAX影城等多功能城市业态，集购物、休闲、娱乐、办公、文化、居住于一体。增城万达广场设计规整，前方为大型商业中心、购物中心和步行街区，后方则有4栋高层楼宇，包括有SOHO公寓、写字楼和五星级酒店，于2014年5月16日开业。

【商业定位】 都市新生活方式的体验中心，快速时尚消费的潮流胜地，集购物、餐饮、娱乐、休闲、商务、服务于一体的中高档综合购物中心。

【业态规划】 1F：风尚名品。国际时尚服饰、快速时尚品牌、国内一线服装服饰品牌；国际连锁餐饮、咖啡；精品时尚配饰等；2F：体验休闲。体验式服务、体验式零售、品牌集合店、个性时尚配饰、生活时尚配套、休闲餐饮等；3F：美食天地。知名连锁餐饮、地方特色餐饮、各地风味菜系、时尚主题餐饮、异国风情料理。

【主力店介绍】 万达百货：2007年成立的万达百货，是万达集团下属五大支柱产业之一。截至2012年底，万达百货已拥有近60家门店，分别以高端奢华、精致生活、时尚流行、社区生活四种形式，努力在商品定位、服务标准、营销模式和店面装修设计等方面塑造经营与服务的特色。

万达IMAX影城：隶属于全球最大的电影院线运营商，拥有国内的万达电影院线和美国AMC影院公司。开业影城502家，有6 000块电影屏幕，占有全球近10%的市场份额。IMAX影城以其一流的设计和施工、最先进的放映设备配合国际化的服务理念，使广大观众得到超一流的娱乐体验。

大歌星KTV：万达集团文化产业中的大型连锁企业，KTV行业的领军品牌。目前已在全国开业数十家店，成为中国排名第一的连锁量贩KTV企业。全国连锁的"大歌星"KTV，始终秉承现代、高贵、典雅的装饰风格，量身订制VOD视频点播系统，拥有50 000首超大歌库、超大等离子屏幕、全国首家配备顶级进口数字化音响设施，打造绝对一流的娱乐空间。

大型超市：精挑细选多种商品，时令蔬菜瓜果，享受便利快捷、幸福的生活和"一站式"购物乐趣。

大玩家超乐场：大玩家超乐场是中国领先的室内综合娱乐开发商与探索者，遍布中国一线城市。作为中国电子游戏协会理事单位、北京奥运唯一娱乐供应商、全国第六届城市运动会独家数字娱乐供应商、中国残疾儿童基金会会员单位，大玩家超乐场每天为数十万市民提供时尚刺激的娱乐产品和专业服务，是年轻人展现自我、放松身心、体验潮流的新高地。

增城万达广场成为增城新的地标性建筑和商业领衔地，全方位满足人们衣、食、住、行等各方面的生活需求，为广州东带来全新的"一站式"生活方

北四归线
大美增城

式，引领广州东商业聚变升级，加快广州东城市化发展进程。好了，不多说了，大家自由购物、观光吧。

东汇城

大家好，欢迎来到东汇城。增城东汇城是富港集团旗下广州市富汇投资有限公司投资兴建的大型城市综合体，也是当地政府立项支持、重点扶持的大型商业项目。项目集大型商业购物中心、五星级酒店、甲级写字楼、豪华国际公寓于一体，资产总值30亿元。

东汇城坐落于增城市区核心位置，雄踞府前路与荔景大道主干交汇处，东眺荔城风貌，南对增城广场，西拥图书馆、荔枝公园，北依增城公园。增城东汇城商业购物中心于2011年9月开业，进驻品牌商家超过200家，包括广百百货、大润发超市、肯德基、必胜客、麦当劳、大地影院、国美电器、中域电讯、香港稻香集团、爱婴岛、屈臣氏、万宁、千色店、香港满记、周大福、六福珠宝、钻石世家、山东黄金、耐克、阿迪达斯、安踏、李宁、鸿星尔克、彪马、匡威、G2000等国内外著名的品牌商家。

这是一座包罗万象的核心商业之城，布局独具匠心。通过集中、紧凑且分区明快的功能格局，把综合性商业、大型超市、沿街商铺及餐饮娱乐等众多城市商旅休闲功能业态，通过点、线、面结合的奇妙建筑空间交叠延伸。与此同时，项目把五星级酒店、豪华公寓置于左右，既做到了功能互不干扰，又推动人气与财气的互补共赢，形成统一的大型建筑综合体，引领"超优越城市生活"风潮。其与周边的增城广场、图书馆、博物馆、荔枝文化公园等公共服务设施形成了完善的文化休闲商业体系，实现了文化艺术功能的复合性和多样性，体现了社会效益和经济效益的双赢。

凤凰山公园

各位游客朋友，欢迎大家来到凤凰山公园。这里是增城人休闲、健身的好去处，也是游客登临访古览胜的绝好景点，故"凤台览胜"称为增城八景之一。

凤凰山公园原名春岗，位于荔城街前进路西侧。关于凤凰山这一名字，还有一个故事呢。相传北宋熙宁七年（1074），一对凤凰在春岗上空盘旋，后又栖于岗上的树林，半天才离去。人们认为这是吉祥的征兆，便把春岗改名为凤

凰山，并建凤凰亭为记。南宋宝庆元年（1225），理宗帝御笔亲书"菊坡"二字赐予名臣崔与之，崔逝世后改凤凰亭为菊坡亭。此后，凤凰山更是历代骚人墨客吟诗作赋的游览胜地。民国二十七年（1938）日军侵入增城，凤凰山上的菊坡亭被毁。新中国成立以后，增城县人民政府复建凤凰亭，并多次拨款修葺凤凰山景区，增设文体娱乐设施。现今景区内有市工人文化宫、图书馆、博物馆、青年宫、歌舞厅、展览室、露天剧场、儿童游乐场等，成为闹市区内的一座文化公园。

【增城博物馆】 增城博物馆成立于1984年。1990年设立历史文物陈列展览，属地区性、历史类博物馆，1994年被命名为广州市爱国主义教育基地。增城博物馆主要负责文物的征集、收藏、陈列和研究等工作。馆藏文物丰富，有从新石器时期至近代的各类文物。馆内的首层设有"增城历史文物陈列展"，陈列有增城地区新石器时期金兰寺贝丘遗址至近代各历史时期的文物，反映了增城的历史沿革和增城在东汉建安六年（201）建县后的历史。第二层设有"增城民间收藏文物精品展"，通过民间收藏的文物和社会捐赠文物的陈列，人们可从中鉴赏珍贵文物，了解历史，认识增城。此外，增城博物馆为扩大展区，在荣获"全国特色文化广场"的增城广场增设了1 100平方米的展厅，常年举办书画、摄影、科普、民俗、艺术品等各种类型的展览，进一步丰富了博物馆展览的内容。大家如果感兴趣的话，到时可以去增城广场那边游览一番。

长寿寺

大家好，这边是工人文化宫，里面有一座长寿寺（原名万寿寺），以前又称法空寺，是省级文物保护单位。始建于何年代，无从考起。北宋嘉祐年间（1056—1063）法空寺改名为万寿寺，先是供奉如来佛，后又安设宾公佛塑像

一起奉祀。元末毁于兵灾。明洪武十八年（1385）重建。清道光二年（1822）又在寺庙的山门上方镶嵌三块花岗石，镌刻"万寿寺"三个大字。这三块石刻现存于增城博物馆。2013年经过重修，于2014年1月开光，改名为长寿寺（万寿寺在挂绿湖重建）。现存比较完整的大雄宝殿，建在寺内一块60厘米高的台基上，正面铺四级台阶。整座大殿为正方形，面阔与进深均为11.8米。其主要特点是整座建筑无一钉一铁，采用抬梁式木结构和斗拱承托的营造工艺，其梁拱托穿插，又相互牵引拉抱，形成特别稳固的防震框架网，给人以明快和美的感受。

迎恩街

荔城街西山村《蔡氏族谱》载："始祖念一在北宋仁宗明道二年（1033）自福建田人粤卜居增邑南山（今西山），其弟念二在城南迎恩街。"历史上的迎恩街在哪里呢？

民国以前，荔城沿江街居委会横街口曾经是一个繁忙的码头。古时候交通主要靠水路，况且增江连接东江和珠江，水路交通便利，船舶来往穿梭。在宋朝至清朝末年，皇帝任命的每一位县令，都是乘坐官船到任的。船上披红挂绿，浩浩荡荡。岸上敲锣打鼓，好不威风。本县的达官贵人、名流绅士早已在码头恭候，而黎民百姓则跪在码头两旁欢迎。县令上了码头，乘坐大桥，前呼后拥经过横街口转入夏街，到达南门口，由南门入城到达县衙（注：古代县衙即原市委大院，大门口正对着荔城街解放路）。

每一年的春节过后，县令又由县衙官员陪同，由南门出城，经过夏街，转过横街口，来到河边的田里。县令开始亲手扶犁开耕，接着撒下谷种，以示春耕开始，然后到谷王庙进香，乞求神灵保佑本县风调雨顺、五谷丰登。

后来，人们为了感谢当朝的恩典，便把县令出入的横街口叫作"迎恩街"，并树立牌坊。

雁塔

游客朋友们，现在我们来到了增江的西岸，这座小山叫豸山，山上的这座塔叫雁塔，建于明代万历二年（1574），是增城现存的唯一古塔，为广州市级文物保护单位。雁塔由于紧靠碧波荡漾的增江，一脉增江，四桥飞架，形成增江两岸新景物，故名"雁塔长虹"，景点包括增江四桥、龟峰秀色、南山钓台、增江晚渡、鲤鱼春浪等。

雁塔构造雄伟壮观，设计周密精巧，全用红石砌成，外观7层，内分13层。高达 32米，人们可以从底层直上塔顶。塔身为八角菱形，每层均有窗口，分为东、南、西、北、东南、西南、东北、西北方向，并装斗拱、巡廊，可供游客一览八方景物。塔顶置巨型磁罂作装饰，金碧辉煌，光耀云霄，磁罂上又系着八条金龙样的连环铁索，每条龙的颈部又垂下铁串，铁串上系着一只彩凤和一个风铃。古

时，人们乘船从江边驶过，从远而近，仰观塔顶，只觉龙飞凤舞，华彩熠熠。

原塔高7层（内为9层），八角平面，由青砖砌筑，建在红砂岩须弥座上，高81米，边长2.5米，须弥座上雕刻有明代风格的如意纹饰，古朴秀丽。清光绪十四年（1888）重修，重修时改变了原貌，仅保留了邑人周从東所书的"雁塔"石匾。

百花崖影

大家好，欢迎来到百花山庄度假村。这里有一景，叫"百花崖影"，是增城八景之一，就是在这个百花山庄度假村内的百花林水库。水库区内的大佛岭、木棉山上百花盛开，山清水秀，水库边的摩崖石刻有历代名人咏赞的诗文，倒映在水中，波影相随，故得名"百花崖影"。百花崖影在古时就已经是增城八景之一，有诗云："百花崖影好吟诗，又是蝉鸣荔熟时。四面楼台花似锦，一湖烟水柳如丝。摩崖佛岭连云翠，燕石幽岩魂丽姿。宋刻碑铭妃冢在，流连山水寄情思……"1956年，这里建水库时，曾出土石斧、砺石等石器，经考证确认该处为远古新石器时期人类聚居地遗址。

百花林水库设计防洪能力为百年一遇，该水库是新中国成立后兴建的第一座中型水库，于1956年8月动工，1958年5月竣工。现已以百花林水库为中心，建设成集旅游度假、商务、会议、餐饮、娱乐于一体的百花山庄度假村。百花宾馆被国家旅游局评为四星级综合性旅游酒店。

【百花旧事】 那么百花之名源于谁呢？答案是南汉王刘岩。南汉王刘岩与其妻增城公主郊游增城，县令见四周田土龟裂，树木焦黄，心碎甚甚。刘岩后闻城西的西岭坑，树木滴翠，便欲游览。果然另一番景色，刘王与增城公主流连忘返。游完，刘王问："此地何名？"答："西岭坑。"刘王不喜欢岭岭坑坑的俗名，对随从曰："这里终年百花盛开，林木青翠，林荫蔽日，何不叫'百花林'？"从此，西岭坑被赐名"百花林"。

刘岩是五代十国中南汉国的建立者。他生性残暴，喜杀人，弄酷刑，又好奢侈，民心多怨之，但他给增城留下的"百花"一名，的确不错，既有形象意识，又有文化韵味。百花林水库畔以前有南汉王妃冢，下葬的估计就是那位貌美如百花的增城公主，现在已经没有这座墓冢了，只能看到那块颇有历史见证意义的南汉王下马石。

农民起义领袖黄巢于公元879年领兵入岭南，6月攻广州，未果，后退驻增城百花林。黄巢兵纪律很好，不抢老百姓粮食，不收老百姓瓜菜，不占老百姓房屋。老百姓主动交纳粮食，不受。改送蚬、螃给黄巢兵，收下了。起义军食后的蚬、螃贝壳堆积如山，成了今天百花林的蚬壳山、蚬壳陂遗址。

公元1337年，邑人朱光卿率众起义，自立为王，建立"大金国"，撼动了元朝在广东的统治。朝廷命令狗札里及江西行省左丞沙的，以十倍兵力进行镇压，朱光卿沉着指挥战斗，后终被俘，壮烈牺牲。朱光卿起义虽然失败了，但增城人民英勇斗争的精神，却一直鼓舞着广大受压迫的穷苦大众，抗元斗争在全国各地陆续发生。百花林里的青山坳，偶有人拾获一些刀、枪、剑、箭残片，据说这里就是朱光卿率众与元兵激战之地，真想不到美丽的百花林曾是血火纷飞的战场。

在两山对峙的峡谷中有宋代摩崖，摩崖高1米，宽1.5米，镌刻有李肖龙五言古绝两首。李肖龙是南宋咸淳进士，邑人，官朝议大夫。南宋祥兴二年（1279），南宋灭亡，元帝慕肖龙名，三下诏书请他出仕，都遭拒绝。李肖龙不愿仕元，归隐增城百花林。百花林远离尘嚣，清新恬静，地靠青山，又临沃野，门前流水，屋边鱼塘，种菊筑篱，啖荔赋诗，浅水拾贝，迎风舞剑，吹拂习习撩人湖风，放眼无尽朦胧山景，陶醉惬意，优哉游哉！李肖龙在门前摩崖上刻诗言志，每字直径约5厘米，收录如下："世至无桃源，吾实隐庐中。天赐泉石洞，荔子漫山红。榕荫依溪绿，久没坐寒宫。古谁解其趣？达哉渊明翁。咸淳进士肖龙壬申题。"

【百花山庄度假村】　眼前就是闻名遐迩的百花山庄度假村，是增城境内较有规模、配套设施齐全的高档住宅小区。在群山环抱、碧水潋滟、翠竹婀娜、树木掩映、花草飘香如仙境的地方，一排排、一幢幢亮丽别墅耀人眼目，有的整齐划一排列在路旁，有的盘山而筑居高临下，有的临湖而立，都饰以乳白色外

百花山庄度假村

墙和朱红色的瓦顶。别墅多以绿色生态环境为主题，以岭南风格为基调，糅合东西方设计特色，内设有亭台楼榭、奇石平湖……在碧绿的水库和葱绿的林木映衬下，显得高雅夺目。它们与宏伟的酒店主楼遥相呼应，和谐协调，宛如众星拱月。度假村中的百花宾馆，俨如一座城堡矗立在微波荡漾的岸边，外表富丽堂皇，内部丰富多彩。宾馆内配备有6间多功能会议厅。由于地处增城"市肺"，风景秀丽，环境优美，交通方便，加上布局合理，所建楼宇别墅又优质美观，故深受广大增城居民乃至海外华侨和港、澳同胞的喜爱。度假村内花园、广场、草地、俱乐部、餐饮部、网球场、游泳池等生活娱乐设施，除供度假村居民享用外，亦对外开放，闲时假日，吸引不少游人前来游览。这真是一个集休闲、娱乐、商务、会议、餐饮、旅游于一体的度假胜地。

【美食水库鱼】 百花林水库出名的是水库鱼，不可不尝。停车场侧有格调高雅的百花园酒家，大厅可摆设三十余席，日夜供应各式美酒佳肴，既有野味珍禽、鲍参翅肚、河鲜海鲜以及荔枝宴、冬瓜宴、菜心宴，也有增城风味的家乡小菜、名贵菜式和各种高级点心等。这里对水库鱼的烹饪很有研究，有清蒸、白灼、蒜蓉、药膳几种制法，可谓色、香、味俱全，非大师傅不能为。大家来到百花林，都应该尝尝这里地道的水库鱼。

燕石翔云

大家好，欢迎来到荔城镇西瓜岭村，这里有一处胜景——燕石翔云，自古以来都是增城一景，坐落于西瓜岭村的"燕石公"山上，距旧城区8公里，这里山脚、山腰都长满了特产乌榄树，唯山顶处光秃平坦。

大家看，就在山顶草坪中，耸立着一块巨石，石长18米，宽15米，高约11米，形似飞燕，故名"燕石"。由于"燕石"在山巅，在晨雾未散时，又像翔云飞燕，故称"燕石翔云"，成为天然一景。于明永乐年间经文人确定，被定为增城第一批评选的"增城八景"之一。《增城县志》载："增城燕石胜迹，在燕山之巅，邑治西南二十里，西瓜岭村前。石高三丈余，形如燕，数小石擎之。其下空洞一穴，可坐数十人，曾列入增城八景之一，名曰'燕石翔云'。"

这里还流传着一个美丽的传说，据说在几千年前，千岁翁安期生从蓬莱来到广东，觉得南樵山（即南香山）的山顶是土包，不是岩石，山景不够壮丽，就运用一道符咒，叫他徒弟从蓬莱仙境飞一些巨石来南樵山。他的徒弟收到师傅的命令，立即从武夷山飞石过来。几块巨石从空中飞过来途中遇到南方的飓风，未飞到南樵山就在西瓜岭村附近着陆了。小的去了厂吓村，石形很似燕子嘴，被人称为"燕石公"，大的在西瓜岭村南的矮岭着陆，两块埋在地下，一块架在山顶上，像飞翔的燕形，村人称为"燕石"（如今当地人亦称为燕石公）。

"燕石"脱离地面，由几块不规则的大小石块从三面承托着，石长18米，宽15米，高11米，中间空洞，可容下数十人。主洞口宽阔，游人可站着出入。入口左侧石块，镌刻有"燕石翔云"四个大字，字大如方桌，刚劲有力，大字两旁还刻有几行字，可惜模糊不清。不少游客欲登石面一睹自然风光，苦无设备，未能如愿。

莲塘春色绿道旅游区

大家好，我们现在来到了莲塘春色绿道旅游区。景区位于荔城街莲塘村，地处荔城北部约5公里，占地445.55万平方米，东临增江河，西接增派旅游大道，自然条件优越，旅游资源丰富，是增城集休闲、观光、娱乐、健身于一体的现代观光农业和健康休闲旅游的好去处。

景区拥有3公里长、得天独厚的增江美景河岸线，按照"一带五区"的空间结构，分为酒店休闲度假区、高尔夫球场区、田园生态游览区、生态山林游览区和乡村体验游览区等多个旅游功能区。景区内设置有自行车、电瓶车、登山、步行等不同交通游览路线，大家在此可以欣赏荔乡风光、体验郊野乐趣、享受生态休闲，体味"莲塘春色、山水共长"的美丽时光。

此外，景区充分利用莲塘村农田，采取农业集约化经营模式，对其进行山、水、田、林、路的环境治理工作，着力开展道路绿色、民居亮化、环境美化、设施配套等建设工作，建设一个占地约1 000亩的生态观光农业园。

增城通过对莲塘古榄林、竹林、草坡、江水、山体等景观要素进行整合，建设百年古榄、竹林鸟语、樱花园、荷花池绿道，发展农家乐和万家旅舍及商贸一条街，开展田园家庭体验活动和自行车休闲游等，打造"莲塘春色、山水共长"的国际旅游形象，将莲塘春色景区建设成为乡村休闲、旅游度假和节庆功能兼具的国际生态旅游示范村。

粤赣湘边纵队增城大队部纪念馆

大家好，欢迎来到荔城街庆丰村，这里有一个红色旅游基地——粤赣湘边纵队增城大队部纪念馆。纪念馆是一座独具规模的仿古建筑，布局为深16米，广九间宽44.5米，面积为712平方米，陈列着中国人民游击队粤赣湘边纵队东江三支队六团增城人民常备队第二大队各个时期的战绩和重要人物（如谢光团长和王国祥副团长）的功绩历史。纪念馆内设有中共增城市委党史研究室、陈列室、图片展览室、增城人民常备队第二大队队部（旧址）办公室等。堂门正门挂一铜牌，镌刻阴文红字："粤赣湘边纵队东江三支队六团增城人民常备队第二大队旧址。增城人民政府二零零零年十二月十八日。"纪念馆背靠山林，门前是广阔的余坪，植满常青树和花草，坪地前有一水面开阔的清澈池塘，长150米，宽50米，池边树下有9个供人休息的石椅，大家走累了可以坐一坐。

荔韵公园

大家好，欢迎来到位于荔城街范围内的荔韵公园，这里东边紧邻增江，园内有大片原生态果林和乔木，自然景观优美。规划范围为东至景观大道，西至增滩

路（规划新城大道），南至高排渠，北至规划一环路以北山头连片的几个山头，总占地面积约1 229亩，土地情况主要为果园林地，地势相对较高。荔韵公园主要旅游休闲区包括入口广场、观景平台、综合休闲服务区、湖畔漫步游览径及湿地休闲区，将建设成为塑造城市山水景观、创造全新城市郊野生态公园的典范。

荔韵公园以"都市人回归自然"为宗旨，以"荔枝"作为重点，以荔园为设计对象，强化、提升"荔韵"形象，形成一个卖、食、赏荔的荔枝产业和文化带；同时，对几个山头的主景区以四季变化来作为设计线索，通过一些特定的植被来营造不同季节的小气氛，增加景区的话题性和趣味性。此外，该公园的建设将挖掘文化概念与实地自然景观相结合，从产业、自然、文化三个方面同时推进，丰富公园的景观，增加公园的观赏性和可游性，为市民提供一个拥抱大自然的活动景区。

荔江公园

欢迎大家来到荔江公园，这是增城实施全区域公园化战略、打造儿童主题公园的一个重点项目。该公园规划面积约6 000亩。目前已完成了花卉苗圃、绿道服务区及植草砖和广场砖铺设、临江护堤大围火烧石铺设、自行车健身道、休闲路径、石台、石椅、停车场、望江亭、篮球场、羽毛球场、亲水平台等工程，公园绿化面积达3 000多亩。荔江公园的建设，既有效改善了中部地区的人居环境，又对促进生态旅游业的发展发挥了重要作用。

增城图书馆

游客朋友们，欢迎来到增城图书馆。增城图书馆是增城地方政府为民办十件实事之一，也是文化惠民工程项目之一，它是按照公共文化标志性的要求来建设的。2009年11月2日首期竣工并向市民开放。总建筑面积32 800平方米，主体建筑分为地上三层、地下一层。设计藏书总量为80万册，座位1 280个，配置信息点845个，现有藏书27万册、报纸200多种、杂志400多种、电子图书33万册，平均每天接待读者约3 000人次。增城图书馆以宏伟的建筑、丰富的馆藏、优质的服务被中央文化部评为"国家一级图书馆"。

图书馆现向读者开放的有：一楼期刊区、青少年阅览区，中庭设有实践科学发展观及增城建设三大主体功能区展示区、爱心书房。二楼是综合外借阅览室。目前馆内正在装修的增城科学发展历程展览区、大型展厅、多功能报告厅、购书中心等功能齐全的场所也即将向市民开放，它将成为集文化休闲、学习阅读、信息交流于一体的信息化、网络化、智能化、现代化图书馆。

　　位于中庭的增城三大主体功能区实景图是地方政府利用增城图书馆建设的反映增城学习实践科学发展观历程和成就的展览区。该实景图包括区位图、主体功能区壁挂模型、市域交通壁挂模型、中心城区大模型四部分，集中展现了增城学习实践科学发展观活动的丰硕成果以及对未来的规划。

🏵 增城文化馆 🏵

　　游客朋友们，欢迎来到增城文化馆。增城文化馆建于20世纪50年代。目前该馆设置有音乐、舞蹈、戏剧、曲艺、美术、书法、摄影、文学、非物质文化遗产等艺术门类；配置专职群文干部15人；现有馆舍面积3 000平方米，设置培训排练厅4个、展厅4个、歌舞厅1个、音乐制作室1个、编辑室1个、美工室2个、办公室6个、宣传橱窗和文化走廊4个、文化广场1个；全馆有业务藏书5 000册；馆属下有管弦乐团、民乐团、歌舞团等一批业余文艺团队，出版文学季刊《丹荔》一份。

　　增城文化馆多年来坚持"两为"方向和"双百"方针，致力繁荣和发展增城的文化事业，连续12年被评为"增城市先进单位"，多次被评为"广州市先进文明单位"，2000年更被广东省文化厅评定为"一级文化馆"。建馆以来，增城文化馆除了每年选派各门类业务干部下乡、下基层辅导达90多次，协助区政府、各镇街完成各类文艺演出达200多场；还重点挖掘群众路线的题材，精心创作精品，该馆的创作舞蹈节目《领潮争先》获得2010年全国第十五届群星奖（舞蹈类）群星奖，小品节目《精雕细榄》获得2013年第十届中国艺术节戏剧门类作品群星奖。

增城中学

大家好，欢迎来到增城中学。增城中学创办于1928年，原校区面积仅30亩，2004年12月于异地新建，现校园面积325亩，是广东省国家级示范性高中之一，高考升学率连续9年在98%以上。

增城坚持把教育当作最重要的德政工程和基础工程，近年来共投入42亿元发展各类教育，推动城乡教育均衡发展，增城中学是其中的一个缩影。具体表现在：一是有一个优美的教学环境。新校区总投资2.5亿元，规划建设标准高，各类设施齐全；以"山水校园"为特色，校园绿化覆盖率达60%。二是有一支优秀的师资队伍。266名专职教师来自全国25个省、市、自治区，分属13个民族，全部本科以上学历；有一批全国优秀教师及省市级骨干教师。三是有一个好的办学理念和思路。坚持"人文、人本、人和"的办学理念和"以法治校、以德立校、以情兴校"的办学思路，既注重教学质量的不断提高，又注重学生的全面发展，坚持"尚德求真"，把德育作为构建和谐校园、凝聚文化特色的基础；通过开展"回报母校一棵树"等活动，既绿化、美化了校园，又激发学生回报社会的责任感，激励学生奋发读书。四是为实施城乡教育均衡发展提供了一个好的载体。高中部办学规模达60个教学班，学生达3 300多人，其中农村子弟占85%以上；发挥了较好的示范作用，成为城乡教师教育教学研讨交流和师资培训的重要基地。

百花涌

大家好，前面的这条河涌就是百花涌。百花涌又称附城河、百花水，是增江的一级支流，起源于百花林水库，在雁塔汇入增江，总长6.5公里。这条河涌主要流经荔城街行政区，经过多年的治理，被打造成贯穿于增城城央的城市名片，为市民和游客提供了一个休闲、舒适、美观的绿色地带。百花涌的清清流水如何来呢？首先，是通过蓄水营造水生态环境。利用百花林水库对百花涌进行生态补水，同时，定期清理河涌周边及水面垃圾，打造一条亮丽的河涌生态带。其次，升级改造两岸休闲绿道。增城相关部门因地制宜，优化百花涌两岸休闲绿道，确保两岸道路无障碍穿城通行，营造舒适美观的车行、人行环境。在原有绿化的基础上，对百花涌两侧纵深50米范围绿地进行美化，种植不同季节的花和树，达到一年四季花常开的效果。同时，对百花涌两侧的闲置地、绿地、空地进行绿化升级，形成富有特色的景观节点。另外，有关部门还大力整治河涌两岸的污水偷排现象，从源头上减少河涌污染。这些措施造就了今日百花涌的美不胜收。

美丽乡村：庆东村

　　大家好，欢迎来到美丽乡村——庆东村。庆东村隶属增城荔城街，东与莲塘村相邻，西邻龙角村，南邻桥头村，北邻小楼镇；庆东行政村有7个自然村，21个合作社，农户551户，乡村人口有3 580人。这里濒临增江河，自然风光迤逦，5.2公里绿道蜿蜒穿行。在打造美丽乡村上，庆东村有着很好的生态优势和区位优势。那么如何利用自然优势转变为发展优势，打造政府、村民双赢的美丽乡村？大家不妨来这里找一找答案。

　　近年来，荔城街选定庆东温山吓村为示范点，探索了一个以"政府小投入、引进企业参与、发挥村民主体作用"的"可复制、可推广"的新模式，形成了"引进企业，发展农业观光生态产业；民主决策，推动村务集体商定；宣传发动，形成发展共识；统筹发展，将产业纳入美丽乡村建设"的新尝试。大家可以看到，庆东村村道干净整洁，村容村貌焕然一新，村民在村公园内运动、休闲，非常惬意。

　　同时，温山吓村通过已建成的农村广播平台，每天定时播放美丽乡村规划方案、家禽圈养及环境卫生管理制度等内容，使美丽乡村建设深入民心，群众积极支持和参与建设，经常向村干部咨询工程进度。

　　尤其值得一提的是，庆东生态旅游花园于2015年3月建成并开放。该花园临近增江河，占地300多亩，以生态农业观光体验和乡村休闲旅游为特色，包含体验式农耕菜地（开心农场）、植物科普基地、澳洲葡萄园、火龙果园、荔枝园、钓鱼场及特色种植园等生态旅游项目。未来将建设万家旅舍（星空客栈）、有机农家乐餐厅、拓展培训基地、欢乐大草坪、儿童游乐嘉年华等各具特色的休闲设施。

增江

增江街地处增城市区东部，与惠州博罗县接壤。总面积49.48平方公里，人口约4万。辖区有新旧广汕公路以及新规划的街荔高速路交错贯穿，地理条件优越，交通优势明显。

增江街自然环境优美，风景名胜众多，且保存完好。景区景点有增江画廊、鹤之洲、凤塔、南山古胜、白湖水乡景区、蕉石岭森林公园、东湖公园等。区内特产众多，有远近驰名的联益山所产的猪、白湖迟菜心、西山乌榄。增江街景色秀美、区位优越、物产丰富，是集创业、居住、休闲于一身的新城区。

增江河

增江河，是珠江水系东江支流。原来直接流入珠江口，自珠江三角洲平原形成后，成为东江支流。增江河发源于新丰县七星岭，流经广州市从化区东北部转入龙门县西北部，再折向南流，为广州市增城区、龙门县的界河。于境内正果东北角磨刀坑流至龙潭埔接纳永汉河后，流量增加，经正果、荔城、石滩三地，于官海口汇入东江，全长203公里，流域面积3 160平方公里。上游建有天堂山水库，下游地区为重要工农业区，航运条件良好。流域内共有耕地面积53.07万亩，

增江河风光

人口42.73万，其中农业人口36.2万，是增城五条主要河流中最大的一条。

增江河流域集雨面积100平方公里以上的支流有地派水、蓝田水、铁岗河、白沙河、葛布水（又称陈禾洞水）、永汉河、派潭河、二龙河8条，其中以地派水为增江河主要源头。地派水和蓝田水在龙门县合丫水汇合后，形成增江河主流，至龙门下村，汇入铁岗河后，称西林河。流经龙门县城下车田，再汇入白沙河，形成了增江河上游第一个小平原，出龙华，汇葛布水、香溪水，再穿越山间曲径，出虎跳崖，进入永汉，在合口与永汉河汇流，形成增江河中游地区第二个小平原。以上河段，称龙门河。

在永汉以下，进入增城，称增江河。又与派潭河、二龙河两条支流汇合，从此增江河进入了平川。流经增城城区后，出石滩与兰溪水、西福河、雅瑶河、官湖水等共同形成东江右岸的增江河三角洲平原区，成为增城的商品粮基地。计增江河流域8条主要支流中，在龙门县境内有6条，加上区间共集雨面积1 800平方公里；在增城境内有2条，加上区间共集雨面积1 360平方公里。

增江河流域耕地分布，主要在龙城、永汉几个小平原区及增江河下游三角洲地区。农业生产以水稻为主，花生、大豆、甘蔗次之。特产有龙门的柑橘、增城的荔枝、丝苗香米等。

增江画廊景区

大家好，欢迎来到增江画廊景区，这里被誉为增江河上流动的巨幅山水画卷。增江画廊，顾名思义，就是增江河上一幅绵延的天然山水画。起点为初溪水利枢纽工程，终点在湖心岛旅游风景区，全长约35公里。增江画廊由东、西两岸组成，画廊整合了两岸从初溪水利枢纽工程到白湖百年飞榕再到湖心岛河岸线的自然景观，并进行改造和美化。两岸沿线大量种植一年四季盛开的花树，在增江河的映衬下犹如一幅巨型的山水画卷。

画廊东岸以增江街沿江自行车健身道为主轴，结合田园风光和原有自然景观及历史人文资源，打造沿线增江公园、雁塔长虹、南山凤塔、水乡龙舟屋、三桥倒映、联益亲水码头、沿岸钓场、光耀乡村码头和古木奇树、百年飞榕、榄园竹海等十多个主题景点。

画廊西岸景区有天然泳场、生态湿地公园、雁塔公园、西堤体育公园、荔江公园、滨江公园、莲塘春色、月亮湾公园等多个景点。景区分初溪水利枢纽至雁塔桥段、雁塔桥至小楼镇区段和正果段增江河沿岸景区。初溪水利枢纽至雁塔桥段的主要建设内容包括天然泳场建设工程，花木种植和景观改造工程，绿色配植、花木种植和生态湿地公园建设工程。它们努力营造"一江春色醉游人，两岸百花映荔乡"的美好景象。

【天然沙滩泳场】 天然沙滩泳场位于增江西岸，占地约700亩，是增江绿道的重要节点，也是增城新城区的重要景观工程。原来是当地农民在滩涂地上开挖的鱼塘和养猪场。2009年开始，按照建设国际旅游度假城的总体要求，当地深入开展增江西岸环境综合整治，变养猪场为游泳场，规划建设长达1.3公里的天然沙滩泳场。首期工程已建成200多亩，可同时容纳1万多人游泳，泳场使用的是经沙子自然过滤的增江河水（二类水质）。天然沙滩泳场的建设，为增城新城区建设国际旅游度假城、发展会议休闲度假产业创造了条件。

【观景长廊】 观景长廊位处增江西岸，将现有的800米架空污水处理管道，改造成可供游人临水观景的栈道式长廊。

【游艇俱乐部】 游艇俱乐部位处增江西岸，利用增江蓄水后形成的纵横交错的河湾和宽阔平静的水面，吸引各地游艇集聚。

【广州水上运动训练基地】 2010年广州亚运会龙舟赛在增江龙舟赛场举行。比赛结束后，增江龙舟赛场成为广州水上运动训练基地。

【初溪休闲公园】 初溪休闲公园位于增江西岸，利用西岸临江绵延起伏的丘陵，改造成集多种体育运动于一体的休闲公园。

【西堤公园】 西堤公园位于荔城街，由于距离城市中心区只有1.5公里，故常被作为单车族骑行绿道的起点。从西堤驿站出发，绿道将穿梭于青山绿水之间，或蜿蜒水边，或盘桓村中，或穿行果园。绿道将莲塘春色、增江画廊等核心景区逐一串联，把河岸风光、山林美景以及农家特色一并收入眼底。在河堤之上，河堤两旁均有绿道穿行，编织成网。

【三忠古庙】 供奉文天祥、陆秀夫、张世杰三位忠烈的庙宇，如今这里更多是作为绿道边的服务驿站来为游客服务。驿站内除了提供自行车租赁外，还有烧烤、钓鱼等，30元便可租一辆自行车骑上一天，而且这些驿站都是联网式经营，自行车在任意一个站点归还都可以。

坐在游船上，远眺增江两岸，山清水秀，风景优美，有古树名木，连绵青山，宽阔的柏油大道，漂亮的路灯，葱郁的绿树，绚烂的花草，耸立的高楼，令人赏心悦目。增江画廊风光旖旎，白天碧波荡漾，晚上霓虹倒映，置身其中，可真真切切地感受到"船在水中行，人在画中游"的人间仙境，乐趣无穷。

鹤之洲湿地公园

大家好，欢迎来到鹤之洲湿地公园。湿地公园是鹤之洲景区的核心景点，占地共250亩，地处增江东岸，以雁塔桥为起点，增江千米水面尽收眼底，是广州东部最大的湿地公园。公园与雁塔隔河相望，与凤塔一衣带水。这里自古是鹤群栖息翔聚的地方。成千上万的白鹤时而在浅水觅食，时而腾空飞舞，好一派祥和壮观景象。附近的鹤洲村因此而得名。增江水质清澈，两岸自然风光优美。湿地公园内设有入口门楼、木质小拱桥、观景台、钓鱼台、环湖单车道、亲水平台、亲水木栈道、休闲站等景点。周边的荔枝果园、蔬菜基地、鱼塘等星罗棋布，田园风光优美。

园内荔枝林郁郁葱葱，与滔滔的增江相映成趣。在这里，可以观览美丽如

枯而不倒的荔枝林

画的自然风光，到处都是郁郁葱葱的。在绿草如茵的堤岸边，还有一片枯而不倒的荔枝林。它们以其粗大的躯干和苍劲的枝丫，展示着生命不死的奇迹与天地间超然的艺术造型之美，令人流连忘返。这在湿地公园和森林公园中是非常罕见的。这些荔枝树多是经历了上百年风雨而自然枯萎的，它们或长在湖边，或长在湖中，树皮早已褪去，只剩下一根根光溜溜的树干，如同一座座凝固的雕塑，讲述着自然与生命的传说。

南山古胜

大家好，欢迎来到南山古胜风景区，这里还保留着增城旧八景中的三景——南山钓台、增江晚渡和南山凤塔。这里风景秀丽，名胜云集，凤塔屹立于南山之巅，与雁塔隔河相对映。

【南山古庙】 古庙初建于明朝万历年间，依增江屹立，占地约1亩。寺庙为青砖结构，覆琉璃瓦，进门左右小天井，庙内有观音大士、北帝、文昌、太岁等，为道教和佛教的综合性庙宇。庙门左前方有南山钓鱼台，但已被江水淹没。

【凤塔】 凤塔建于明万历六年（1578），毁于清咸丰六年（1856），历时278年之久。清光绪二十五年（1899），增城知县丁墉重建凤塔并题书。可惜事隔一年，换了知县敖式栖又将凤塔拆毁，现尚存一石：上书"凤"字，旁注

南山古庙

有"增城知县事丁墉题"字样。1998年，西山村村民筹资重建凤塔。

该塔呈八角形，七层楼阁，高33.9米，全塔瓷砖墙、琉璃瓦、岩石地、圆塔顶，华光普照，与河西雁塔隔江相对映，雄伟壮观。凤塔下有初建于明朝的南山古庙，北侧是增城旧八景"南山钓台"。后人将这些名胜串连成诗一首：乘坐"晚渡"游南山，"凤雁"双塔映河间。"南屏"放学钓"春鲤"，"古庙"钟响"别情"返。塔前有蔡氏宗祠，与塔、庙成一直线。塔北临增江，西面正对府前路，如果大家晚上来这里看的话，会发现夜色灯景非常美。

白湖水乡景区

游客朋友们，欢迎来到白湖水乡景区。这里北靠湖心岛，西与何仙姑故里及莲塘春色景区隔江对望，东有青山环抱，南邻增城市区。景区内水道与增江相通，绿水绕村，被誉为独具特色的岭南水乡。

景区内建有白湖生态公园，从市区经增正公路10分钟车程可到达，沿江建有长达4公里的竹海长廊。公园里休闲小站、河边观鸟台、观湖亭及自行车休闲健身道等设施完备。当地盛产荔枝、迟菜心、杨桃、甘蔗等，成熟时节到当地生态农田采摘品味一番，不失为人间乐事。

【烟囱飞榕】　大家过来看，这边的"烟囱飞榕"曾是白湖村的一景，长在白湖村增江畔，榕树自身高约5米，树冠覆盖面积50多平方米，呈伞状向四周

伸展，生长在废弃加工厂的16米高的烟囱上。可惜后来烟囱倒塌了，飞榕变成了"卧榕"，亦不失为一景。据当地人说，是飞鸟携带的种子落到烟囱顶部长成，故美其名曰"烟囱飞榕"。该烟囱是1980年建淀粉厂时建造的，后来厂倒闭了，只留下砖房和烟囱。1982年，有细心的村民发现废弃的烟囱顶上长出了一棵植物，当时以为是杂草，后来这棵"草"越长越大，仔细看，原来是一棵小榕树。20多年来，榕树生生不息，越长越茂盛，其根从烟囱顶部一直探到地底生根。虽曾遭遇台风暴雨，但就算旁边的竹子都被吹倒在地，这棵榕树仍安然无恙，像一把永不收合的雨伞。因江岸对面就是何仙姑家庙，这棵"飞榕"又被当地村民唤作"仙姑伞"，与何仙姑家庙中的"庙顶仙桃""千年仙藤"共享传奇。

【文笔塔】 白湖村前的增江河畔还有一座白湖文笔塔，又名云步先登塔，始建于清代道光年间，距今已有600多年历史，是为了纪念当时村里出过一名举人而建的。塔为六角形，三层，高约22米。正门石匾额上刻"云步先登"四字，基台直径约6米。文笔塔的外墙皆灰白，共有三层，每一层分别供奉着财帛星君、文武二帝、飞星神像。每逢初一、十五或村里庆典日，不少信众都会来到此处参拜。该塔曾被邻村的村民破坏，一直到新中国成立后才经村民重建。

太子森林公园

游客朋友们，欢迎来到位于增城东部太寺坑林场内的太子森林公园，这里距离市区约5公里，于2010年6月经广东省林业厅批准为省级森林公园。太子森林公园总规划面积593.3公顷，公园南靠小楼镇，西对增江河，北望罗浮山，地理位置优越。

公园主要以山体为主，位于公园东北边界上的亚婆揽孙山，为公园内最高峰，海拔500米，竹篙山、大坪顶、仰湖顶、水坳顶、葫芦顶等峰的海拔均在400米以上，高大的山体一字排开，绵延起伏，形成多层次景观。置身于崇山峻岭之间，可感受"山外青山百里长"的磅礴大气。

太子森林公园森林景观丰富，有山地常绿阔叶林、亚热带常绿阔叶林、亚热带阔叶混交和针阔叶混交林、竹林等景观类型，茂盛的森林植被形成了神秘、幽静、绿意盎然的"绿色海洋"景观，其中包含红椎、红花荷、深山含笑、宫粉紫荆等具有较高景观价值的树种。公园主要景点为竹篙探月，山峰垂直分布明显，森林茂密，登上最高点可纵观增江河、远望罗浮山，附近南香山、蕉石岭森林公园等胜景也尽收眼底，大有"一览众山小"之势。

这个公园依山傍水、造化天成，公园内景观资源多种多样，自然风光旖旎多姿，动植物资源种类丰富，田园气息美不胜收。加之山清水秀、曲径通幽，是集生态旅游、婚纱摄影、观光、休闲于一体的多功能旅游胜地。

蕉石岭森林公园

　　大家好，欢迎来到蕉石岭森林公园，这里距城区3公里，总面积约6 000亩，首期开发面积1 800亩。该公园于2000年11月建立。公园以森林、山水自然景观为主体，是集生态观光、娱乐、健身休闲和科教于一体的城区森林公园。

　　蕉石岭是城区附近的最高峰，海拔252米，一年四季空气清新，凉爽宜人。蕉石岭森林公园旅游资源丰富，资源景观以植物景观为主，原始次生常绿阔叶林、针阔叶混交林、松树林景观参差起伏，苍茫连绵，终年常绿，独具资源生态特色，曲径通幽，一步一景。其中的相思林景观，林相整齐，树冠浓绿，郁郁葱葱，生机勃勃，充满野趣。当中还有久负盛名的明清两代"增城八景"之一的"曲水流杯"旧址。

　　大家过来这边峰顶的观景平台，站在这里可俯瞰增城全景和附近的田园风光。公园春天新叶片片，满山嫩绿，生机勃勃；夏天满树花开，黄花点点，充满野趣；冬天叶色深绿，阵风吹过，犹如碧海扬波。公园内还设有荔枝果园、青梅林、桃花园、茶花园、杜鹃园等小园景，在蝉鸣荔红之时，更让人流连忘返。

东湖公园

东湖公园位于蕉石岭山下，占地面积274亩。园内湖光山色交相辉映，视野开阔，空气清新。建有宾馆、茶庄、箭馆、儿童游乐场水上游艇、盆景园、垂钓台等设施。公园荔枝山上还有为缅怀在抗日战争和解放战争中牺牲的烈士而建的纪念碑。碑高11米，庄严肃穆，宏伟壮观。

休闲体育公园

大家好，欢迎来到增城休闲体育公园。这里位于增江街教育路，是一个广场式的体育公园，主要包括增城体育馆、康威足球场、露天灯光网球场、游泳馆、运南业余体育学校、乒乓球馆等。其主体建筑就是增城体育馆，总占地面积18 000平方米，是第16届广州亚运会体育舞蹈比赛主场馆，也是广东省体育旅游示范基地。

增城体育馆于1987年3月建成，是广州天河体育中心六个卫星馆之一、第六届全运会比赛场馆、九运会女子足球比赛指定场地之一。体育馆布局分别有主馆、副馆、露天篮球场、排球场、体育器械坪及运动员宿舍区。主馆为四层建筑，面积7 285 平方米，可容纳观众2 300多人。体育馆除可供各种体育比赛之外，还可以作为文艺演出、电影放映、杂技表演及大型舞会、集会等用场。

裕达隆花园

裕达隆花园位于增城三江镇广汕公路北侧，距离广州市区80公里、惠州40公里、东莞30公里，花园规模宏大，设计构思奇特，各具特色的景区、景点，富蕴中华人文精神，处处聚设计者、建造者的智慧和匠心。

走进裕达隆花园，但见百万株奇花异草，灿烂艳丽。从井冈山、长江三峡等地搜集移栽而来的千棵名木古树，虬枝盘空，百态千姿。阳光下，红肥绿瘦，蝴蝶纷飞，人花共舞，令您如秋翁遇仙。烟雨中，徜徉于环湖遮雨花廊之下，人动景移，看湖光山色，感天地悠悠。人站立于新天地石拱桥上，观夕阳西斜，俯观两岸万朵玫瑰，如红霞漫天。相邀于湖边餐厅，倚窗而坐，把酒临风，月光如水，流照伊人，丝竹管弦，如泊秦淮。登顶远眺，湖水环抱之中，山势如神龟呈祥。曹孟德千古名篇《龟虽寿》萦绕耳际，令人心怀壮烈，幸甚至哉！

裕达隆花园是由增城荣誉市民、香港同胞张松先生投资建造的，于1996年10月兴工，历时两年多建成。花园以古树生态欣赏为主题，融科学性、知识性和教育性为一体，营造出一个城市大花园。整个花园占地12 000亩，约80万平方米。设计者取"出水神龟，如意吉祥"的理念，利用三面环水的龟形山丘，依据天然地形，依山傍水配以内、外环路径，建出"神龟出水"的格局。在中国传统文化中，龙、凤、麟、龟合称"四灵"，其中"龟"是现实的神灵瑞兽。而龟的动作慢吞吞，遇敌缩头，正是道家老子"居下处柔"的天然大道，蕴含中国传统哲学与文化的博大内涵。花园内收集了全国各地及国外部分地区的各种古树，如三千年的罗汉松、丹桂树，五百年的白腊，三百年的湖南茶花，还有国外的一些珍稀品种，如爪哇木棉、日本晚樱等，全园古树的树龄总计超过十万年。同时，园内巧植时花，如洛阳牡丹、玫瑰、郁金香、杜鹃、兰花……花卉总数有四十多万盆。而在郁郁葱葱的花树丛中错落有致地安置了形态各异、巧夺天工的奇石，并在石上刻上隽永启思的文字诗赋，观赏之余让人回味无穷。

广州1978文化创意产业园

　　大家好，欢迎来到广州1978文化创意产业园。该文化创意产业园是在原增城造纸厂的基础上进行创新改造的，依托摄影文化艺术为主概念元素发散创意，结合摄影艺术、文化创意、当地民俗对原来的旧厂房进行利用开发。园区总占地面积为43 783平方米，建筑面积为36 292平方米。目前该文化创意产业园正规划建设四大功能区域：

产业园生活服务区效果图

一是会展品牌区。由会展中心和创意酒店组成，成立品牌中心，为入驻企业的品牌推广提供一条龙服务，举办大型的论坛、展览、时尚新品发布等，通过活动把企业的创意和产品向社会推广。

二是创意办公区。引进更多设计、传媒广告、科技、动漫、现代艺术及教育培训类企业，为优质企业提供创作和发展的平台，打造增城本区域创意、设计和培训企业的孵化基地。

三是摄影艺术区。打造增城最高端的户外婚礼及教堂，引进各种拍摄主题场景及摄影棚、摄影工作室、专业婚纱摄影公司，以婚恋拍摄为主线，覆盖婚恋产业中的婚纱影楼、结婚珠宝首饰、美容美发、婚庆礼仪、新婚消费等领域。

四是生活服务区。聚集各大美食和工艺，设立大学生创业集市，引进咖啡书吧、创意茶馆、特色酒吧，定期举办各类美食节、音乐节等，相信不久后的产业园一定会是增城及周边城市群众常来的特色文化旅游休闲地带。

增城高科技工业基地

大家好，欢迎来到增城高科技工业基地，这里是增城重点发展高新技术产业的园区，规划控制面积1万亩，已开发面积约2 500亩。一是高新技术产业集聚。入园企业项目都是具备较高的技术水平和环保标准的项目，主要是电子、汽车配件、生物医药、新材料等先进制造业。目前，越峰电子（广州）有限公司、广州丽盈塑料有限公司、广州市华南农大生物药品有限公司等7家企业已正式投产；预计全部投产后，年产值将超过50亿元。二是工业产业实现了生态化。基地建设注重生态规划，交通绿化设施完备，环境优美，绿化面积为28万平方米，绿化率为17.1%。这里在短短4年多的时间里从一片已征用的闲置荒地，发展成为目前基础设施完善、园区环境优美的示范性工业基地。

北汽华南汽车生产基地

大家好，欢迎来到北汽华南汽车生产基地（北汽广州公司）参观。这是增城作为国家级经济技术开发区挂牌后的第一个大型汽车项目。2012年6月，该基地项目正式开工建设，总投资50亿元，规划产能年产30万辆。其中，一期投资36亿元，规划设计年产能15万辆。2014年4月，项目建成投产，首款自主品牌车型E150顺利下线。作为北汽集团大力发展自主品牌的八大基地之一，北汽广州公司是北汽集团华南汽车生产基地、出口基地和对外合资合作平台，主导产品为北汽自主品牌乘用车及新能源车型。项目吸纳了广州地区1 800人就业，其中68%为增城户籍人口，并带动风火轮、中都物流、北京亚太、北汽模塑、海纳川延锋等配套企业先后进驻增城。

从项目落地增城之日起，北汽项目建设者就以"建设资源节约型和环境友好型的现代化汽车生产基地"为理念，始终秉承环境友好、和谐发展的宗旨，在生产工艺、环境保护等方面采取先进节能减排技术，实现绿色和谐发展。从4年前项目建设伊始，北汽广州公司就将环保意识融入企业建设和经营理念当中，把污染预防和生态保护纳入企业发展规划中，严格按照国家和地方环境保护法律、法规的规定，使环境管理体系各项工作都积极、适宜、有效、有序地开展，树立了良好的公司形象。

增城职业教育园区

大家好，欢迎来到增城职业教育园区。园区于2004年动工兴建，目前园区第一、二期工程已建成投入使用，现有在校学生9 437人（含开放教育学生2 800人），教职工445人（含外聘教师82人）。

这个园区的主要特点包括以下几个方面：一是整合职业教育资源，实现资源共享和规模效应。该园区将增城电大、增城教师进修学校、东方职校、增城职校、新塘职校等主要职业学校集中在园区内办学，实现了师资、设备、场地、后勤服务等教育资源共享，实现办学效益最大化。园区建设后，可容纳学生12 000人，将成为增城集职业技术教育、培训、鉴定和开发等功能于一体的综合性职业教育基地。二是专业设置实用性强，办学成果显著。园区尤其重视学生的实操技能，园区内的多所学校开展"定向式""订单式"培养，开设汽车类、电子类、机械类、财经类、旅游类等专业，每年为增城培养出一大批第一线的专门技术人才，基本实现入学即就业。其中，增城职校于2004年被评为国家级重点职校，正在创建国家级示范性职校，该校毕业生每年就业率达到95%左右。三是农村学生比例大，推动农民适应现代化工业发展。职业教育成本低、针对性强、就业率高的优势，吸引了越来越多的农村学生，有效提高农民子弟的综合素质，解决其就业问题。以增城职校为例，农村学生的比例近九成，相当于每年减少了一千多名未来农民。

美丽乡村：大埔围村

大家好，欢迎来到美丽乡村——大埔围村。这里位于广州最东边，距离惠州博罗只有2公里，面积约2.3平方公里，下辖9个经济合作社，共有923人。以前这里地处偏僻，少人问津，而且猪场林立，臭气熏天，到处是破旧的老房子，不少村民还搬了出去。短短两年时间，这里变成了另外一番模样：马路变干净了，房子焕然一新，家家有盆景，户户贴上了新式对联，村民还可以收听到广播节目，可以在村里看图书，大埔围村民在劳作之余过上了城里人的生活。

从村口开始，路面就十分整洁，在路边每隔一段距离，就有一个垃圾桶。村口的水塘边，铺上了鲜绿的小草，鱼儿在水里吐了串泡泡，荡起一阵涟漪后，消失在水中；远处，鸡鸣声起，鸟儿欢叫，田间地头，村民忙着铲草种菜。大埔围村犹如一幅和谐的乡村油画，呈现在大家眼前。

据了解，启动大埔围村"美丽乡村"建设之初，当地政府组织规划人员进行了详细调查，后决定保持原来村屋的历史风貌，房子无须拆了重建，可以通过整饬让它们错落有致。对于原有的大量破旧房、空置砖瓦房"抽疏建绿"，给予适当成本价补偿后，村民拆除这些旧房后用于建绿地、公园和广场。

以前，村里有一些集体的闲置地块，要么荒草丛生，要么被建成养猪场，臭气熏天，蚊虫滋生，如今这里已经被改成了篮球场、乒乓球室、图书室、健身广场等，并设立金融服务站、老人活动中心、医疗卫生站，村路两边还装上了路灯，家家用上了自来水，排污管接到家家户户，有专人管理卫生，环境一天比一天好。

村里环境变好了，不但串门的朋友多了，还吸引了大批周边市民慕名过来郊游。在一些村民家中，门口不但圈养了鸡鸭，还将闲置的房间，改成了"万家旅舍"对外出租。一到周末，就有人过来住，游客可以到鱼塘钓鱼，还可以杀鸡宰鹅，十分受欢迎。

今天的大埔围村正在整合村内的鱼塘、水库、水田、园地等资源，建设科普湿地公园、垂钓场、烧烤场、绿道等旅游设施，建设大埔围"万家旅舍"接待服务中心，并通过建设革命烈士纪念广场，将其打造成爱国主义教育基地。目前，还在加快建设统一规划、统一经营的乡村旅游示范村。

朱村

朱村位于增城中部，东距增城中心14公里，西距广州市45公里，南距深圳100公里，广汕公路贯穿其中，交通十分便利。全街所辖范围东靠荔城，西邻中新，南接新塘、石滩。

朱村因元末明初朱姓人由南雄珠矶巷迁来聚居成自然村而得名。朱村拥有丰富的农业资源，以种植水稻为主，是闻名遐迩的增城丝苗米的原产地。村内有丝苗米原产地——白水山、百年老荔枝林、盈园和朱氏宗祠等景区景点。

白水山森林公园

各位游客朋友，大家好，欢迎来到白水山森林公园。白水山原名泉山，是罗浮山的余脉，也是增城大鹧鸪山脉的其中一座山峰。山上有一条飞泉，远眺就如绿色帷幕上挂着一条白色绸带，故名"白水带"，白水山就因此而得名。这里山势陡峭，风景优美，"白水丹邱"在古代已是增城八景之一。自唐代《元和郡县志》起，历代志书均突出记载此山。宋苏东坡被贬惠州时亦曾慕名登山游览。

【白水山与增城县名】 新编的《增城县志》写了县名的由来，《元和郡县志》云："增城县……昆仑山上有阆风增城，盖取美名也。"明嘉靖《增城县志》载："或以楚问增城九重，故名。"《楚辞·天问》内载："增城九重，其高几里……"又有《淮南子》云："昆仑山上有增城九重，高万一千里。上有不死树在其西。"《后汉书·张衡传·思玄赋》云："登阆风之增城兮，构不死而为床。"增城之名，自战国至后汉已很流行。屈原的《离骚》中有"朝吾将济于白水兮，登阆风而绁马"的诗句。查阅唐至清的旧志均有突出记载，增城县得名与白水山有关。

值得考究的白水山、阆风、增城等密切关联的神话、传说不提，那么，白水山到底以何闻名？是白水带？是丹邱？是栖云寺？三者皆有因果的必然。

【白水带】 白水山海拔462.3米，山势险峻。峰峦重叠处约320米，其顶峰葫芦顶462.3米，葫芦顶的后背山梅花顶494.7米。白水带是一条长420米、宽30多米、顶端海拔280米、底部110米、落差252米的瀑布，是仅次于声名远播的

白水带瀑布

派潭白水仙瀑的增城第二大瀑布。泉水在山间曲折迂回，聚汇于主峰南麓，形成一泓平湖。湖水外溢，从山腹的峭壁悬崖飞泻而下，白练悬空，气势磅礴，涛声震耳。民间一直流传这里有龙气，现在果见瀑布下方左侧的一带低山，形状与龙十分相似，龙头、龙珠、龙爪、龙身、龙尾的形状都很清晰，龙口微微张开，正对白水带。

【丹邱】 "青峰径入云中去，白水时从天外还。"可以说，有这样的山、有这样的水，"丹邱"才名声显赫。据志书记载，白水山旁有一云母山，云母石可作药用，相传是炼丹的绝佳材料。古代朱村称云母都。葛洪云游白水山时，见到云母石和泉山，便在此炼丹，并留下诗句。南宋名臣、增城人崔与之有诗云："白云深锁路崎岖，鹤去台空景物殊。山障翠屏连素幕，泉分清溜滴明珠。道人只问丹砂井，隐客犹寻九节蒲。试问葛洪仙去后，至今遗迹事如何？"崔承相除赞美白水山景外，还道出白水山盛产可使人长寿的九节蒲。云母都的丹邱村因此地炼出的丹邱而取名。

清乾隆期间邑令管一清在《咏白水山》诗中有"冰胎雪骨烟雾姿，偷飧云母神工施"的诗句，意指增城人何素女，取食葛洪炼丹的云母粉而升仙。《何仙姑祠》有云："不隔尘埃咫尺间，谁知城市有仙山。化成云母长生药，驻得仙姑不老颜。"可以说，古人把白水山看成城市里的仙山。唐开耀年间，何素女受罗浮道士蔡太乙托梦，于云母岗炼丹并留下《炼丹诗》："凤台云母似天花，炼作芙蓉白雪芽。笑杀狂游勾漏令，更从何处觅丹砂。"这首诗也是八仙之一的何仙姑仅留世间的三首诗之一。唐代大诗人王昌龄在《王昌龄集》里有"云英化为水，光采与我同"，经明人屈大均验证，词句是写何仙姑炼云母丹的。

在唐代由于何仙姑成仙之典故，白水山已经不是等闲之山，已经升华备极了。南宗五祖白玉蟾，曾一心钻研何仙姑的云母丹，栖居于云母岗小桥边岩石下的小红玉洞，并留诗"阆苑无踪迹，唐朝有姓名。不知红玉洞，千古夜猿声"。白玉蟾因无法找到神话传说中的阆苑和何仙姑药方，不成志而离，成其一生不幸之事。

🌸 栖云寺 🌸

"云母丹邱"千年璀璨文化，自然也少不了名寺古刹的佛缘佛事。白水山麓建有一寺庙——栖云寺，它始建于隋朝，传说是一个叫栖云的和尚所建，故名栖云寺。庙体群山环抱，几座小山莲花座似的烘托庙体，风景秀丽，环境清幽。栖云寺坐北朝南，柱梁结构，为三进三格局，宋代易名为栖云庵。栖云寺在新中国成立后"破四旧"时期被毁，但遗迹尚存，栖云寺遗址有众多古树名木，如几百年树龄的榕树、龙眼树、杨梅树等，有千年古井，此外，还有僧侣舍和打谷场等遗迹。

"云游天地皆无地，诵读圣经化了经。"这是白水山栖云寺的山门楹联。门联道出了对世俗的看法，表达了出家人自身清白，化了即无，无地更清闲。栖云寺乃当时名噪一时的寺庙，鼎盛时有僧侣一百多人。清乾隆诗人黎民怀撰《白水丹邱》："物外飞泉境最赊，羽人曾此事黄芽。炉经劫后无余火，鼎落岩前有旧砂。雨过每藏瑶草洞，云深不见赤松家。莫看遗世无消息，服饵年来似可夸。"可见，清乾隆时，来白水山游览观光的客人是络绎不绝的。据志书记载道家第三代弟子张佛清来游白水磜（白水山别名），后建啸霞寺，寺址在小磜坡，上有石林、枫树林、松林，下有仙鹤潭，寺中多佛像。张佛清圆寂后，因无后人接管，日久，寺毁烟断。

后来，有湘僧建啸霞寺，又毁于元朝，以后无人问津，只留断墙残碑。在栖云寺旁有一座以文院，是古代著名的书院，湛若水和觉浪道盛长老曾在此研学，其中觉长老在此传经过程中教出高徒琛度大师等。琛度，字孟容，原为佛山赖氏子，名镜，明末清初知名佛学大师，常读书于白水山栖云寺，故号"白水山人"。琛度能诗、工书、善画，时人称为三绝，以白水山为题材著有《素庵诗钞》，画作有《松色山光图》《山水长卷》等。栖云寺亦吸引了众多的名人墨客，留下了众多诗词书画，其中具有代表性的有吴应新的《栖云庵记》、苏东坡的《游白水山佛迹岩记》、白玉蟾的《红玉洞》。苏东坡在栖云寺旁的聚仙石（传说有众多仙人在此相聚，此石可坐数十人）上挥笔题字"聚仙石"。

优质丝苗基地

栖云寺为历代增城县官们必拜之地，以祈求风调雨顺、国泰民安。该寺正筹备恢复重建。

丝苗米原产地

朱村是否有云母仙丹？我们也像白玉蟾一样无法寻获。但米中碧玉——丝苗米却是驰名中外。增城"丝苗"稻米之所以品质特优，就是得白水山泉水的灌溉哺育，故今山下朱村镇境内靠山泉水灌溉的农田所产的"丝苗"米品质为增城之冠。

朱村丝苗米以米粒洁白晶莹、油质丰富，成饭香气浓郁、柔软可口而驰名岭南，饮誉海内外，与增城挂绿荔枝齐名。清朝嘉庆十五年（1810）出版的《增城县志》记载："最佳稻米是丝苗米。"可见其历史悠久，早负盛名。增城丝苗米以前是朝廷的贡品，现已为广大市民的家常便饭。西距增城城区16公里的朱村白水山是增城丝苗米的原产地。据1911年清宣统版《增城县农业志》记载："……近年早熟有楝赤，有上造丝苗，白谷仔颇佳；晚熟有泉水占丝苗最佳。"民间流传朱村白水山的丝苗米是明代僧人育成的，相传在明朝嘉靖年间，法号"栖云"的高僧四海云游，寻找传经修善的好归宿，他踏着雨后泥泞走近古增城八景之一的"白水丹邱"——白水山，只见此处山林茂盛，雨量充沛，一练瀑布从山顶飞泻而下，蔚为壮观，且山不高而秀雅，溪不深而清澈，鸟语花香，流水潺潺。栖云大师见果然好景致，决定在这里定居下来，修寺化缘耕田地，并把云游各处收集的优质稻谷品种杂种于此，逐渐形成一种优质的稻种，因其米粒苗条、米泛丝光，僧人及乡邻称其为"丝苗米"。增城是丘陵地带，北回归线由境内通过，属亚热带季风气候，年平均气温21.6℃，田园土壤沙质地多，水质酸碱度中性偏碱。尤其是在丹邱白水山附近，灌溉用水乃白水山山岩之涌泉，含多种稻类生长所需的微量矿物质，结出的穗粒饱满，米质晶莹，相反如果生长在肥沃的土壤里，产出的丝苗米反而变差，这又是丝苗靓米多出增城的缘故。

朱氏宗祠

欢迎大家来到朱氏宗祠。宗祠建于600年前，是为纪念著名理学大师朱熹而建的，为清代广府祠堂建筑风格，有精致的三雕、灰塑，有一定的历史文化价值。宗祠占地2亩，门前有对联："祖德流芳源荫远，宗枝繁衍祧绵长。"宗祠进门有正方形天井，面积约100平方米，往前是叙伦堂，两边墙上挂有朱文公和朱荣画像与其文字介绍，再往前供奉朱文公牌位。

祠堂面阔三间11米，深三进30米，硬山顶，镬耳山墙，灰塑龙船脊，脊两侧立陶塑鳌鱼俑，垂脊戗戟反翘，戗戟前灰塑一卧狮，碌灰筒瓦，滴水瓦当，青砖砌墙，部分为石脚，前后檐柱加分中墙承重。花岗岩石檐柱，直木式虾公梁上有木雕驼峰和如意斗拱，穿插梁上饰驼峰斗拱，封檐板、驼峰、雀替上的雕饰精雕细刻。大门为双扇木板门，门额木牌匾上书"朱氏祠堂"。里间两边为房，天井两边为廊，二三进屋顶与头进相同，二进三柱一墙梁枋穿斗式结构，三进前柱后墙前出廊，两边为房，明间设朱氏祖先牌位，该祠现保存完整。

九进祠堂

百年古荔

大家好，今天我们要探访的是一片老荔枝林。这片荔枝林位于油元村后山，全村有几十棵百年老荔枝树，每棵要三四个成年人伸手才能抱住，相传有500年以上的历史。据说，其中一棵树干覆盖面积达3亩地，一次能产荔枝80担，每担160斤，共12 800斤。

九进祠堂

这座位于山角村樟油园自然村的九进祠堂，称为山角吴氏宗祠。其建筑结构为九厅十八井，在省内罕见，不可多得。什么是"九厅十八井"呢？大家不妨进来一探究竟，边看边数，到底有多少个厅，多少口井？

山角水库

山角水库位于朱村街东北部，距朱村街5.5公里，处于西福河一级支流深坑河（又名南江河）上游。坝址以上集水面积3.86平方公里，占深坑河总流域面积的13.31%。

山角水库始建于1977年，1980年12月建成，原设计总库容411万立方米，兴利库容298.04万立方米，是一座以灌溉为主，同时结合防洪、养殖等综合利用的小型水库。水库下游农田有效灌溉面积0.3万亩，保护耕地0.6万亩，保护人口8 000人。

吊钟水库

吊钟水库位于朱村街北部，距朱村街7公里，处于西福河支流朱村运河上游。坝址以上集水面积7.9平方公里，占朱村运河流域面积的16.52%。

吊钟水库始建于1955年，1957年10月建成，原设计总库容458万立方米，是一座以灌溉为主，同时结合防洪、养殖等综合利用的小型水库。水库下游农田有效灌溉面积0.7万亩，保护耕地0.8万亩，保护人口12 000人。

崔与之墓

南宋名臣崔与之死后，葬于今凤岗村官庄华山"狮子滚球"（土名）。其墓初建于南宋嘉熙三年（1239），同治三年（1864）和1991年重修，占地500平方米，崔与之墓初为三合土版筑大墓，今修筑为六棱柱式，平顶稍出檐，高约3米，墓道三级，每级两端置石狮，与坟冢遥相呼应，颇有气势，竖有墓志碑、墓界志碑和石狮、华表等附设物，精致富丽，颇为壮观，为古墓杰作。"文化大革命"期间，墓原饰物多被砸毁或移用，墓地亦萧条不堪，1991年才由崔氏族人筹款再建，现为增城市级文物保护单位。

崔与之的后人迁徙他方，纷纷建宗祠，从广东到吉林乃至朝鲜都有人在祭祀先贤崔与之。广东有多处与崔与之有关的历史文物古迹：增城凤凰山上的菊坡亭与菊坡书院、朱村街崔太师祠，广州朝天路西侧的崔府街内曾经有一座崔与之故居（现在已经被拆掉），广州白云山蒲剑寺里有"清献祠"，祠内悬挂崔与之着彩服衣冠画像，广州海珠区漱珠岗纯阳观内也有"崔菊坡祠"。

崔与之雕像

朱村都市型现代农业园

朱村都市型现代农业园位于广汕公路以北、朱村街道办以东，涵盖丹邱、联兴、龙岗、龙新、三角和南岗等行政村的全部或部分区域，总占地面积23 184.7亩。园区的规划主要结合现有资源优势和农业发展的特点，按照建设现代都市高效农业的美丽乡村的思路，促进传统农业向农业与休闲观光结合方向发展。园区重点突出农业产业化生产，实行种养加结合、扶优扶强，突出农业休闲旅游发展，兼顾农产品加工流通，集生产、休闲、示范功能于一体，多层次展示现代农业科技成果，为周边地区提供一个采购优质农产品和观光休闲的好去处。

目前，园区已经初步形成了优质水稻、蔬菜、水果三大农业生产结构。已经建成的朱村万亩农业现代化示范区位于园区范围内，有标准化农田6 000亩，排灌渠全部硬底化，并积极开展引进优质高产良种栽培技术、高产攻关示范等科研活动，有效带动了朱村优质稻生产的发展，使朱村成为增城主要的粮食生产区；蔬菜种植近几年也形成热潮，面积逐年增加，产量年年提高，种植品种以番茄、豆角等瓜豆类为主；在水果生产方面，园区内有多个200亩以上的果场，种植水果以荔枝和龙眼为主，年产值达300万元以上。

经过多年发展，园区培育形成了两家较大型的农业龙头企业：挂绿米业和先科农业。其中，广州市挂绿米业有限公司成立于1986年，是最早实行"公司+基地+农户"模式，集推广、生产、加工、销售于一体的农业企业。公司生产的"挂绿"丝苗米多次获名牌产品称号和广州市著名商标，直接带动农户12 000户，增加农户种粮收入1 400万元。广州先科农业有限公司是一家集农业技术研究，种养，农产品加工、销售、配送于一体的综合性现代化农业企业，是广州市十大蔬菜生产基地之一。公司自有基地2 000多亩，以产业化经营模式带动农户进行蔬菜的种植经营，为朱村农民增收和农村剩余劳动力转移作出了重要贡献。

为实现将园区建设成现代生态农业示范园、城乡一体化发展和美丽乡村示范点的发展目标，园区还将整合现有资源，有针对性地进行建设设置和功能分区，初步形成"四区一中心一绿道"的功能分区思路，即现代农业产学研示范区、农产品加工流通区、农业生产与观光休闲区、经典南国美丽乡村建设区、综合配套服务中心和时尚休闲绿道。随着规划与建设的推进，这里的明天将会更加美好。

广州职业教育城

广州职业教育城也称广州职业教育园，选址朱村，总体规划20平方公里，计划迁入24所院校和广州市高技能人才公共实训鉴定基地，教育城中还预留了2所"3+2"五年制学校和2所高职合作办学学校的用地。根据规划，教育城将分两期建设。一期占地约10平方公里，拟入驻13所院校和广州公共实训鉴定中心，可容纳学生约12.78万，2015年9月前建成。能容纳近27万人的广州职业教育城相当于两个广州大学城面积，这将从根本上解决目前职业教育用地紧张、场地分散、发展空间受限等问题，使广州职业教育成为我国南方职业教育的龙头和核心。

之所以选址在朱村，主要是因为这里具备交通便利、生活成本低、离中心城区不远等条件。朱村位于广汕公路旁，距广州45公里，东靠荔城，西邻中新，南接新塘、石滩。从朱村往东，大约20分钟即可到达广州大学松田学院和广州松田职业学院，往西走约半小时便可到广州华商职业学院，华南师范大学增城学院也在附近。目前，从朱村镇到增城城区需10分钟，到广州市中心也只需半小时。广州地铁21号线即将动工建设，通车后从广州中心城区到朱村镇只需20分钟，而穿过朱村镇的广州北三环高速可直达白云机场，交通优势十分明显。

按照此前规划，考虑利用朱村低丘缓坡、山林田园、河流水库等自然生态条件，充分体现低碳、智慧和"花城、绿城、水城"理念，建成一座具有岭南特色的山水田园型教育城。

根据广州各职业院校的总体情况及各院校意愿，6所高职院校、12所中职学校和6所技工院校共24所院校，以及广州市高技能人才公共实训鉴定基地将迁入广州教育城。

广州大学松田学院

大家好，欢迎来到广州大学松田学院。学院始建于2000年9月，由广州大学和增城松田实业有限公司合作创建。2004年4月，经教育部批准成立为独立学院，实现了由专科向本科教育的跨越。2011年，学院及15个申报专业一次性通过了广东省学位委员会组织的学士学位授予权评估。学院为全日制普通本科院校，面向全国统一招生，学制四年，学生成绩合格者由学院颁发"广州大学松田学院"具印的、教育部统一电子注册的本科毕业证书，符合学院学士学位授予规定者，授予相应学士学位。

广州大学松田学院

　　学院坐落在增城朱村，毗邻广汕公路，距广州市中心50公里。校园占地面积540亩，校舍总面积21.7万平方米。目前，学院设有8系3部，即电气与汽车工程系、计算机科学与技术系、管理学系、经济学系、法政系、外语系、艺术系、社会体育系、通识教学部、社会科学部和大学英语教学部，设有27个本科专业、57个专业方向，涵盖了文学、法学、经济学、管理学、教育学、工学、艺术学等七大学科门类；全院在校学生8700多名。学院现有专任教师400多人，其中正、副教授100多人，全院教师获得市级以上表彰50余人次，并有多人获得"南粤优秀教师""广州市优秀教师""增城市优秀教师"等光荣称号。

　　学院坚持"教学立校，特色兴校，人才强校，服务荣校"的办学理念，以创新独立学院管理体制和运行机制为动力，依托母体学校广州大学的资源和平台，坚持规模、质量、结构、效益协调发展；以办学条件建设为基础，以师资团队建设为关键，以学科建设为龙头，以应用型本科人才培养为根本，以教育教学质量和特色谋发展。学院以培养掌握一定专业基础知识、学科基础知识和具有一定社会适应发展能力的高素质复合型、应用型本科创新性人才为目标，按"宽口径、厚基础、高素质、强能力"培养要求，强调适应市场需要，制订并实施了"平台+模块"的人才培养方案，重视实践教学环节，强化计算机和外语应用能力训练。学院注重学生思想政治教育，积极完善学生管理体系，提高管理水平，营造全方位的"教学育人、管理育人、服务育人"的学生成长氛围。

　　这里环境优美，空气宜人，是求学和生活的好地方，曾经获得"广州市花园单位"称号。

中新

中新镇位于增城中西部，西距广州市中心38公里，东距增城市中心18公里，南与新塘镇永和经济技术开发区接壤，北距广州白云国际机场41公里。全镇总面积203.11平方公里，常住人口10多万。中新镇交通四通八达，广汕公路（国道324线）横贯东西，坪中公路（S118线）纵贯南北，镇新公路也已基本通车。镇内名胜有坑贝村古建筑群、崔太师祠、光布村客家围龙屋和金河十八湾旅游度假山庄等。

鹧鸪山

大家好，欢迎来到鹧鸪山，这里位于中新镇联安村，是一片未经开发的天然山丘，属于西福河上游水源涵养区，生态环境保护得非常好。从山脚登上山顶，大概需要一个半小时，到达鹧鸪山山顶可以观望派潭、中新的地形、地貌。鹧鸪山基本上未种植丰产林、未形成污染源，保持了原始生态的植被和良好的生态环境，环境十分幽静。由于保持了原始生态，这里的山路并不好走，不少喜欢探险的游客经常来此爬山探险。山上不仅有千年枫树、造型奇特的阴元树，还有很多具有药用价值的树木，比如鸭脚木、乌桕树等。山脚下还有很多村民种的冰糖橘，比砂糖橘还要甜一些。

联安湖风光

联安湖

　　大家好，欢迎来到联安湖，这里也就是联安水库，位于中新镇双塘村，是增城最大的水库。联安水库位于西福河上游，集水面积42平方公里，总库容2 841万立方米。水库于1958年10月动工，1960年5月竣工。水库建成后不仅使得沿河农田免受山洪冲刷，灌溉农田2.5万亩，还能发电、养鱼，效果显著。今天的联安水库，除了发挥原有的作用之外，还是居民和游客们旅游休闲的好场所。另外，水库边上的农家菜也很美味的。

西福河

　　西福河，也被称为增城真正的母亲河，属于珠江水系东江三角洲水系，原名绥福河。这是增城境内西部地区最大的河流。发源于鹧鸪山，流经中新、仙村，于巷头村汇入东江。河长58公里，坡降1.6‰。流域面积580平方公里，增城境内为457.7平方公里，多年平均径流量5.1亿立方米。

白洞水库

　　白洞水库因在中新镇白洞村附近而得名。水库集水面积16.4平方公里，总库容1 083万立方米，建有主副坝4座，最大坝高17.5米。水库于1965年10月竣工，1991年打通了长达2公里多的深井隧道，把白洞水库与吊钟水库渠道连贯起来，使得水库下游东南面朱村镇2万亩农田免除旱患。今天的白洞水库，已经成为深受游客青睐的旅游景点，在这里，可以游船、垂钓、野炊，其乐融融。

崔太师祠

　　大家好，欢迎来到位于中新镇坑贝崔屋村的崔太师祠，这是为纪念南宋名臣、著名学者崔与之而建的祠堂。祠堂于清末重修，1996年曾重建，同年被列为增城市文物保护单位。祠堂建筑面积366平方米，中间为主体建筑，两旁为偏间。青砖红瓦，是穿斗式木结构梁架的平屋，呈三进院落四合院布局，比一般的民间祠堂还要简朴，一切都凸显出主人"不以显贵为意"的胸襟。若不是大门上的石匾镌刻着"崔太师祠"四个大字，很难相信这就是曾官拜右丞相的崔与之的祠堂。祠内除了数帖书法和两幅外地崔太师祠的照片外，就是"清献堂"中央供奉的崔与之塑像了。塑像头冠乌纱，身穿朝服，正襟危坐于椅上，一双明亮深邃的眼睛

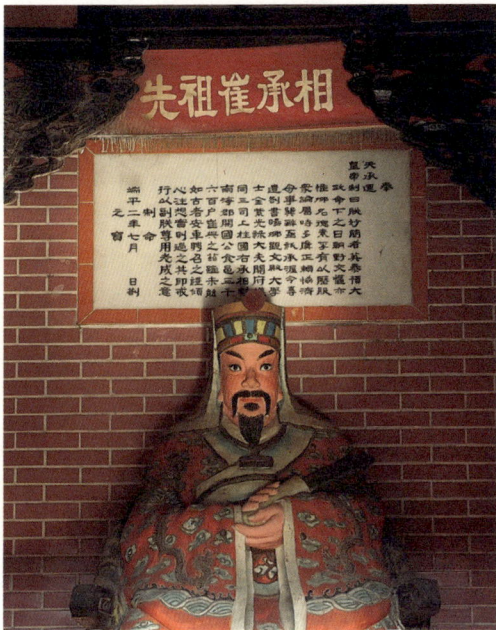

先祖崔承相

崔与之塑像

注视着前方，展现出一代清官公正廉明的伟岸形象。

【崔与之简介】 崔与之（1158—1239），字正子，晚年号菊坡。广东增城人，广东历史文化名人，南宋名臣、抗金名将、南宋右丞相。他出生于清贫之家，后得友人的资助才得以进入朝廷最高学府——临安太学就读，于南宋绍熙四年（1193）举进士，是岭南人由太学考中进士的第一人。他居官47年，历任两广、江西、湖南、四川安抚使（地方军事长官），端明学士（皇帝顾问）等职。在仕途中，他勤政为民，公而忘私。文天祥称他"盛德清风，跨映一代"。

他与唐代张九龄，明朝丘浚、海瑞、陈白沙并称"岭南五杰"。

他的辞章造诣颇高，被认为是"开岭南宋词之始""岭南宋词之祖"，著有《菊坡集》。所治儒学的"菊坡学派"亦被认定是岭南历史上的第一个学术流派。嘉熙三年（1239）十一月十一日因病逝世，享年82岁。死后被封南海郡公，谥清献。

【崔与之生平】 话说850多年前，崔屋村居住着一个从外地来定居的医生崔世明。崔世明善良而耿直，科场失意后发誓"不为宰相，则为良医"。1158年，这位口碑极佳的良医家里，诞生了一个婴儿。这就是后来令增城人引以为荣的崔与之。

乾道二年（1166），钟遂和（即后来崔与之的师兼父）辞官回萝峰创办书院，教育12岁的儿子钟玉岩及附近因家境贫困而无力入学的儿童。崔与之父亲崔世明当时在增城沙村行医，便把当时只有9岁的崔与之送到萝峰读书。

钟遂和见崔与之人品好、聪明，又有上进心，非常高兴，便安排他和自己的儿子钟玉岩一起读书和生活，把他当作亲生儿子一样严格教育、精心培养。到钟遂和逝世的时候，崔与之已经成为当地一名很有才学的秀才了。崔与之在萝峰的多年苦读，为日后在仕途的发展，打下了坚实的基础。

南宋绍熙元年（1190），崔与之时年33岁，而立过后的崔与之在书友林仲介等人的慷慨资助下，终于作出一个人生的大胆选择：到朝廷最高学府——临安太学读书。功夫不负有心人，崔与之在临安苦读三载，"朝夕肄业，足迹未尝至尘市"，终于践行了向家乡许下"三年学成"的诺言，石破天惊地成为岭南人由太学考中进士的第一人。

广西浔州（今桂平），是崔与之仕途的首站。雨季，粮仓因久未修葺而漏，郡守打算卖掉储粮。只任司法参军的崔与之不顾官卑言轻，坚决反对。郡守改变主张，命崔与之负责修粮仓。崔与之将自己居所的屋瓦拆下换用茅草，而把瓦片盖在粮仓上。这次修葺粮仓显示了他的胆识才干，令郡守十分赏识，并推荐其授任淮西提刑司检法官。20年后，崔与之重返广西，升任广西提点刑狱。当时广西包括海南岛和雷州，大部分是荒寂之地。他不畏风波艰险，自带费用跑遍辖区25个州。在海南，他大胆查处贪官污吏，废除苛捐杂税，所到之处都深受百姓爱戴。

在淮西，京官王枢密之子称霸乡里，许多官吏都不敢受理。崔与之却不畏权势，秉公判决，责令乡霸退还民田。在淮东，适遇天灾，哀鸿遍野，无数饥民流离失所。崔与之下令打开扬州城门，安置受灾百姓，救活万余难民。

嘉定十三年（1220），崔与之时年60多岁，金兵进犯四川，制置使（地方军事长官）董居宜弃职逃跑，蜀地大乱，人心惊惶。崔与之被调任成都府本路安抚使组织抗金，后又升任为四川制置使。他率蜀5年，不但智勇兼用，令金兵望而退却；而且勤政爱民，大胆起用人才，开展边境贸易，使得蜀中大治，被誉为"岭南古佛，西蜀福星"。期间，金兵南犯，群臣主战主和争论不休。崔与之临危受命，指挥抗金。他既反对屈辱求和，也不主张盲战妄动，而是采用积极防御的战略，确保一方安定，表现出杰出的军事才华。宝庆元年（1225）调往湖南，蜀中百姓掩道垂泪送行，后绘其肖像在成都仙游阁供人膜拜，其与治蜀有功的张咏、赵抃同称"三贤"。

端平二年（1235），78岁高龄的崔与之已退在广州养病。其时，广东发生兵变，叛军围困广州欲攻城，崔与之上城墙安抚乱兵。由于他齿德俱尊，哗变的军士服其恩威而纷纷下跪弃械，其后兵变即告平定。他为岭南安定作出了杰出贡献。

事后，理宗皇帝拜授崔与之为参知政事（简称参政，为副宰相，代理宰相），崔力辞不受，皇帝以为他嫌官小，翌年拜其为右丞相（南宋时右相大于左相），崔与之先后十三次拒辞不就。直至嘉熙三年（1239），才被批准退职归隐。同年，崔与之因病去世，享年82岁。

古往今来，无德无能而又利欲熏心、卖官鬻爵者无数；可功勋显赫的崔与之面对宋理宗任右丞相的诏书，却始终以年老多病为由坚辞不受。他八辞参知政事、十三辞右丞相，成了"白麻不拜"之"千载第一人"。"进则忠职，退则潇洒"，崔与之的人生哲学在八百多年后的今天仍绽放出璀璨的光彩。

崔与之清廉高洁的形象，正是今人反腐倡廉的一面明镜。他的座右铭是"无以嗜欲杀身，无以货财杀子孙，无以政事杀民，无以学术杀天下后世。"

【菊坡亭】 菊坡亭原为凤凰亭，位于荔城街凤凰山上。嘉熙三年（1239）崔与之退隐家乡后，宋理宗赐给他一座私家园林，崔将这座园林改建成菊坡书院，以笃学养贤。这所书院的原址就在现在的增城凤凰山公园。然而，书院已经毁于抗日战争中的炮火，现今看到的五角重檐攒尖顶的凤凰亭始建于宝庆二年（1226），崔与之在这里题写"老圃秋容淡，寒花晚节香"以自励。他逝世以后，后人为了纪念他，将亭名改为"菊坡亭"，重修后又开始叫"凤凰亭"。亭周围有古炮台4架，石碑若干个，石狮8个。

【崔府街】 广州至今仍存"崔府街"，在越秀区朝天路西侧。然而，崔府却已无迹可寻了。话说当年崔与之离开四川回粤后，即位不久的理宗皇帝多次授他以高官，他均以年老力辞，闲居在今崔府街的府第。后来，广州摧锋军因战功被上级隐没而不满，相率叛乱。为了地方的安定，他才就任广东经略安抚使兼知广州，主持广东的军政。由于年岁大，他日常不到经略府办公，而是"居家治事"，因而崔府成了当时广东的最高权力机关所在地。

【崔与之词】 崔与之晚年作词《水调歌头·题剑阁》，毛泽东曾经手书这首词，原件现存放在广州博物馆。这首词是崔与之出任成都知府兼成都府路安抚使时，登临剑阁所作。当时，淮河秦岭以北的大片国土，相继沦陷于敌手。在这种情况下，词人立马剑门，举目瞭望中原，心中不胜感慨。

它的最后三句是"老来勋业未就，妨却一身闲。蒲涧清泉白石，梅岭绿阴青子，怪我旧盟寒。烽火平安夜，归梦到家山"。这里的"勋业"，并非指一般的功名，而是指收复失地的大业。由于"老来勋业未就"，因此作者原来打算功成身退、归老林泉的愿望便落空了。虽然他对家乡十分思念，但抗金守土的责任感，又使他不得不继续留在异乡。他感到有负故乡的山水，仿佛广州白云山上蒲涧的流泉，粤北梅岭上青青的梅子，都在责备他忘了归隐田园的旧约了。句中的"旧盟寒"，指的是背信弃义之意。这两句貌似闲适，内里却跳动着作者的报国丹心。末一句"烽火平安夜，归梦到家山"意思是说：请不要责备我负约吧，在烽烟未息之时，我又怎能归去？其实我无时无刻不在想念故乡，每当战事暂宁的"烽火平安夜"，我的梦魂就回到故乡去了！此词表达了崔与之思家情深而又报国意切的矛盾心境。

附崔与之词《水调歌头·题剑阁》：

万里云间戍，立马剑门关。

乱山极目无际，直北是长安。

人苦百年涂炭，鬼哭三边锋镝，天道久应还。

手写留屯奏，炯炯寸心丹。

对青灯，搔白首，漏声残。

老来勋业未就，妨却一身闲。

蒲涧清泉白石，梅岭绿阴青子，怪我旧盟寒。

烽火平安夜，归梦到家山。

坑贝村古建筑群

　　大家好，欢迎来到中新镇坑贝村，这里的古建筑群建于明末清初，非常有特色。建筑群依山傍水，村前为半月形风水塘、围墙、门楼、禾坪（晒谷场）、街前路，纵向依次排列祠堂、书房、村屋，最后是碉楼、后山及山林绿化。古建筑群共有55栋砖、木、石结构民居，民居排列有序，整齐划一。石板铺路，有排水沟。通宽约152米，通深约54米，面积约8 225平方米。建筑群前面还有长方形的打谷场及围墙，占地约2 417平方米。整体建筑分为10列5排，面向东北方向。各独立房屋形制基本相同，为硬山顶，碌灰筒瓦，镬耳封火山墙，施彩绘，面阔均三间，宽度为10.49米，排、列之间有纵横青云巷。村后还有座古碉楼，与开平碉楼风格迥异，却别有风味，是清时为防范匪贼而建，也可以储备粮食，在危难时固守待援，至今已成为具有历史文化价值的遗迹。

　　该建筑群保留了清代建筑风格，布局有序，为研究岭南地区古代建筑艺术和乡村民情风俗提供了宝贵的实物资料，是广州市历史文化保护区。大家踩在村内的青石板上，看着满眼古朴的古屋和青翠的古木，细听千年的鸟鸣，可以感受到这里没有城市的喧哗，只有乡间的宁静、田园的安详。村外有大片禾田果林环绕，沿着蜿蜒的乡间小路，感受着村落的古趣与淳朴，就像展开了一幅浓郁的水墨丹青画卷。

光布村客家围龙屋

光布村客家围龙屋

  各位游客朋友大家好，欢迎来到光布村客家围龙屋。客家围龙屋估计大家都知道，甚至见过不少，然而这个围龙屋却有自己的特点。围龙屋建于清康熙二十二年（1683）。该围龙屋平面呈半月形，通宽38.8米，通深36.2米，面积1 454.56平方米，围龙屋四周外墙有1.5米高的椿墙，椿墙上建起了约30米高的泥砖墙。整座围龙屋的中间部分为二进深的祠堂，通宽17.6米，通深18.7米。头门面阔三间，进深三间，两边有衬祠，依次分隔出明间、次间、梢间和尽间。硬山顶，瓦面，船形正脊，人字形封火山墙，檐下有两柱。天井两侧设庑，分别隔为四小室，外庑顶高大，与两前进自然屋顶融接一体，观似蝶形，仅檐下一部分成廊。祠堂外面有23间之多的扇形环屋带，屋带以后面正中部分为最高，顶有龙船脊饰延伸向两边稍低，屋带两边均无脊饰，直到环绕至祠堂正面成一大平面，转砌成镬耳封山火墙作边墙，傲然耸立。

  围龙屋外平地左右各有一对旗杆夹，平地前面原是一个与围龙屋同一大小的半月形池塘。据村史记载，其家族由陈如蓝率领，自兴梅焦岭迁至此地，建屋而居，前后320年有余，是广州地区独一无二的围龙屋。围龙屋对研究当地历史文化有重要价值。目前，光布村客家围龙屋已被广州市列为内控文物保护单位。

一农口田有机农业有限公司

大家好，欢迎来到北部生态农业区的一农口田有机农业有限公司参观。该公司成立于2009年1月，致力于生态有机农业的产业化、立体化经营，以"立足有机产业，创建有机生活"为本，以"高度自控的现代生态农业生产体系"为后台保障，致力于发展健康餐饮、农产品直营、健康休闲体验、文化艺术共享等新型综合性农业产业，使之成为追求生活品质人士的健康平台。

公司生产基地现拥有2 000余亩有机种植/养殖基地、6 000余亩原生态水库，并在河源龙川控投拥有20 000余亩茶籽油生产基地。公司从事有机（绿色）农业生产，包括符合有机标准的蔬菜、水果种植，符合绿色标准的家禽、家畜、生态鱼养殖，以及自然健康的农副产品加工。种植品类涵括岭南地域的主要应季蔬菜、粗粮主食、水果；养殖品类有"八戒"菜猪、"原·生活"鸡/鸭/鹅、生态鱼；原制加工有增城丝苗米、花生油、茶籽油、腊味、菜干。

公司建立了"以产品直营店、有机健康连锁餐饮为主，以高端企事业单位、星级餐饮直供为辅，以生态休闲观光旅游带动相配合"的销售模式，已经在广州建立起一批以"田客"为高端餐饮品牌的有机生活连锁餐厅，以"一衣口田"为农业品牌的有机农产品直营店，并创立了以"有机会"为名称的高端有机健康协会，与社会各界精英人士一起分享有机健康生活。公司已经获评广州市农业龙头企业，并成功当选广州市农业龙头企业协会理事单位；公司的鸡、蔬菜等农产品已经通过或正在进行有机（绿色）认证，公司先后荣获"广东省名牌产品""广东省食用农产品质量安全示范点""广州市诚信守法示范单位""广州市三八红旗集体""广州市用户满意服务明星企业""广州市自主创业模范"等称号；"一衣口田""田客"的品牌形象已经成功地深入广州、东莞、深圳等地的消费者心目中，并获得了如潮的好评。

好了，大家可以尽情参观，放松欣赏。

福安有机农庄

各位游客朋友们大家好，大家眼前看到的这一大片农田种植基地，就是今天我们要参观的福安有机农庄。农庄位于中新镇福和联安水库大坝之下，2011年8月建成。1 000多亩农田绿油油一片，十分赏心悦目。这里四周环山，环境优美，山泉水长流，在北纬23度优质的种植地带，有充足的日照、清新的空气、肥沃的土壤、清澈的水源，能产出最安全的有机蔬菜和家禽，为人们提供健康美好的生活品质。

随着生活水平的提高，人们对食品安全的要求越来越高。农庄选址远离闹市，环境非常好，空气清新，特别是水质清澈，种出来的农产品天然、绿色、健康、品质高，在市场上非常受欢迎。农庄种植的农作物主要是当季农产品，全部按有机种植方式耕作，包括水稻、上海青、奶白菜、芥蓝、增城迟菜心、西红柿、甘蔗、玉米、南瓜、辣椒等市场上销售的农作物种类，一年生产总产量约有200万公斤。

农庄实施农业一体化经营模式，除了有自己的生产基地外，还有自己的物流公司、仓储机构、销售渠道，农产品生产从田头到餐桌的每一个环节都有保障。为什么命名为有机农庄呢？所谓"有机"，一是农场有洁净的空气，福安有机农庄四周环山，经国家权威机构检测，空气负离子含量高，达到国家空气质量一级标准；二是有清澈的水源，农庄周围山泉水长流，毗邻联安水库，联安水库是国家二级饮用水储备水库，产出的农作物自然清甜可口；三是拥有有机土壤，经地质专业机构检测，农庄周围的土地富含铁、锌、铜等多种对人体有益的微量元素；四是有纯天然的生产过程，蔬菜种子不用转基因，农作物所用的肥料都是来自农家的有机肥，如花生麸等，除草也采用人工手法，避免使用农药等化学剂；五是有严格的种植管理制度，从选种、育苗、种植、除草、施肥、除虫、采收、储存到配送，都采用了严格的管理制度，并且建立了全冷链配送服务平台。

健桥山水田野芦荟农场

大家好，欢迎来到国内首家芦荟文化基地——健桥山水田野芦荟农场。农场位于中新镇福和官塘村，大家看，200多亩的芦荟绿油油一片，十分壮丽。这个农场于2012年2月由珠海市健桥食品有限公司成立。自从建立了芦荟种植基地后，附近村的富余劳动力在实现就业的同时，也带动了村集体经济的发展。芦荟种植基地建成以来，吸引了众多珠三角各地游客前来游玩观赏，健桥山水田野芦荟已成为中新当地知名的农产品，带动了相关产业发展。

芦荟生产基地把原来的荒地、烂地改变成一片绿油油的观光田野，把山泉水引入农田，让农业观光美景带旺了人气。原本的荒山野岭是一片未经开发的处女地，现在变成芦荟基地农业旅游观光园。如今，健桥山水田野芦荟农场有水车、眺望楼、鱼塘、凉亭等设施供游客和附近村民游玩、观赏。农业旅游观光园的建设雏形已经形成。

随着生活水平的提高，人们认识到芦荟不但具有美容效果，而且有保健作用，故对芦荟纯天然健康食品的需求量日益增加。这里远离闹市，环境非常好，空气清新，种出来的芦荟天然、绿色、健康、品质高，具有"好山好水好

芦荟"的美名。农场芦荟的年产量达1 600吨，建立"芦荟种植+芦荟研发+芦荟深加工+市场营销"从农场到舌尖的芦荟全产业链，打造绿色农产品经济。大家知道吗？神奇的芦荟具有护胃润肠、排毒养颜、防辐射、促进细胞再生和伤口复合的作用。该种植基地生产的芦荟产品因选材天然、绿色健康而深受世界各地消费者的喜爱，畅销国内外。

2015年3月5日，芦荟农场启动芦荟文化节，吸引600多名游客参加。300多亩芦荟花让人们赏饱眼福。芦荟文化节上有游客采摘芦荟花、'爱与船'芦荟展览、情侣单车游芦荟花海、认领芦荟苗、修安谷揭牌、诗歌与人创意基地创作，还有在芦荟主题餐厅与最爱的人共度芦荟宴等系列活动节目。芦荟文化节成为广大市民的一大乐事。

金河十八湾旅游度假山庄

大家好，欢迎来到这个山水田园式的度假山庄——金河十八湾旅游度假山庄。山庄内有度假木屋别墅、多功能商务会议室、典雅湖边餐厅等。山庄依山傍水，有瀑布和农耕田园风光，有"水光山色相映趣，松间明月门前溪"的居家休闲度假环境和现代商务会议接待功能。山庄适合开展旅游观光、休闲度假、生态疗养、商务会议、企业年会、户外拓展、CS真人野战、野外扎营、定向越野、溯溪探险、田园采摘等活动。大家在这里可以品农家菜，住木屋别墅，享受画山秀水，乡风古韵。

美丽乡村：霞迳村

　　大家好，欢迎来到美丽乡村——霞迳村。这个村里多数人姓程，据说是著名理学家程颢、程颐的后代。霞迳村处于城市副中心腹地，承接中新广州知识城的辐射，现辖2个自然村、4个合作社，全村户籍人口810人，外来人口1 200人。这里自然环境优美，村庄山环水绕，古迹保存良好，文化渊源深厚。大家看，这里有平坦宽敞的村道、整洁优美的居住环境，房前屋后、休闲广场遍布绿树红花，真是一幅环境优美、文明和谐的新农村画面啊。

　　近年来，霞迳村按照"村风文明、村容整洁、村民富裕"的要求，努力改造新村庄、培育新农民、塑造新风貌，结合生产生活特点，将该村划分为农民居住区、旅游开发区（旧村拆除泥砖房腾出用地）、生态农业区、村内企业发展区等四个功能区。新村为农民集中居住区，让"住宅进区"，实现集约节约用地；旧村通过拆除泥砖房，腾出空间和旅游发展用地；生态农业区利用土地流转和扶持农业政策，发展2 000亩现代农业；村内企业发展区主要规范和整治村内现有企业，为农民提供就业机会。村容村貌整治工作广泛听取村民的意见，尊重村民的意愿，保证规划能够"落地"。通过对四个功能区的规划和建设，霞迳村逐步建设成为一个生产发展、生活宽裕、乡风文明、村容整洁、管理民主的美丽乡村。

　　霞迳村美丽乡村创建工作推进良好，"七化""五个一"工程取得成效，农民公寓、村容村貌和环境卫生整治等28个项目工程进度达90%。他们的做法是：一是充分调动村民积极性。为充分调动广大村民的自主性和积极性，中新镇成立以村社干部和村民代表为主体的工作组，全程参与项目的规划设计和建设，切实将"要农民做"变成"农民要做"。二是综合整治和建设新村。整治新村乱搭乱建现象，完善功能配套，美化、绿化、亮化、净化村场，实现村内街巷硬底化，建设农村生活污水处理和排水排污管网系统以及垃圾收容、路灯、公厕等公共基础设施，进一步提升村里的基础设施水平。科学规划和建设农民公寓和置换房，合理安置旧村迁出的孤寡老人和贫困户。根据每家每户房屋和院落特点，制订风格一致、各有特色的整治方案，采取以村民积极参与、政府奖励补贴的方式进行整修，形成干净整洁、错落有致的乡村风貌。三是拆除旧村泥砖房，为产业发展腾出用地。充分利用泥砖房改造相关政策，制订合理的泥砖房拆除和房屋安置、置换方案，全面拆除旧村泥砖房，置换其他房屋，拆除旧村泥砖房后可为产业发展腾出用地150亩。四是培育和发展现代农业，实现农民增收。综合整治周边1个苗圃基地、5个果场、1个香蕉基地共约2 000亩土地，同时加强对农田（鱼塘）标准化的改造，形成规模化、产业化现代农业，带动农民就业，实现农业增产、农民增收。五是鼓励企业参与，加快推动产业发展，保证村集体和村民长效增收。整合旧村拆除泥砖房腾出的150亩土地，完善相关手续，吸引投资，建设高起点、高标准、环境优美、整体效果好的高端乡村旅游项目，提高农村集体用地的附加值。由村里和投资企业协商确定合作方式，确保项目发展、集体和村民长效增收。同时规范整治现有村内企业，增加农民就业机会。探索搭建一个"村企共建"的平台，督促村内现有的9家企业做好周边环境的配套、整治及厂内建筑的合理布局工作，美化村容村貌，鼓励企业充分利用自身资源，加强对村内剩余劳动力的培训，并吸纳更多当地农民就业，增加农民的工资性收入。

黄金南部

增城南部定位为重点开发的新型工业集聚区，工业是南部的主导产业，工业的快速发展开拓了生态补偿机制的新渠道，为北部在生态、项目建设、自然资源利用以及区域环境保护等方面提供了充裕的资金投入，这是增城获得长足发展的基础，也让增城建设知名旅游目的地成为一种可能。南部除了工业文明旅游景点之外，也有不少古村落和新农村建设典范，包括新塘、永宁、仙村、石滩四镇（街）。

新塘镇地理位置优越,地处珠江三角洲东江下游河畔的北岸,南与东莞只有一河之隔,西与广州黄埔区相连,正处于广州、深圳、香港的交汇点,被称为"黄金走廊、投资宝地"。全镇面积280.48平方公里,常住人口22万多,是广东省及广州市示范中心镇,也是增城工商业重镇,现已被列入广州都会区规划范围。

新塘拥有非常多的民营企业,尤其是在牛仔服装行业,拥有注册牛仔品牌1 000多个,有增致、凯蒂猫、米高、小魔鱼、康威等一批国内外较为知名的品牌。2002年新塘镇被中国纺织工业协会命名为"中国牛仔服装名镇"。目前其已形成牛仔休闲服装和汽车、摩托车及其零部件三大支柱产业,并呈现产业聚集和组团发展的趋势。

新塘名胜景点主要有大陆沿海最大的海蚀洞——古海遗踪、倚岩寺、四望岗公园、石下山、复昌桥、广州唯一吊桥碉楼——宁远楼等。

新塘的由来

新塘镇区及附近甘涌、群星、新何、东华四村,旧称"沙贝"。后来,当地人在河滩上垒石筑堰,修了一个一百多亩的新池塘,并逐渐在新池塘四周的堤堘上用杉皮木板搭建了很多一头建在堤堘里,一头架在水面上的木屋。到了明代中期,沙贝人丁渐旺,新池塘的堤堘成了街道,建在堤堘边的房屋成了店铺,新池塘四周就成了圩场。于是,人们把新池塘称为"圩大塘",把圩场称作"新塘圩",原来的沙贝十三坊,也统称为"新塘"。

旧时新塘,有个摆大景的习俗。传说,这一习俗与明代中期三部尚书湛若水有关。

古海遗踪

各位游客大家好,欢迎来到"古海遗踪"景点,这里是中国大陆沿海最大的海蚀洞。位于新塘口岸码头附近的一座小山丘上,是古代海陆变迁所形成的一座岩洞,为增城新八景之一。

这个地区在古代是海滩地带，几经沧桑，形成冲积平原，原海中岛屿（今海蚀洞所在的小山丘）上的岩石留下许多被海浪冲刷过的痕迹，其中一处岩石被冲刷成一个隧洞，学名为"海蚀洞"。该洞长20米，阔与高约为2.5米，可容纳上百人，洞顶有狭长的裂缝，能窥望天空。这是迄今已知的我国大陆沿海最大的一个海蚀洞，它形成于由距今7 000多万年前的晚白垩纪红色砂岩、砾岩组成的山丘中，是重要的海陆变迁证据，具有较高的科学、历史研究价值。

倚岩寺

与海蚀洞洞门连接的是一隅比洞口更高更大的石岩，岩下有石台，犹如神殿，人们便用这一天然殿台搭建了一座寺庙，名"倚岩寺"（又称"天后宫"）。寺与洞相连又相通，出入其间，别有一番情趣。

四望岗公园

大家好，欢迎来到四望岗公园。四望岗只是我国南方一个普普通通的小山冈，可是，它曾名上经典，誉及粤中，榜列京城，名扬四海。历史在这个小山冈上，演绎着一个又一个传奇故事。

几百年前，四望岗古木茂密，山花烂漫。登上岗顶，眼前东江若练，缓缓西流；举目四望，更见田园阡陌，河涌纵横。四望岗因此得名。昔日，山里还有一座名为"皆山寺"的寺庙。寺内亭台楼榭，书斋画廊，花园曲径，雅致而清幽；寺外满山青松丹荔，遍野奇花异草，白居易的"人间四月芳菲尽，山寺桃花始盛开"便是最好的诠释。花草艳盛的阳春景色，是一个令人向往的游览胜地。

四望岗曾是历史上著名的荔枝产地；四望岗荔枝曾为新塘、增城创造过历史的辉煌。

清初《广东新语》道："粤中荔枝以增城沙贝所产为最。"沙贝，就是今天的新塘。清乾隆《增城县志》载："粤中荔枝以增城沙贝四望岗所产为最。"

四望岗的荔枝在清代享誉盛名的来由还得从明代说起：明代嘉靖年间，官至南京礼、吏、兵三部尚书的增城人湛若水结束仕途生活，取道江、浙、闽返回故乡沙贝。当他在福建仙游枫亭品尝荔枝时，发现了一个优良的品种，便怀核而归，让乡人在四望岗里培育。经过一代又一代乡人的精心栽培，四望岗一带很快就形成了一望无际的荔枝林。沙贝的山冈土岭，基围田埂，处处都是荔枝，出现了"家种荔枝三百树，年年果熟问收成""凤卵龙丸多似谷，村村箫鼓庆丰年"（清·谭莹《岭南荔枝词》）的兴旺景象。四望岗培植出来的荔枝清甜多汁，高产易种，很快被推广至岭南各地，从而结束了岭南只产早熟酸荔枝的历史。此后，人们为了纪念尚书湛若水，就把这种荔枝称作"尚书怀"。"六月增城百品佳，居人只贩尚书怀，玉栏金井殊无价，换尽蛮娘翡翠钗。"（屈大均诗）四望岗"尚书怀"出名了，使得新塘不但成了远近闻名的荔枝产地，而且作为商品集散地也从此露出了头角。

"不须夸署尚书衔，怀核归来味共参，此是白沙真种子，甘泉浸得水枝甘。"清代乾隆年间的两广总督阮元的《岭南荔枝词》一出，从此"尚书怀"不再挂上尚书的头衔，简称为怀枝。于是，怀枝很快便成了岭南荔枝最普遍的品种。

四望岗是一位伟大的母亲，她不但哺育出荔枝的大众品牌——怀枝，而且还哺育出荔枝的稀世珍品——挂绿。清同治《增城县志》记载，增城"邑南八十里甘泉都沙贝四望岗上植荔枝十数，本名挂绿"。一代接一代的乡亲父老，在四望岗的土地上辛勤耕耘，用自己的心血和四望岗的乳汁，终于孕育出人间的仙果。

石下山

这座乌黑的大石山，有一个久远而神奇的传说：古时候，秦皇岛北戴河海滨有一块形似武士并会发光的石头。一天，秦始皇到海滨游览，发现了这块石头，便想把它搬到山海关上镇守长城。谁料，不管派来的人怎样使劲，石头就是搬不动。秦始皇大怒，抽剑便向石头砍去，石头虽留下一道深深的剑痕，但依然屹立不动。秦始皇见状，再重重踢去一脚。这一下，石头滚动了，而且越滚越快，越滚越大，从东海岸边一直滚到南海之滨，变成了一座浑圆墨黑的大石山。石头停下来以后，一个白发长须的老者高高屹立于山上，他把手一挥，那长长的滚石痕迹就被他牵起来，沾在石山身上。海风一吹，石痕便变幻成一株攀崖而上的浓密飞榕。后来，石下逐渐聚居了很多乡民，形成了一个村庄，人们就把它称为石下村。村民们传说，那大石上的老者就是大石灵仙。于是，他们把砖石梁栋搬上山，在石山上筑了个庙宇，专门供奉这个"大石灵仙"。

复昌桥

各位游客，大家好，欢迎来参观复昌桥。复昌桥位于新塘镇东江河岸的石下村。复昌桥的所在地是石下村门前的官湖河故道，当年村民凭这座桥出入非常方便。新中国成立后官湖河改道，桥也就废弃不用了。由于桥造得坚实，故虽经百年风雨仍保存得相当完好。据1993年版的《增城县志》记载："复昌桥，位于新塘石下村，建于清光绪九年（1883），是一座墩、一拱孔、两头平梁式的花岗岩石桥。复昌桥长24米，宽2.8米，桥两旁镶嵌石栏板，左右各23块，上雕刻有龙凤图案，栩栩如生，很有艺术价值，是增城县内保存比较完好的清代石桥建筑。"

复昌桥是在香港汇丰银行首任买办刘镇西的倡导和主持下建造的，他还带头捐赠白银300两。复昌桥结构坚固，当年日本人打到新塘镇，抓了一些村民来拆桥，结果拆了一两天，连一块石头也没有拆下来，日本人最后只好不了了之。复昌桥因而躲过了一场大难。

华侨古村：瓜岭村

大家好，欢迎来到瓜岭村，这里是著名的侨乡、广州市内控历史文化保护区，总面积100多亩，人口662人，旅居海外的华侨3 000多人。

瓜岭村古民居

瓜岭村始建于明朝成化元年（1465），距今有500多年历史。先民黄国民为使子孙繁衍，日益兴旺，取瓜瓞绵长之意，取名瓜洲，后改称瓜岭。村内四周青翠，波光粼粼，瓜果累累，一片"鱼米之乡"的景象。村内古建筑保存完整，新旧民居亦今亦古，相映成趣。20多米高的碉楼——宁远楼高高耸立，点缀其中。而瓜洲小学是增城最早的私立小学，创建于1912年，为黄国民兄长黄锡树所创办。

宁远楼

大家好，欢迎来到瓜岭村的宁远楼，这是广州唯一一座吊桥碉楼。由于该村侨眷较多，华侨为了村人的治安起见，于1930年在村前河涌中间建起了一座全县最高、最坚固、最奇特的近代碉楼，定名为宁远楼。整座楼为钢筋、水泥和砖木结构。楼面阔、进深各为5.2米，高21米，内分四层，第三至第四层的四个墙角各挂一个4平方米大的枪眼堡，上大下小，成锥形。四个挂堡的枪眼，可以垂直瞄准楼底各个死角。碉楼正门是由钢铁加工而成的，门的上方有两挂吊桥铁链，如遇险情，吊桥一收，楼成孤岛；内挖有井，可固守待援。

宁远楼在2002年被确认为广州市文物保护单位；2003年瓜岭村被广州市立为内控历史文化保护区；2005年8月，宁远楼又被文物专家评为有观赏、保护价值的广州华侨人文景观之一。

新塘牛仔城

大家好，欢迎来到新塘牛仔城，这里是中国经济圈中最大的牛仔服装产业基地，全国牛仔服装60%的产量和40%的出口来自这里。

【牛仔城概况】　新塘国际牛仔服装纺织城三期总体规划占地300多亩，总建筑面积达20多万平方米。一期商品建筑面积为16万平方米，2002年12月全部交付使用，开业率高达98%；二期商铺面积为10万平方米，2003年11月交付使用；三期于2007年12月交付使用，沿107国道呈辐射状向东西两翼延伸2～3公里，东至久裕村，西至府前路。该商城设有研发中心、信息中心、人才中心、纺织专利技术交流中心和市场管理服务中心，还有便捷的物流服务、多功能会所等，硬、软件配套设施完备。

【中国牛仔看新塘】　新塘牛仔城已经成功举办了七届牛仔服装节，创立了新塘特有的展会品牌，影响力、知名度逐年扩大。早在2002年，新塘就被中国纺织工业协会授予"中国牛仔服装名镇"称号，从此享有"中国牛仔看新塘"的美誉。牛仔服装是新塘传统的特色产业，也是新塘面向全国、走向世界的第一张名片。

据统计，全国有60%以上的牛仔服装出自新塘，而在我国出口的牛仔服装中，新塘贡献率达40%。直至2008年，这里聚集的牛仔服装及相关企业有4 000

多家，日加工生产能力可达250万件，年生产牛仔服装量2.6亿多件（条），年产值达到200多亿元；有80 000多名从业人员、1 000多个已注册的牛仔服装品牌；产品远销俄罗斯、美国、欧盟等几十个国家和地区，牛仔服装成为新塘"特产"，新塘也成了全国驰名的"牛仔之乡"，成为新塘一大支柱产业。目前，新塘拥有VIGOSS、康威、创兴、箭王、喜为王、增致、米高、小魔鱼、得萨斯、金波路牛仔等17个知名品牌，其中，VIGOSS品牌价值达4 000万美元，年出口额近1亿美元，在美国拥有较高的市场份额。强大的生产能力和众多的知名品牌，使新塘成为中国最重要的牛仔服装生产基地、牛仔品牌中心、牛仔时尚中心和牛仔文化中心。有专家认为，新塘牛仔服装的发展已经具备了新的独特的优势因素，经过20多年发展的牛仔服装业已具备完整的产业链，其集群效应在国内服装镇是少见的。

【新塘牛仔源起】　新塘的牛仔纺织服装缘起于20世纪80年代初。当时第一家制衣厂是一位香港老板开办的，是一家只有40多人、30台衣车的工厂，并没有引起人们的注意。1981年，第二家牛仔服装厂"群昌"成立了，当时是来料加工和来样加工，有货赶通宵，无货坐一边，老板们都是接到订单后才请工人。改革开放初期，香港老板来内地办厂多是投石问路，冲着在内地办厂用工便宜、租地便宜。就这样，新塘服装业在徘徊中度过了10年的磨合期。20世纪90年代初期，小平同志南巡讲话如一阵春风吹到新塘，吹醒了新塘的牛仔纺织业。于是，精明的新塘人开始觉悟，纷纷办起了自己的牛仔服装厂。短短几年，上千家大大小小的牛仔服装厂如雨后春笋般在新塘遍地开花，生产的服装从销往内地发展到销往

港、澳、台地区。至21世纪初，新塘镇的牛仔服装厂就达2 000家，民营牛仔制衣业迅速崛起，并成为该镇人民致富的一块"敲门砖"。

新塘牛仔服装业发展可用一句话概括：从仿造品牌、假冒品牌到自创品牌。

20世纪80年代，在经历了多年的发展之后，"村村点火，户户冒烟，遍地开花"的发展模式遭遇瓶颈，一些厂家为谋取利润最大化，乱排污水，仿造品牌、假冒品牌，新塘镇一度成为广东省污染治理和打假的重点区域。当时，新塘镇政府意识到新塘的牛仔服装业缺乏规模、技术和品牌等优势，多数还停留在家庭作坊和初步家庭式管理的阶段，经营分散，专业化、规模化、集约化程度低，这些都制约了产业的进一步发展。于是，新塘镇政府在加大治污执法力度的同时，引导企业更新、改造、升级。一方面积极推动企业管理模式的转变，使企业的发展从量的扩张向质的提高转变，走品牌经营之路；另一方面，调整产业、产品结构，提高科技含量和产品附加值，努力提高经济效益。期间，变化最大的当数大敦村，该村从当时仅有几家作坊式的制衣厂蜕变成目前的"天下牛仔第一村"。

经过20多年的摸爬滚打，新塘牛仔业已步入正轨，过去的假冒伪劣重灾区很快变成了积极要求打击假冒伪劣产品的品牌聚集区。近几年来，新塘转变过去分散经营、零敲碎打的模式，积极发挥牛仔服装龙头企业和品牌的带动作用，大力发展组团式工业，规划兴建了新塘民营制衣工业园，建设了占地140公顷的新塘西洲环保工业园。同时，为构建新塘产、销联动的物流平台，政府利用民营资本兴建了投资5亿元、首期占地面积11万平方米的中国最大的牛仔商贸

城——新塘国际牛仔服装纺织城。现正全力将其打造成集批发、零售、进出口贸易、货物仓储收发、服装推介展示、商务办公于一体的牛仔服装产业物流基地。新塘一直是中国的牛仔名镇，纺织服装业尤其是牛仔制衣业发达，并形成了纺纱、染色、织布、整理、印花、制衣等产业资源完善的一条龙生产系统。时至今日，新塘作为全国生产量和出口量最大的牛仔产业群而享誉国内外。

【牛仔服装节】 新塘在2002年举办了首届牛仔服装节，而后每年举办一次，而且一次比一次规模大，一次比一次档次高，活动内容精彩纷呈。新塘举办的牛仔服装节主要项目包括牛仔服装面（辅）料展、纺织服装机械博览会，国内知名服装设计师作品发表会，名模牛仔服装秀，牛仔服装流行趋势论坛等。近两年，新塘的牛仔服装节还举办了牛仔形象大使的选拔大赛，并声名远播。

新塘举办的牛仔服装节都是下重金打造的，展览内容包括服饰、面料、辅料、服装科技及纺织服装机械设备等，是国内目前规模最大、规格最高的牛仔服装博览会。中国服装教育界的最高赛事——中国服装设计师生作品大赛，已成为中国服装教育界的"奥斯卡"。第四届中国服装设计师生作品大赛新塘牛仔杯，也在新塘国际牛仔服装节期间，在新塘举行最后的总决赛及颁奖典礼。牛仔服装节成了小城有史以来最大的节日。

奥园康威运动城

大家好，欢迎参观奥园康威运动城，康威是中国的驰名品牌。该运动城始建于2002年，历时5年建成，开发占地面积达23万平方米，是集研发、工贸、运动和休闲、旅游于一体的多功能运动城。康威运动城的投入使用，标志着其成为国内最领先的体育产业基地之一。

2008年4月，国家工商行政管理总局商标局最新认定的136个中国驰名商标名单中，增城的"KANGWEI"（康威）榜上有名，成为增城首个中国驰名商标。

康威集团自1986年成立以来，积极推行全面质量管理，提出"不放过一个小小瑕疵"的严格要求，制定了符合甚至高于国家标准的产品内控质量指标，将产品和服务质量形成全过程纳入有效的监控当中，形成了一整套独具特色的质量管理模式。"康威"产品多次获得博览会金奖、最佳展位奖、展示特别奖、参展优胜奖，倍受同行赞扬和消费者青睐。2004年广州康威集团体育用品有限公司先后被评为"广州市百强民营企业"和"增城市A级纳税大户"。

【康威创业路】 康威，是很多青年人耳熟能详的名字，但也许大家还不知道这是中国自己的运动品牌。它就在广州，它的掌门人曾经是篮球冠军，他的名字叫黎伟权。

1985年，黎伟权下海。创业资本只有1 000元和一辆破单车。

对黎伟权来讲，1980年发生的一幕至今仍如鲠在喉。黎伟权随广东篮球队出征国外。一场球下来，队员们在场下休息，因为汗湿而掉色的球衣，把人家的沙发染红了。老外因此嘲笑"Made in China"——劣质品。愤怒使黎伟权第一次有了下海投身运动服装业的念头。而真正让黎伟权下定决心的，是他做教练时捉襟见肘的3年。20世纪80年代初，运动队的经费明显不足，看着运动员们没有鞋穿，补给也不够，黎伟权连自己的摩托车都卖了，但始终是杯水车薪。黎伟权一咬牙，从此走上了创业的漫漫长路。

创业伊始，黎伟权就经历了原始积累的艰辛。1986年，黎伟权去成都参加服装博览会。没有座位，他在火车上整整站了40个小时，下车的时候，脚已经肿得穿不进鞋子，只好将鞋子挂在脖子上，光着脚提着两大包的样品走出车站。

创业之路漫漫，黎伟权磕磕碰碰遇过不少挫折，但因为信誉好，厂家愿意赊货给他，经销商也愿意用现款提货。他曾自豪地说："信誉是我的第一桶金。"就这样，康威在中国庞大的体育用品市场中的地位日渐稳固。

也许是黎伟权享受了太多由信誉带来的幸福，"信誉"这两个字已经融为康威企业文化的一部分。几年前，康威刚开发的新品运动鞋上市，但是由于技术不够稳定，运动鞋在东北地区抵不住严寒，出现了裂缝。黎伟权立即派人飞赴东北，将这批价值300多万元的鞋全部召回销毁。

【康威的赞助之路】 体育赞助在康威的体育营销策略中一直占有重要地位。康威一直鼎力支持中国体育事业发展：连续十年赞助"全国十佳运动员评选"活动；成为中国女子举重队、国家赛艇队等几十个专业运动队常年指定专用装备的提供商；在世界大学生运动会、东亚运动会、全国运动会、城市运动会等大型赛事上，从专业比赛服到唯一指定领奖装备，都能看到康威的身影。

【康威体育运动场】 运动场位于体育馆东南，占地34 000多平方米，由广州康威集团体育用品有限公司投资1 150多万元兴建而成，于2000年9月投入使用。运动场设有符合国际标准的足球场、正规的八道次400米田径场、可容纳12 000多名观众的东西看台、先进的电子计时记分显示屏、会议室、贵宾接待室、竞赛工作室、新闻工作室、医务室、运动员休息室和裁判员休息室等，是一个多功能综合运动场。

新塘中学

大家好，欢迎参观新塘中学。新塘中学创办于1941年，原校址设在具有数百年历史的新塘镇尚书府内，1998年整体搬迁至新校址，占地13.5万平方米，有54个教学班，学生近3 000人，教职工200人。

为统筹城乡教育均衡发展，集中资源建设优质学校，为市民提供优质学位，近年来，增城提出了要把高中相对集中办在荔城、新塘城区的构想，新塘中学是增城在新塘城区兴办的优质高中之一。该校坚持特色办学，以"办人民满意的教育，回报党和人民的关爱"为宗旨，围绕"争一流、显特色、创名校"的奋斗目标，坚持"立德树人、和而不同"的办学理念和"天生我材确有用"的育人理念，以"崇德弘毅、博学善思"为校训，走出了一条"体艺见长，全面发展"的特色之路，并取得了突出的办学业绩，赢得了良好的社会声誉。2005年被评为"广州市一级学校""广东省绿色学校"，2006年被评为"广东省一级学校"，2007年4月成为"创建广东省国家级示范性普通高中"学校，2008年5月通过广东省普通高中教学水平评估，并以高分获得"广东省普通高中教学水平优秀等级学校"称号，2008年11月，顺利通过广东省国家级示范性普通高中初期督导验收。

菊泉中学

大家好，欢迎来到菊泉中学。学校位于新塘镇解放路市头大街30号，是明朝三部尚书湛若水的"三部尚书府"府邸旧址，创办于1946年秋。大家知道"菊泉"二字的来历吗？据说创校之初，当时有识之士认为应使新塘子弟读书深造，学有楷模，为人有理想，学术有成就，就以名垂青史、垂范后世的崔菊坡、湛甘泉两位先贤之号各取一字，命名为"菊泉中学"。"菊泉"两字包含着深厚的文化底蕴，这两位先贤的爱国、办学、治学、为人理念及其学术思想对后人影响深远，菊泉中学有着光荣的历史，但久历沧桑，新中国成立以来曾几度改名，于1998年秋复办了菊泉中学，恢复了建制。

学校占地面积8 077.9平方米，绿化覆盖率达90%。拥有多媒体教学平台、计算机室、软件制作室、实验室、音乐室、美术室、历史室、地理室等专用室共20多间。目前，菊泉中学是一所拥有18个教学班、75名教师、近700名学生的增城一级学校。

学校坚持以"为每个孩子的未来创造人生幸福，为每个教师的人生增值创造条件"为办学理念，坚持以"人本的精细化教育管理"的理念为指导，走科学的人本的精细化教育管理之路，坚持做好依法治校、以德立校、以质量强校的各项工作。学校管理和教育设施日臻完善，不断加强具有明显特色的校园文化、班级文化建设，开发历史名人（崔菊坡、湛甘泉）的教育资源，把其爱国、治学、为人、办学理念及学术思想发扬光大，以教育后世，发挥教育效能，现已基本形成了"人文育人，以文见长，全面发展"的办学特色。

大家来看，校园内有一座湛若水的雕像，还有两棵400年前湛若水亲植的鸡蛋花树，枝繁叶茂。

新塘文化广场

大家好，欢迎来到新塘文化广场。新塘文化广场原名新塘公园，建于2000年，占地面积100亩，2007年进行改造扩建，将占地面积扩大为135亩。

新塘镇是增城的工商重镇。近年来，新塘在大力促进经济发展的同时，十分重视文化建设，注重为城镇居民、村民、农民工提供公共文化服务。新塘文化广场的改造扩建是该镇加强文化建设的举措之一。一是规划功能齐全。改造扩建后的新塘文化广场，增加建设了中央广场、休闲小广场、露天剧场、图书馆、艺术长廊、园林休闲亭、浅水池、花架及其他配套设施，是集休闲、娱乐、阅读、展览、健身、集会及改善城市景观于一体的多功能场所，成为该镇一项重要的惠民工程。二是示范作用大。推进城区产业"退二进三"，加快城中村改造，改变旧城区落后面貌，不断满足人民群众的文化需求，提升城区文化品位，这是新塘实现可持续发展的必由之路。2007年，新塘以新塘公园改造扩建为突破口，通过土地置换、重新征用等方式，拆除了新塘公园边缘属东华村的几十幢民居和旧厂房，腾出了35亩土地建设文化广场。新塘文化广场的成功改造扩建，成为新塘推进旧城区改造的一项试验工程，为新塘加快建设新型生态工商新城树立了信心，积累了经验。

黄金南部

147

新塘榄雕

各位游客朋友，今天我们来了解一下榄雕艺术，这是增城新塘的国家级非物质文化遗产。新塘榄雕艺术历史悠久，最早可追溯至明代。榄核雕刻制品在清代是贡品，清咸丰时达到鼎盛，并出现大批艺人及精品，其中以著名艺人湛谷生（1802—1876）的作品最为精湛。湛谷生雕刻的榄雕作品《赤壁游舫》中，前舫为船头，中为舱，尾挂橹。船头置一桌，桌上有3个小杯，苏东坡、佛印僧、黄庭坚3人围桌而坐，他们正借助月色观赏三国时孙权、刘备联军击败曹操之地赤壁。船尾艄妇作摇橹状，俯首哄逗膝下挂有葫芦（浮亭子）的幼儿，其旁蹲一书童，正在向炉灶扇风煲茶，使人仿觉一缕青烟袅袅升起。6个人物，栩栩如生。更使人惊叹不已的是，在船头由榄核本身雕刻出一条能挪动的锚链，其链环交接处，如针孔大，雕至微极（锚链已不存）。中舱具一门，船篷的左右门窗各二，雕有通花，均可开合。篷顶刻有方格，内加十字图案，篷的两旁雕有红梅。篷顶中央刻一腾云白鹤，颇有展翅高飞之态。作者仿王羲之字体，把《前赤壁赋》全文537字刻在面积只有1.67厘米（半寸）见方的船底上。

榄雕作品《赤壁游舫》　　　　　　　《赤壁游舫》背面

仅有缝衣针大小的橹桨背上刻有"咸丰甲寅时五十三"的落款字样，其字笔画微如蚤爪，肉眼难辨。如此巧夺天工之佳作，实为世间罕见。如今这件稀世珍宝珍藏于增城博物馆内。目前新塘榄雕的主要品种有船、珠串、坐件和挂件四大类。大家来此旅游，可带上一两件回去。

广州中小微企业金融服务区

大家好，欢迎来到广州中小微企业金融服务区。金融服务区位于新塘镇广州东部布匹辅料城。其将成为继广州民间金融街、广州国际金融城、广州金融创新服务区和南沙现代金融服务区之后的广州第五大金融服务区。广州中小微企业金融服务区旨在解决金融机构及经营顾问机构与中小微企业无缝对接的难题，借助金融机构和经营顾问机构的资金和智慧，促使中小微企业实现产业转型升级。

广州中小微企业金融服务区由两大集群构成：第一是金融/类金融集群，主要聚集银行、证券、保险、资产管理、信托、小额贷、融资担保、融资租赁、投资、金融中介等机构，旨在为中小微企业打造一条品种齐全、专业高效的金融街；第二是经营顾问集群，主要引进企业管理咨询、品牌策划推广、战略转型规划、网络营销、网络营销教育、人力资源培训、法律财务顾问等机构，旨在为中小微企业经营提供"模式先进、渠道齐全、经验丰富、市场广阔"的商业运作辅导。通过两大集群的共同发力，使中小微企业在金融服务区一站式地获取"人、财、智、销"等产业提升所需要的全方位资源。在"人"方面，引入专业人力资源培训机构为企业解决人才的引进和培训提升问题。在"财"方面，通过各种金融创新，引进各种金融机构（包括银行、担保公司、保险公司、小额贷款公司、产业投资基金、风险投资、天使投资等），为区域企业补充血液。在"智"方面，引入战略及品牌策划机构、管理咨询机构、律师事务所、会计师事务所、投资银行、产品设计所等专业机构，为企业提供高效、规范的经营成功经验和行为方式。在"销"方面，引入最先进的营销推广手段和工具（例如电子商务、网络推广、移动营销、云计算机应用、品牌连锁加盟等），为区域企业拓展更广阔的市场空间。

目前，广州中小微企业金融服务区已基本完成前两期项目的开发，即酒店组团、超甲级写字楼组团，可提供405间铺面。广州产业投资基金管理有限公司和增城公有资产经营有限公司联合投资1.3亿元，已成立了广州中小微企业金融服务区管理公司。管理公司代表政府执行一系列扶持政策，包括为园区内金融机构的客户提供融资贴息，覆盖融资额度达20亿元；给予首期进园机构每家平均10万元装修补贴；帮助园区内各类机构约见目标企业主；组织园区内各类机构举办论坛、沙龙、培训等活动；建立中小微企业大数据系统，供进园机构分享等。

广州中小微企业金融服务区是广州增城2014年政府工作重点项目。其将打造为中小微企业实现升级转型的孵化器。金融服务区除引进金融集群进驻园区为中小微企业经营提供金融服务、引进经营顾问集群进驻园区为中小微企业经营提供商业运作辅导外，还将打造互联网金融、牛仔电商、股权交易、金融资产交易等多个交易平台，推动产品销售及资本流转；组建产业投资基金，开展示范性投资，引导社会资金进行战略转型升级投资；长期组织服务机构与中小微企业的互动课程，引导中小微企业进入园区接受辅导；为中小微企业提供从种子期、成长期到企业上市的一条龙服务。

永宁

永宁街道位于增城西南部，区域总面积104.14平方公里，辖22个行政村和6个居委会，总人口约30万。2012年调整区划，将原新塘镇划分为新塘镇、仙村镇、永宁街道办事处三个行政区。

❀ 南香山 ❀

大家好，欢迎来到南香山。南香山古称南樵山，它与南海西樵山、博罗罗浮山（东樵山）鼎足而立，合称"广东三樵"。南香山位于新塘镇宁西境内，海拔433.2米，突起在东江下游的平原上。因其突出在珠江三角洲平原的北边，所以古时候，它还是船只在珠江、东江航行时辨别方向的标志。

南香山山势峻峭，峭壁雄奇，幽林溪涧，引人入胜。明朝三部尚书湛若水，晚年辞官归里，在山中创建了莲花书院，授徒讲学，培育学生。书院遗址至今尚存，并有湛子洞、石庵、石室等多处遗迹。此外，南香山麓建有百花古寺。该寺建于东汉明帝永平十一年（68），比增城建县还要早100多年，故有"未有增城，先有百花"之说。该古寺经历千余年，曾经多次毁葺，今只存有后世迁建于山下双鱼岭的一个山门及原寺门上的写有"百花古寺"4个大字的阳文石刻牌匾。山上除人文古迹外，还有许多自然胜景，如石庵、石室、瀑布、无底潭等，漫山苍绿碧黛，游人漫步其间，可尽情享受近山滴翠与远山苍茫的神奇色彩。南香山还有两座古墓葬。一座是明朝霍韬（尚书）墓，是增城文物保护单位。另一座是宋代李文溪（探花）墓。这两座古墓都值得去探访一番。

【湛若水生平】 湛若水（1466—1560），一代大儒、哲学家、三部尚书，字元明，号甘泉。增城新塘人。弘治年间进士，曾任编修、南京国子监祭酒、礼部侍郎，官至南京礼、吏、兵三部尚书。湛若水居官30多年，从未中断过学术钻研，75岁归故里后，更是全力以赴发展教育事业，学术热情至死不衰。90岁时他还让人抬着棺材出门讲学，其杰出的学术人格吸引了近四千学子追随，影响遍及全国，其学说与王阳明的"心学"分执明代理学之牛耳。

湛若水的父亲湛瑛早丧，从此由母亲陈氏抚养成长。若水自幼聪敏，因自幼家境不顺，14岁才入学读书，16岁往广州府庠就读，27岁（弘治五年）中举人，

北四旧城
大美增城

150

湛若水雕像

29岁往江门就读于陈献章（号白沙）门下，毅然焚掉"路引"（赴考证件）以表学习决心。其潜心研究心性理学，数年间学业大有进步。

弘治十三年（1500），他的恩师陈献章逝世，若水为其服丧3年。湛若水本不向往官场，但母亲认为"壮年居家，非事君之道"。为尽孝道，若水终于在师从献章10年之后（当时湛若水39岁）才遵从母命北上考试，受国子监祭酒章懋赏识，留读于南京国子监。第二年上京都会试，考官查阅了他的考卷，感叹地说："非白沙之徒，不能为之！"赐进士第二（即榜眼），选翰林院庶吉士。从此步入仕途，一直至75岁请辞获准，前后36年。为官期间，他主张"民庶实为邦本"，即是国家与人民犹如树干与树根：根系发达，树木健壮；人民安定，国家太平。天子要得"民心"和"天心"，追求"衣食足，善心生，伦理明，风俗厚，礼乐兴，和气致，天地泰，万物若"的太平天下。

湛若水50岁时母亲病逝，他从京城运送棺材回老家安葬，在家守墓3年。满服后到西樵山建书院，聚徒讲学长达4年。若水讲学讲究方法，要学生先习礼，明学规，先静坐聚精会神，然后才授课。嘉靖皇帝朱厚熜继位次年（1522），朝中人事又是一番变动。经都御史吴廷举、御史朱节向朝廷推荐，湛若水这才又回京复职，补翰林院编修，同修《武宗实录》。之后曾任翰林院侍读（讨论文史，整理经籍，备皇帝顾问）、南京国子监祭酒、右侍郎、左侍郎、南京礼部尚书、南京吏部尚书，74岁转南京任兵部尚书，奉敕参赞机务。此时安南王莫登庸叛乱，嘉靖皇帝想亲征，湛若水上疏反对出兵，因与朝廷文武大臣意见不合，随后请求致仕（辞官回家）。75岁致仕，从此结束宦途生活，沿东南山水游览讲学而归。

嘉靖三十九年（1560）四月二十二日病逝于广州禺山精舍（书院），享年95岁。嘉靖四十二年（1563）十月廿五日归葬天蚕岭（今增城永和镇）。隆庆元年（1567）追赠太子少保，谥文简。

【湛若水的学术与教育】 为官期间，湛若水有机会在中原宣扬他独到的理学，当时与王阳明（守仁）等人相与论道，追随者很多，声名日渐显赫。"随处体认天理"是湛若水理论学说的高度概括。他把其说成是"中和汤"，并试图用他的"中和汤"去治理社会中的百病，构建一个理想的"太平天下"。王阳明心学的特点是"良知说"。湛认为，人心之灵明就是良知，良知即是天理，故不可在良知之外求天理。他创立的"随处体认天理"哲学思想体系，与王阳明的思想体系并重为明代理学家两大流派，时称"王湛之学"。他们开创的"心学"，不仅打破了自宋朝以来宋儒理学僵化、思想禁锢的局面，也对近代中国旧民主主义革命产生了积极影响。现在，日本、韩国、美国、加拿大、澳大利亚等国都收藏了他的大量著作，尤其是日本全国汉字教育研究会副会长、学者志贺一郎更是出版了若干部关于湛若水的研究专著。

湛若水的理学在全国很有影响，生平以著书和兴家养贤为己任，在全国十多个书院任主讲，编著有《圣学格物通》100卷、《春秋正传》37卷、《礼经传训》68卷、《黄通志·翁泉大全》60卷、《增城县志》19卷、《甘泉卷》32卷、《四书训》19卷、《诗厘正》42卷。此外，还有大量书法作品、摩崖题字，至今罗浮山、西樵山、南香山以及崖山、萝岗寺、飞霞洞、江门陈白沙纪念馆等地都有他的墨迹。

湛若水官历两京，所到之处都积极创建书院，并亲自讲学，回粤后更专心讲学，故《广东新语》称："甘泉翁官至上卿，服食约素，推所有余以给家人弟子，相从士三千九百有余。于会城（广州）则有天关、小禺、白云、上塘、蒲涧等书院。"他培养弟子3 900余人，学生不分"陈李张王何"；甘泉所到之处，必修书院，资助与创立书院40多家，而且规定书院必设置赡田、仓廪，以学谷周济贫苦学生，让穷苦人家子弟都有入学机会。湛若水辞官后，至西樵、登罗浮、上南香山讲学。在西樵有大科、增城有明诚、南香山有莲洞、新塘有读岗和甘泉等书院。湛若水乐于办学，对他的家乡新塘的影响也是积极而显著的。增城作协副主席湛汝松称，据史料统计，自宋代至湛若水之前，增城地区举进士者25人中，属新塘的只有4人，而且都是当时属番禺的沙村人，占16%；而在湛若水之后，增城地区举进士者12人中，属新塘的就有6人，占50%；至于中举人者，在若水之后，新塘人就从仅占全县的13%上升到45%。新塘从一个文化落后的地区，一跃为全县文化之冠，被誉为"礼义乡"，这其中，湛若水的贡献不可小觑。

【湛若水摩崖石刻】 湛若水学识渊博，著述丰富，精工书法，在西樵山、南香山、罗浮山都留有他的墨迹。

明代嘉靖年间，时任南京吏部尚书的湛若水休假回乡，与增城知县文章、教谕汤仁等登上南樵山，共同筹划在南樵山莲花洞建莲洞书院。莲洞书院建成后，湛若水亲自在书院讲学，培养弟子；并为莲洞书院题上苍劲有力的"湛子洞"三个大字，由学生镌刻于石崖上。每个字都一米见方，是县内最大的摩崖石刻。于是南樵山声名鹊起，人气也越来越旺。

在今佛山南海西樵山也有一处关于湛若水的遗迹。在西樵山体的西部，有

北四归线
大美增城

湛子洞

一座高峰，名玉禀峰。其峰顶上奇石突竖，远望圆圆如饭盖，俗称饭盖岗。在其上，湛若水留下的摩崖石刻真迹，分别刻在两块相邻的大石头上。左边一块大石上，刻有"仰辰台"三个字径2米的大字；右边相邻则刻着"仰辰台上仰辰游，一曲歌声彻九州。感得圣恩深似海，外臣早许作巢由"（巢、由是古代的两个隐士）一诗。落款均为"明嘉靖丙午湛若水书"。虽历经近500年风雨，大师真迹仍然保存完好，清晰可认。湛若水曾在西樵山开设云谷书院和大科书院，可惜均毁于明万历年间。

【百花古寺】　百花古寺位于南香山内，据历史记载，百花古寺的前身为百花书院，又叫莲花书院、莲洞书院，于东汉明帝永平十一年（68）建于增城南香山内，与佛教传入中国的历史记载十分接近。据明代《增城志》记载："未有增城，先有百花。"增城建县于东汉建安六年（201），而百花书院早已存在130多年了，距今已有1 940多年历史，莲花书院是增城最早的文化教育圣地。

据百花古寺重修时《寺志》（今已佚）所载："（莲花书院）屡毁屡建、屡圮屡葺，达五百次。"明嘉靖十五年（1536），任南京吏部尚书的湛若水告假回乡筹建莲花书院时，曾亲笔书写"莲花座"三字镌刻于山崖之上（现被乡人所藏），那时是莲花书院最鼎盛时期。到了明朝神宗万历七年（1579），受当时政制，"毁天下书院为公廨"，百花书院遭到毁坏，书院始改建为百花古寺。莲花书院的衰盛兴灭，见证了儒家文化的发展历史，也见证了增城传统文化的渊源。与该寺相邻的湛子洞，至今已有450年历史，1982年被列为县重点文物保护单位。

据记载，百花古寺建筑华丽，构造精巧，香火鼎盛。基于历史原因，百花古寺遭到严重破坏，寺内有价值的文物被抢掠，资料尽失，寺毁僧散，仅存遗迹，无法进行法事活动，但依然名声在外。每逢重大的佛教节日，信众自发性地前来上香参拜。目前，增城正在积极规划重建百花古寺和莲花书院。

增城经济技术开发区

增城经济技术开发区位于新塘镇，毗邻广州经济技术开发区，成立于1988年，2006年经广东省人民政府批准成为省级经济技术开发区，2010年经国务院批准升级为国家级经济技术开发区。从2004年起开发建设广州东部（增城）汽车产业基地，是广州三大汽车产业板块之一，也是增城规划建设三大主体功能区、南部重点发展新型工业区的主战场，并形成了汽车、摩托车及其零部件、机械装备制造、电子信息高新技术产业和现代服务等产业集群发展的良好格局。目前已落户广州本田增城工厂、广本发动机、福耀玻璃、江河幕墙、博创机械、中金数据华南数据中心、南方电网特高压工程技术（广州）国家工程实验室等一批优质生产力骨干项目，开发区经济总量和效益不断提高。

园区坚持走土地集约、产业集聚的新型工业化道路，大力推进工业园区生态隔离，实现了工业文明与生态文明良性融合，其中广汽本田汽车实现了废水零排放，开创全国先河。园区承载力不断提高，发展潜力巨大，有望发展成为珠三角和华南地区重要的经济增长点，打造成以汽车产业为依托、以先进制造业和现代服务业为主导、突出自主创新能力和生态优势的现代产业园区，并创建广东省和广州市统筹城乡发展、推动主体功能区建设的示范基地，成为促进粤港澳及珠三角产业升级、加快区域一体化发展的重要平台。

北回归线
大美增城

增城荔枝文化村

增城荔枝文化村位于广州市广园东著名的别墅区凤凰城内，是全新荔枝主题的游乐胜地，汇集荔枝文化、田园野趣、动感游戏于一体。村内有繁荣的荔枝盛景，还有清新有趣的农家游戏、新奇至酷的动感游戏等五十多种游乐项目，寓教于乐，不但是广州中小学生综合实践基地，也是团体旅游、全家游玩的首选。

文化村内有旖旎的田园风光、有趣的农家游戏，游客们可以亲近小动物，观看奇趣的赛猪、赛狗、赛鸭表演；英姿马术训练营设备齐全，游客们也可以在蓝天白云下策马飞奔，豪放潇洒。在农家种植园采摘新鲜蔬菜，在农家厨房劈柴煮饭，体验原汁原味的农家生活；或者在赋陶居、奇妙手工艺坊、儿童画廊里亲手炮制陶具，用丝袜制绢花、剪纸画、玩蜡染、画沙画，在艺术天地里发挥想象、尽情创意。

路边村古村落

大家好，欢迎来到路边村古村落。这条古村临近马路，有一条主街，长约300米。村落里非常干净整洁，古建筑与现代建筑兼而有之。村里最值得一看的是一个祠堂——存业李公祠。祠堂门口有一口古井，井口直径约40厘米。大家不妨在这里漫步一圈，感受一番古村的悠闲雅致。

凤凰城社区

碧桂园凤凰城诞生于2002年，是一个深受广州市民喜爱的明星楼盘，也是一座成熟的都市山水缤纷大城。它地理位置优越，交通方便。该社区荣获"2005年中国和谐人居典范"称号和"2006年联合国全球人居环境幸福社区创新奖"。

凤凰城社区总户数约2万户，绿化率达75%。该社区是国内最大的别墅社区之一，包括各式洋房单位及数十种不同面积、风格的连体别墅、独立别墅及超级豪宅。已规划建成各具特色的13个独立苑区，数万业主在此安居乐业，开创广州大型居住社区的新时代。

社区以"森林、湖泊、新城市"为定位，力求不改变原有自然生态，保留了许多百年老树，区内共有大小湖泊26个、原地圈护的生态公园2个、郁郁葱葱的山林12处。连绵起伏的青山、碧波荡漾的湖泊以及大量花草树木，与社区

凤凰城夜景

建筑的红墙绿瓦相映成趣，让业主随时随地享受生活的轻松和愉悦。社区坚持
"配套先行，一次成型"的理念，在社区成长硬件的设计上作出大量创造性的
实践，开创出极具竞争力的"城市级配套"模式。另外，凤凰城还有大型交通
中心、康体中心、商业中心、大型超市、五星级酒店、超省一级标准的中英文
学校、文化广场。四通八达的交通为市民提供方便的出行条件，现有广汕公
路、广园东快速、广深高速和广惠高速等快速交通线，未来将有穗莞深城际轻
轨、广州地铁13号线、广州地铁16号线等轨道交通在此交汇。

湛若水古墓

　　湛若水古墓是广东省文物保护单位，在全省的明墓中属于规模较大、版筑
精工的典型。仿古双层庑殿顶碑楼，在全省明墓中实属罕见。墓道较长，上
有石牌坊，石雕文武官俑、马俑、狗俑和羊俑，更显气派。该墓1984年被增城
县人民政府列为文物保护单位；1999年被广州市人民政府列为文物保护单位；
2002年又被广东省人民政府列为文物保护单位。可惜在1989年该墓遭盗掘破坏
（破棺弃骨），墓碑被砸（现白石碑为1991年重立）。破案后，仅追缴回18个
彩绘小陶俑，现藏于增城博物馆。

　　当地传闻，湛若水当年死后，为不被盗墓，其家人修建了7座坟茔。出殡
那一天，"棺木由四门分七路抬出，不知何为真墓，何为衣冠冢"。这只是传
说，但据考，佛山西樵山曾经有其衣冠冢，可惜后来被毁。

湛若水墓前石马

霍韬古墓

大家好，大家了解霍韬吗？他是明代著名的政治家，籍贯广东佛山。在永和九如乡霍村后龙山附近，有一座古墓，霍韬就安息在这里，为广州市级文物保护单位。每年清明，佛山的霍韬后人会过来祭奠，国内的历史学家偶尔也会来这里拜谒这位政治家。全墓占地面积600平方米，墓由红石裹灰沙构造，内分五级坟堂，形如交椅，十分壮观。墓正前方竖了一块"奉天诰命"的碑石，高150厘米，宽70厘米，碑文为嘉靖皇帝亲笔所书，内容是褒彰霍韬生平的祭文，夸赞他为人刚正不阿、坚贞不屈；同时还讴歌霍韬夫人郑氏是贤妻良母之楷模。在二、三、四台堂两侧的围墙上，镶嵌有6块碑石，现在还剩4块，主要是介绍霍韬生平的墓志铭，镌刻的字迹清晰可见。

其实在明朝，佛山出了不少赫赫有名的大人物，霍韬可算是代表性人物。霍韬官至礼部尚书，清修《明史》为其立传；霍韬所作的《霍渭涯家训》流传于世，广东人至今仍从中汲取力量。

《霍渭涯家训》分为《家训前编》与《家训续编》两个部分。《家训前编》的"序"反映出霍韬制订家训的核心思想——"保家"，《家训续编》则重在"诲谕之意"。《霍渭涯家训》是霍韬应对家族现实的需要而作的。霍韬出身于没有功名的庶民家族，从霍韬开始，霍氏向文化家族转变。他希望建立一种良好的家风，确保家族世代兴盛。

霍韬的《霍渭涯家训》也是作为宗族制度建设的一环出现的，属于族规家法。佛山石头村是霍韬家乡，石头村霍氏在霍韬之前，仍处于代代分家析产的发展阶段，还没有发展成为一个完备的宗族组织形态。明嘉靖四年（1525）正月，霍韬创建了石头霍氏大宗祠。霍韬还建立了由宗子、家长等组成的宗族组织。他通过创立"考功""会膳"制度来增强宗族的凝聚力。嘉靖年间霍韬建立了两座书院，一座是石头书院，即社学，建立在大宗祠之左，教育乡里子弟；另一座是建在西樵山的四峰书院，专收霍氏子弟，实为族学。

　　霍韬的《霍渭涯家训》代表了一个受儒家思想渗透的基层社会家族的价值观，霍韬怀着"做个好样子与乡邦视效"的理想，为佛山宗族家风提供了一种范式。

　　司马光在《家范·纲领》中说，"正家以正天下者也"。《霍渭涯家训》对广东人，特别是广府一带百姓的家风形成产生了根本性的影响。如今广府人那种宽容、知礼、豁达、勤劳、好学等优秀品质，可以说和《霍渭涯家训》有密切关系。

广州本田增城工厂

　　大家好，欢迎来到广州本田增城工厂，这里是广州东部最大的汽车生产基地。提起日本本田，恐怕是无人不知，无人不晓。本田技术研究所是当今世界汽车业的佼佼者。在日本企业界，本田是技术和活力的代名词，也是日本大学生毕业后非常向往的就业目标。

【广本概况】　广州本田汽车有限公司（简称广州本田）于1998年7月1日成立，它是由广州汽车集团股份有限公司与日本本田技研工业株式会社共同出资组建的合资公司，双方各占50%股份，合作年限为30年。广州本田目前有黄埔工厂和增城工厂两个厂区，生产能力合计达到年产36万辆，合计占地面积为160万平方米。广州本田现有员工总数为6 500多人。广州本田目前生产的主要产品有雅阁系

列轿车、奥德赛多功能系列轿车、飞度系列轿车和思迪系列轿车共四大系列。

于2006年9月19日全面落成的广州本田增城工厂位于增城新塘镇，占地面积为100万平方米，首期生产规模为年产12万辆，目前生产的车型为雅阁、飞度、思域等系列轿车。

为了以最快速度满足顾客及市场的需求，广州本田克服各种困难，广州本田增城工厂从正式开工到完全建成投产仅历经14个月，是本田所有海外工厂（全新工厂）中建设速度最快的样板工厂。广州本田增城工厂正式落成投产是广州本田生产规模的一个转折点，自此广州本田年生产能力突破了存在多年的产能瓶颈；增城工厂与第一工厂相辅相成，打造更强的成本体系，极大地提升了广州本田的竞争力；新工厂的建成也为广州本田作下一步发展规划时增添了自信和灵活性，有助于广州本田的再一次腾飞。

【全新工厂】　广州本田增城工厂具备冲压、焊接、涂装、总装、整车检测等功能，其全面建成投产体现了"广本速度"。当然，在这建设过程中本着"以最快速度满足用户及市场的需求"的信念，广州本田克服了各种困难。作为一个在平地上崛起的全新工厂，广州本田增城工厂具有多项创新，无论是对广州本田还是对行业、对社会都有不同寻常的意义。

【环保为重】　企业要做强做大，必须不断发展，而这种发展又不能以牺牲环境为代价。广州本田增城工厂在设计和建设过程中，最大限度地考虑了环保问题，在处理"三废"以及降噪方面不惜成本，引进最先进的环境技术，努力建成一个在全国乃至东南亚都具有领先水平的绿色工厂。

增城工厂不设对外排污口，生活污水及工业废水经过污水处理站的预处理、物化处理、生化处理、过滤和深度处理五个阶段，实现了污水"零排放"，而且其中水回用率达100%。这不仅在中国国内，而且在日本，甚至在全世界都是领先的。涂装车间从一开始就采用水溶性涂料，使VOC（可挥发性有机物）的排放量每年下降了6 490吨，远低于欧洲排放法规的要求。在国内VOC排放法规还未出台的情况下，广州本田增城工厂是国内第一批采用水性涂装生产线的工厂之一；总装车间和整车检测线导入追随式汽车尾气抽排系统，整车尾气集中回收，焊装车间导入排烟除尘装置，保证了车间内整体良好的空气质量，创造了舒适的室内工作环境；空气中有机污染物的排放浓度下降70%。此外，配合当地地域景观，增城工厂进行了大面积的植树绿化，有利于减少灰尘、改善空气状况以及防止水土流失，使增城工厂成为与周边环境相和谐的绿色工厂。

【本质节能】　相比使用节能技术、减少浪费，广州本田增城工厂可以说是本质上的节能。增城工厂采用全厂能源（包括LPG、汽油、冷冻水、生产生活用水）、动力（压缩空气、电力）集中供应的方式，以损失最小为原则进行布局，既节约了投资和有效利用了空间，又便于运行管理和维护；对机组设备的选择，也以高效率、低能耗为标准，在满足生产和质量要求的前提下采用最节能的设备；此外，厂房建筑物也是节能的，屋顶墙板都有隔热层，厂房的密闭性比较高；综合办公大楼的玻璃双层中空隔热，减少热传导。

【人性化】 作为一个全新工厂，广州本田增城工厂在设计和布局时更多地考虑作业者和来访者的因素，打造了一个更加人性化的工厂。整车检测线的尾气集中回收、焊装车间导入排烟除尘装置等，都使员工的工作环境更加健康和舒适；总装车间导入摩擦式的悬挂及滑板输送链，并且采用电瓶叉车，减少噪音污染，创造可对话交谈的车间内环境；在物流布局方面，将人、车、物分开，在提高效率的同时，也强化了安全；设置了专门的参观通廊，既不影响生产，又防风遮雨，使参观更安全和方便。增城工厂还建有运动场和文体中心，使员工的业余生活更加丰富多彩。

广州福耀玻璃有限公司

大家好，欢迎来到广州福耀玻璃有限公司参观指导。福耀玻璃集团是一家上市公司，是我国最大的汽车玻璃制造商和出口商之一，福耀商标"FY"是中国汽车玻璃行业迄今为止唯一的"中国驰名商标"，2007年9月"福耀"品牌再次被国家质检总局授予"中国名牌产品"称号。

广州福耀玻璃有限公司是福耀玻璃集团的全资子公司。项目从2006年8月公司注册和动工建设开始，至2007年10月建成投产，仅用了短短的一年零两个月时间。项目用地372亩，投资总额10亿元，投资强度250万元/亩，专业生产"FY"品牌汽车安全玻璃系列产品，主要为广本、广丰、日产、马自达等各大汽车厂提供配套。该公司引进美国、德国、日本等国际一流的生产线，目前已达到年产500万套汽车玻璃的生产规模，产品在国内市场占有率为67%，并出口至美国、韩国、日本、印度等海外市场，成为我国华南地区规模最大、技术最强的玻璃生产基地。

广州博创机械有限公司

大家好，欢迎来到广州博创机械有限公司参观指导。该公司专注于高精密注塑设备技术与产品领域的研发和生产，是目前中国极具规模和创新活力的注塑机械与设备综合服务商之一，拥有多项具有国际水准的专利技术。公司在全国建立了40多个4S店，并在30多个国家和地区设立了代理商。在全国注塑机市场占有率及品牌、技术均排在前列。该公司目前拥有国际先进的加工中心，有

一大批优秀的工程师，并积极和一些研究所、专业院校合作，以技术的不断创新来促进企业的发展。目前公司获得了国家科技部认定的"国家火炬计划重点高新技术企业""中国塑料行业十佳塑料品牌""广东省制造业100强""广州市优秀民营企业""广州中小企业最具成长性十强企业""著名商标企业"等100多项国家、省、市级荣誉。

公司项目用地122亩，建筑总面积约54 000平方米，投资总额5亿元，预计投产后将实现年产值12亿元，年税收约7 500万元，并将建设成为集研发、生产、销售、管理、培训于一体的研发与生产基地。

五羊本田摩托（广州）有限公司

大家好，欢迎来到五羊本田摩托（广州）有限公司参观指导。该公司是1992年8月由广州摩托集团公司和日本本田技研工业株式会社共同投资、经营的中外合资企业，注册资本3 000万美元，中、日双方各占50%股份。项目投资总额4亿元，首期用地480亩，主要生产摩托车、摩托车发动机、摩托车配件，年产能约150万辆摩托车。该公司集研发、制造和销售于一体，是国内最具规模的摩托车制造企业之一，获"广东省守合同重信用企业""广东省名牌产品""全国最畅销商品金桥奖三连冠"等荣誉，被《财富》杂志誉为中国整体最受赞赏的外资企业之一。该公司拥有17个系列100多个品种，在国内市场已形成由3 800多家销售商组成的"四位一体"销售和维修服务网络，产品已出口到60多个国家和地区。通过与本田公司的合作研发和引进先进的开发软件，该公司实现了研发阶段无纸化科学管理，2003年在行业内率先通过3C认证，2005年率先完成欧洲2号标准的切换——全部零件使用无石棉材料，2006年"佳御110"达到欧洲3号标准。

豪进摩托车工业基地

　　大家好，欢迎来到豪进摩托车工业基地参观指导。广州豪进集团有限公司是一家集摩托车整车、发动机、通用机械及其关键零部件研发、制造、销售、服务于一体的综合性大型民营企业。公司严格按照现代化企业模式运作，坚持走品牌之路和营销之路，主要生产自己有专利的产品，已成功打入欧洲、南美、非洲、中东、东南亚等市场，成为中国摩托车行业一颗耀眼的新星。豪进摩托车曾荣获"国家权威机构认证质量信得过好产品""广东省著名商标""中国机械2003年度摩托车行业十大最具竞争力品牌""中国知名摩托车产品质量公证十佳品牌"等称号。

　　为进一步扩大生产规模，该集团在汽车产业基地投资建设摩托车及配件生产项目，项目用地面积约500亩，投资总额约5亿元，总建筑面积30多万平方米，建成投产后预计年产摩托车整车、发动机各150万台，产值约50亿元。项目最终将建设成为国内一流的集现代化摩托车专业制造中心、研发中心、信息中心、营销中心和管理培训中心、出口基地于一体的大型摩托车生产基地，这将大大提升增城的摩托车生产能力，优化当地产业结构，产生良好的经济效益。

仙村

仙村镇位于增城南部，距增城市区15公里。全镇总面积56.65平方公里，下辖17个行政村和2个居委会，总人口44 941人，流动人口15 672人。

仙村的由来

仙村，顾名思义是跟神仙有关系的地方，神仙留有足迹的地方。据说，晋代此地遇大旱，恰葛洪仙翁云游至此，作法降雨，故名仙村。

北宋端拱元年（988），大宋驸马列之杰官拜枢密院使，奉朝廷之命，镇守广南东路（即广东、广西）。有一次其从广州乘坐官船沿东江上惠州，一路饱览两岸风光，只见仙村山明水秀、土地肥沃、鱼米丰腴，不由动心，暗地里认定此地为自己今后的桃花源（隐居的地方）；次年上疏谢任，辞去枢密院使之职。年仅44岁的他，不贪恋京城长安灯红酒绿、夜夜笙歌、醉生梦死的生活，毅然携公主不远千里前来仙村定居。

仙村地处珠三角地带，可谓人杰地灵、人才辈出。由清朝算起，据不完全统计，仙村名人就有列国光进士、列大魁进士，民国期间有孙中山大元帅府警卫长列吉庆，龙门县县长列翘燠，国民党新一军师长、陆军少将列应佳，台湾装甲部队司令列航海，加拿大华裔著名科学家、物理学博士列伟瑜等。

仙村以前称绥宁都，故有宁西、宁南、宁北。宁西分为冯村、路边、石迳、郭村、中元、百湖等，宁南分为大敦、田心、平地等，宁北分为龟岭、斯庄、吓岗等，还有石湖、曹田心、岳埔都属仙村管辖。20世纪50年代称增城第七区，大敦、田心、平地被划入增城第二区（新塘），石湖、曹田心、岳埔划入增城第六区（石滩）。1958年10月1日成立人民公社——仙村公社，改革开放后称仙村镇。宁西、沙浦又成立了独立镇分离出去。后仙村、宁西、沙浦、永和与新塘大合并成为新塘镇，2012年仙村又从新塘分出去还原为仙村镇。

❧ 葛仙祠 ❧

　　欢迎大家参观葛仙祠，这里是供奉葛洪仙翁的。葛洪，东晋人氏，不羡功名，好周游名山大川，修道炼丹。游至南粤罗浮山，见山清秀，驻脚炼丹，并游览珠三角一带。相传他曾过访仙村，一则携丹济世，再则会有缘之人指点迷津。上境新屋村尚存一方旧门楼红石，上刻"葛访里"三个大字。仙村圩河段及汇入此河段的逆流（基岗、桥头、岑贝、新屋、官厅、宝田、蓝田等地域小溪）统称为葛水，又唤仙溪。后人为纪念葛洪，筹银建起葛仙祠。

　　葛仙祠曾在清同治六年（1867）进行大规模重修，至今已有140多年，概貌未改，葛仙祠的建筑左右对称，形仿道观。大门口石雕对联历历在目："看破色空十里烟花毫不管；飞来仙佛一江风月眼平吞。"大门内进丈余，条方麻石垒筑的焚香高台，令人产生仙道清高之感。高台两侧，有麻石石阶，可达高台和祭坛。神台端立葛大仙塑像，仙容道貌，栩栩如生。

❧ 鹅桂洲岛 ❧

　　欢迎大家来到仙村的鹅桂洲岛，大家可以看到，这个岛被增城东江环抱，岛上古树参天，景色宜人。岛上有两个村庄，共有5 000多名村民，主要以务农

宁静的鹅桂洲岛

为生。岛上深涌村只有1 000多户，靠船出入，岛上生态良好，保持了原始风貌。旧村入口设有两层楼高的门楼，青石横额刻有"光绪戊戌年"，已有上百年历史。据说修建这个门楼是用来防盗抢的，一旦盗贼入侵，就将门楼的大门关上，村里壮年男子全部集中到门楼的二层御敌。旧村沿着河道一字排开，村内小巷全是青石铺就的。此外，小村还保存着清末建造的两家私塾，分别为汝长家塾和汝培家塾。

竹园荔枝岛

竹园村位于仙村镇东南部，该村始建于宋朝。村里常住860户共2 715人，总面积约2.3平方公里，是仙村镇革命老区之一。

竹园是一个种植大村，主要盛产早熟荔枝、优质龙眼等水果，是远近闻名的"三月红"荔枝之乡。"三月红"荔枝畅销省内外，深受广大顾客欢迎。

荔枝在增城已有1 800余年的栽培历史，竹园村地处珠江三角洲东江河畔，全村栽培荔枝2 600亩，"三月红"多年远销北京、上海、江西、福建等地。相传葛洪曾在罗浮山周边采药并著《玉函方》等，云游到增城仙村时在溪水边洗药，水沾仙气，后人将小溪叫作"葛水"，其东流入竹园涌。上下境与竹园之间原有一葛仙亭，亭有一联："葛水药池留踪迹，鸟声果影得仙村。"有神仙对联的地方叫仙联，此仙果即指仙村竹园"三月红"荔枝，"三月红"荔枝早熟早上市，食之对消化有利。葛洪认为："要得仙，荔枝啖。""三月红"果红尖笃（臀），丫脯似一颗心，一颗荔枝一颗心，红中带绿，甜中带酸，可鲜食，可制罐，可酿酒。故曰，人集增城红三月，果出竹园醉八仙。

基岗村生态百果园

大家好，欢迎来到位于仙村镇的基岗村。村内有古屋、古祠堂、古庙、古墓等众多文物古迹。在基岗村南边，有一个占地面积600多亩的荔枝园，园内果树品种多样，栽种荔枝、龙眼、乌榄、芒果、杨桃、香蕉等各种果树过万棵，3人合抱、过百年树龄的荔枝树和龙眼树随处可见。目前，基岗村正全力把果园打造成生态百果园，并规划建设单车道、婚纱摄影基地、学生野外生存基地、夏令营实习实践基地等项目。

荔新生态农庄

　　大家好，欢迎来到荔新生态农庄。农庄坐落在仙村镇荔新公路沙埔官道村路段（往新塘方向路边右侧）瑶湖农场，占地面积约100公顷，是增城"妃子笑"荔枝种植规模最大的果园，种植有大量"妃子笑"荔枝和石硖龙眼。

　　整个果园山清水秀，湖光山色，空气清新，郁郁葱葱，硕果累累，十分壮观。大家在品荔枝之余，还可在农庄美餐一顿特色农家小炒，或烧鸡，或全牛宴，还可以钓鱼、烧烤、野游，乐趣无穷。农庄内设豪华空调套房、卡拉OK，是大城市人忘却城市烦嚣、享受自然风光、健康养生、休闲度假的好去处。

狮岭山"仙进奉"荔枝基地

　　大家好，欢迎来到仙村镇基岗村狮岭山，这里就是著名的"仙进奉"荔枝生产基地（仙基农业）。"仙进奉"是增城的主要接待荔枝品种，其味道独特，清甜香滑，闻名遐迩。每年这里的"仙进奉"荔枝产量达30万斤，而近年来价格居高不下，如今售价为每斤45～50元。

　　每年的采摘季节，"仙进奉"荔枝红遍整个山头，沉甸甸的果实把荔枝树的枝头压弯了腰。"仙进奉"荔枝品种从新塘镇基岗村实生单株中选出，经多年多点试验试种，遗传性状稳定。该品系迟熟，在7月上中旬成熟，比"糯米糍"迟熟7~10天，果实形状为长歪心形，果肩耸起，果皮颜色鲜红，果较大，平均单果重25~28克；果肉厚，蜡黄色，有蜜香味，味清甜。"仙进奉"荔枝可溶性固化物达19.1%，总糖含量16.2%，可滴定酸含量0.11%，维生素C含量为30毫克/100克果肉，可食率达79%以上，焦核率达85%，属于果色美、优质少裂、耐贮藏的特优品种。2010年6月，广东省农业厅种子管理总站组织专家对基岗村的"仙进奉"荔枝进行现场勘察，认为该荔枝具有良好的推广应用前景，一致同意通过名优品种鉴定。

说起"仙进奉"的得名，还有段故事呢。据传在清朝康熙年间，基岗村的一位村民在荔枝成熟季节邀请在邻县任职的表哥品尝"胭脂红"荔枝，表哥从未见过这种色泽鲜红、香甜可口的荔枝。为取悦上司，表哥采摘了一筐"胭脂红"荔枝，赶到京城进奉上司。奇怪的是，尽管已过七日，荔枝色泽仍然鲜红，肉质仍鲜甜可口。上司尝后大悦，问起这种荔枝的名称。表哥心想，荔枝是用来进奉朝廷的，仙村又沾上何仙姑的仙气，何不就叫"仙进奉"？于是表哥答道："这是产自增城仙村基岗村的'仙进奉'荔枝。"上司大悦，当即赏了百两黄金给表哥。从京城回来后，表哥把部分黄金分给了表弟，鼓励他多种"仙进奉"荔枝。从此，"仙进奉"荔枝的美名就传扬开来了。

竹园涌抗日游击队旧址

大家好，我们今天来到了仙村镇竹园村，这里有一幢两进的大房子，房子中央长了一棵被当地人称为"富贵子树"的大树，这就是广州市增城竹园涌抗日游击队旧址。游击队旧址所在的房子，原是村子里的书院，处于田地之中，大概150平方米，至今有200多年历史。这里曾经是抗日游击队来来往往的落脚之地，阮海天也曾在这里住过。大房子的旁边是当年游击队旧址的厨房，厨房门上是个小平台，因为位置比较高，故当年的抗日游击队，就把它当作哨台，哨兵站在上面为游击队放哨，观察日军的动向。

增城话中有这样一句顺口溜："有女要嫁竹园涌，鲜鱼鲜肉鲜虾公，三月红荔枝大大倾。"说的是增城竹园村的荔枝特别有名、特别好。然而，许多人可能不知道，在这个以荔枝闻名的村子一带，抗战时期曾活跃着一支抗日游击队，也就是由本村的阮海天参与领导的竹园涌抗日游击队。

竹园村一带向来是军事要地。在这附近，陆路有广州通往粤东的公路干道和广州通往香港的广九铁路，水路则有东江河道可达惠州、广州甚至香港，这就成为广州东部交通的咽喉地带，军事上则是攻守广州的必争之地。日军侵略华南，在大亚湾登陆后，分兵把守铁路、公路和水路，沿线据点林立，所以，这一带也成为抗日人民武装敌后游击战争的重要地点。

为了打击日军，阮海天等在广九铁路沿线的仙村、雅瑶（即竹园村一带）用"广东民众抗日自卫团"的名义，分别成立了仙村大队、雅瑶大队；后来，又在两个大队的基础上，成立了广东民众抗日自卫团增城第三区常备队及雅瑶常备队。这是中国共产党在增城地区组织和领导的第一支正式武装队伍，也是竹园涌抗日游击队的主力部队。

【阮海天】　关于竹园涌抗日游击队的重要领导人——阮海天的资料，现已经很难搜集。据说，老家在竹园村的阮海天，家境比较殷实，在当地有一定的影响力，这也是他能在竹园涌一带开展工作的原因。竹园涌抗日游击队成立之后，阮海天曾任东江纵队第四支队队长。曾当过阮海天警卫员的东江纵队老兵廖志华回忆："首长（指阮海天）对我很好，教我学文化、学写字，后来还送我去山东学习。"由此可见阮海天的人品。新中国成立后，阮海天曾在军队任重要职务。

【伍来成】　新塘镇沙贝村（今新何村）人。原是新塘火车站工人，曾积极参加中共领导的革命活动。1926年加入中国共产党，任增城第一个中共组织新塘支部的书记。时值省港大罢工期间，他带领支部成员在工农群众中积极活动，建立了粤港澳同德工会新塘分会，传播马克思主义，支持省港大罢工，支持广东国民政府北伐。1943年在东洲河面以船渡抗日人士过河时被日军枪击，伤重不治，时年44岁，新中国成立后被追认为革命烈士。

仙村国际高尔夫球场

仙村国际高尔夫球场位于风景宜人的仙村镇。坐拥绵延起伏的山峦，青山环抱，绿树成荫，碧湖相间，是大家工作之余享受逍遥、舒展身心的首选之地。

国际标准的18洞高尔夫球场引人入胜，由世界著名的Nelson & Haworth高尔夫球场设计公司设计。该公司亦是举世闻名的夏威夷Mauna Lani高尔夫球场的设计者。球场的设计充分利用周围的起伏山势和自然美景，与大自然配合得天衣无缝，充分发挥高尔夫球的挑战精神，对高球爱好者充满巨大诱惑。

❧ 广州市第六资源热力电厂 ❧

大家好，欢迎来到广州市第六资源热力电厂参观。这个电厂是广州市政府提出的在全广州范围内规划建设的六个资源热力电厂之一，主要处理增城产生的生活垃圾。

电厂选址仙村镇碧潭村，初步规划面积约200亩。该厂总投资超10亿元，其中建安成本4.8亿元，设备购置5.4亿元，该厂首期规模为日处理生活垃圾2 000吨，年处理量为73万吨；远期规模增加至3 000吨/日，年处理量为109.5万吨。该厂将引进国际先进热力发电技术，通过焚烧生活垃圾进行热力发电，并配有餐厨垃圾深化处理项目。

同时，厂区周边将规划建设环保产业园区，建设垃圾焚烧发电相关装备生产基地，如柴油机、垃圾运输专用车、LED半导体照明等设备生产基地以及垃圾焚烧环保装备技术研发基地，发展配套物流服务，通过园区产业发展，带动当地经济发展和相关配套设施完善。环保产业园控制区包括环保产业核心区、商务行政区、高新工业区、配套商住区、预留发展区、生态景观区。

可以预见的是，广州市第六资源热力电厂将成为"国内一流、国际先进"的电厂，通过在厂区内布局环保产业园，配套建设绿色生态区，成为环保教育基地、工业旅游示范项目。

❧ 美丽乡村：西南村 ❧

大家好，今天我们要参观的西南村是增城社会主义新农村建设的典范。西南村总面积2.06平方公里，常住人口1 200多人。西南村原来是属沙头村管辖的一个自然村，1995年4月，西南村委会成立。村委会成立当年村集体收入只有15万元，经过十多年的艰苦创业，2011年村集体年收入达到1 000万元，村民年人均收入17 000多元。

【工业发展】　西南村成立初期，村集体经济收入十分薄弱，村容村貌极为破旧，村两委干部连工资都不能保证正常发放，在村内进行各项建设更是无从谈起。为改变这种落后的面貌，村两委确定了"以工促农、工业反哺农业"

的工作思路。"彻底整治环境污染，带领村民脱贫致富"是村委的工作目标。为了实现这个目标，首先，他们顶着重重阻力，以拆除13间严重污染环境的小水泥厂为突破口，因势利导，建设一个占地1 000多亩的村办工业区。他们通过实地勘察，调查研究，征询村民意见，聘请专家规划，修订了全村土地利用和建设规划方案，明确了居住区、工业区和耕作区三大功能区，并把建设工业区定为一项改善民生的重大工程。其次，制订了工业开发区土地发展规划实施方案，以村经济联合社名义对土地实行统一规划，集中开发，将土地办理为工业用地后主要用于出租。在资金充足的情况下自建厂房出租，开发土地的收益盈余，一部分通过分红的方式分配给村民，增加其收入，一部分用于村内各项设施建设，改善村容村貌。

如今的西南村，一排排宽敞明亮的厂房在原水泥厂的废墟上拔地而起，一座座颇具规模的企业在"三通一平"的工业区里陆续建成。电子、纺织、制衣、彩印等20多家不同类型的企业为工业区添姿增彩。很多村民经过村里的免费培训，都进到工厂学技术、学管理，成了企业的工人或管理人员。工业区的建设壮大了西南村的集体经济，为建设社会主义新农村、改善村民生活奠定了坚实的经济基础。

【旧貌换新颜】 为让旧貌换新颜、村庄变公园，西南村进行了绿化、美化、亮化，实现了"八通"（通电、通水、通路、通电话、通有线电视、通硬底化封闭排污渠、通公共汽车、通互联网）和"十有"（有无公害厕所、有集中牲畜饲养栏、有室外垃圾屋、有清洁自来水、有硬底化路到户、有文化宣传栏、有读书阅览室、有文娱体育场地、有绿化小公园、新村建设有规划）。

该村在发展集体经济的同时，注重抓好村里的基础设施建设和环境建设，力求为村民提供优美的生活环境。在新农村建设活动中，该村拆除了全部违章建筑和120幢破旧建筑；对鱼塘进行了清洁改造，完成了400米鱼塘岸线及岸边道路改造；完成了240幢建筑立面装修改造和复古工程，并重新修葺了何氏宗祠和包相古庙。该村先后投入资金铺设了1.3公里长的村道，砌筑村道石堤1 000多米，建设小公园4个、灯光球场1个，安装路灯70多盏，种植绿化风景树150多棵，铺绿化草皮2 000多平方米，修建了1个老人娱乐中心，建造了1 000多米长的排洪渠道，并改造了村自来水管和水管接驳口，解决了群众缺水问题，为村民提供了一个较好的人居环境。

西南村成立初期，村容村貌破旧，脏乱差现象严重，人、猪、鸡等混住，污水横流，臭气熏天，群众环境卫生意识十分淡薄。前几年，西南村已经开展了三次大规模的整治行动，拆除了村内一大批"脏乱差"及违章建筑；在对鱼塘的清洁改造过程中，结合村道建设和绿化景观的需要，围绕四口鱼塘的路基重新砌上了1 000多米的石堤。根据当时村内绿化十分欠缺的情况，把清拆整合

村中画，画中村

出来的大部分空地规划为公园绿化用地，聘请专业园林设计师进行详细的园林绿化规划设计。在选择树种时充分尊重群众的风俗习惯，选择种植那些粗生、易管理、实用性强兼具观赏性的绿化树种。村集体制定实施了"对旧村原来未建无害化厕所而需进行新建的住户按每户补助1 000元"的统一规定，从而使卫生户厕普及率达到99%以上。

村两委经过前几年的拆迁整治工作，制定实施了环卫、绿化的工作措施和制度，使群众切身感受到村庄整治所带来的新变化和好处。群众当初的不理解和被动的状况已经发生了根本性转变，而他们在态度转变后对拆迁整治工作的积极配合和支持，也使村两委的工作开展得更加顺利。

在整治过程中，村里把那些具有一定历史文物价值的祠堂和古旧建筑保留下来，并按照修旧如旧的原则加以修复和维护，使何氏宗祠和包相古庙等一批古旧建筑得到了有效的保护。在整治过程中还解决了保护古树的问题。村内现有古树的树龄在100年至300年之间，由于欠缺保护和管理，现时能够存活下来的古树已为数不多。所以村两委制定了以下保护措施：拆除古树周边的建筑，以保护古树为主题规划建设成休闲式的绿化公园，给古树覆盖上新土，使古树重新焕发出旺盛的生机。

石滩

石滩镇位于增城南部，是广州市首批五个示范中心镇之一，处于广州东部板块东端，北连荔城，南与东莞隔江相望。户籍人口11万多，外来人口8万多。

石滩镇地理位置优越，处于广州、深圳、东莞、惠州等城市之间，是珠三角"黄金走廊"和广州东部板块的重要组成部分。石滩镇地势平坦，土地肥沃，有增江河、西福河、东江北干流、县江河四条河流流经镇域，有库容1 225万立方米的增塘水库和库容50万立方米的大埔围水库，水资源丰富，生态保持良好，处处显现水乡田园风光。名胜有古代文化遗址——金兰寺贝丘文化遗址和四季甜杨桃世界等。下围村是全国民主法治示范村。

金兰寺贝丘文化遗址

大家好，欢迎来到金兰寺贝丘文化遗址。这个遗址距今四千多年，是广东较早发现的古代文化遗址之一，有着独特的优势。其三个文化层比较完整，出

古村遗风

土文物研究价值较高。据考，金兰寺贝丘文化遗址是贝丘文化的发祥地。因此，通过发挥资源优势，高起点规划和开发建设好贝丘文化遗址公园，深挖文化内涵，围绕建设贝丘文化博物馆、仿制新石器时代古人类的工艺品、由蚬壳堆积成的小山丘等大做文章，展现古人类以贝类生物为主食的鱼类经济生活方式，来形成特色景点。同时，把金兰寺定为中心村，将金兰寺姚氏宗祠、金莲寺、洪圣王庙、天后庙、明清古宅的修缮重建作为中心村规划建设的一个部分，在金兰寺的基础上建成一个以古文化、古建筑为特色的旅游景区。

1956年省文物普查队首先发现贝丘文化遗址。1961年试掘200平方米，共有上、中、下三个文化层。上层属于战国时期文化遗存；中层和下层是新石器时期遗存。下层出土有砍斫器、敲砸器，有肩石斧、锛、凿等打制和磨制石器。陶器以粗砂陶为主，大量是粗砂黑陶，粗砂红陶较少。纹饰有篮纹、绳纹和划纹。还有部分磨光泥质红陶和少量彩陶（在火候较低的细泥掘红陶上画赭红色的条形或叶脉状图案，器形有罐、釜、豆、圈足盘或钵、器座等）。动物以软体动物斧足纲的蚬最多，还有鹿、牛、鱼、龟的遗骨。中层的几何印纹陶已有初步发展，其时间可能稍晚。这个由三叠层文化堆积的遗址，是广东省较早发现的古代文化遗址之一，它为研究广东省古文化遗址的早晚关系提供了重要的地层根据。

🎋 四季甜杨桃世界 🎋

大家好，欢迎来到四季甜杨桃世界，今天可以大饱口福了。杨桃园总种植面积78亩，其种植的杨桃具有以下特点：一年开花结果四次，亩产120斤以上；年头种，年底结果，当年有成效；清甜爽口，无渣，口感好。四季甜杨桃世界还曾获国际园林博览会铜奖。

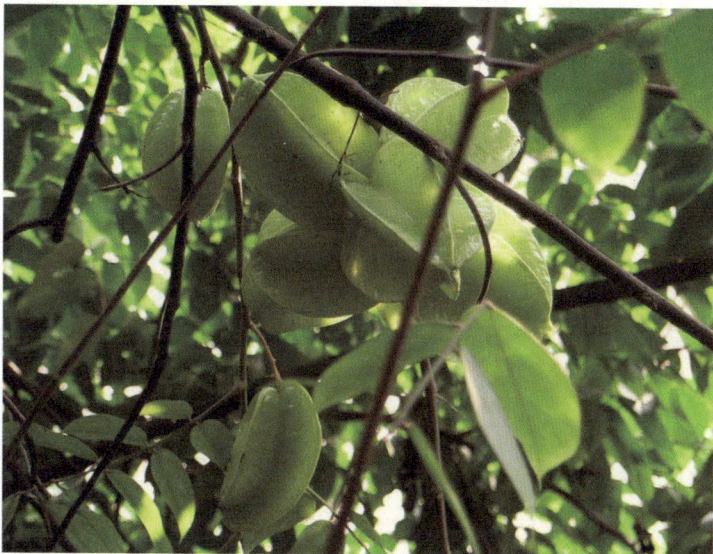

杨桃熟了

麻车舞火狗民俗

麻车是增城石滩镇一个拥有上万人口的大村庄，这里流传着一种奇妙壮观的大型民间艺术活动——麻车舞火狗。

麻车舞火狗规模宏大、风格独特。麻车村每举办一次舞火狗活动，都要提前两三个月做各种准备工作。在这段时间里，全村上下，大至八十多岁的老者，小至十来岁的少年，几乎无一例外地参与到活动之中。人们自觉自愿，有钱出钱、有力出力，显示出极其广泛、深入的群众性。

舞火狗的数量单位称为"景"，做一景舞两晚，做两景舞四晚。每舞一晚都要另备一套道具，舞完即丢进池塘，不再重复用。每套道具数量20多个到30多个不等，每个道具大的高3米多、长40米，小的也有1米多高、2米多长。由于道具数量多、体积大，需要以生篾为主的大量材料和人力进行制作，平时分散在全村几处晒谷场上进行，由数位各有特长的老艺人分别在各处担任指导，具体的大量工作便由中青年村民自愿担任。制作期间，不论白天晚上，制作场上都可见涌涌人头砍竹削篾、搓绳锯木。人人争做力所能及的工作，到处呈现一派热闹的景象。

道具种类很多，而且每种道具都有耐人寻味的意义，个个师出有名。像巨龙戏珠、双凤朝阳、麒麟吐玉书、咸虾吐目、犀牛望月、奔鹿回头、宝鸭穿莲……道具的艺术意念是对人们生活意愿的集中反映。如舞在火狗队伍最前边的那条翻滚的巨龙，是勇气和活力的象征，是人们祈望兴旺发达、蒸蒸日上的思想寄托；麒麟是传说中的神仙坐骑与佛祖旁听经得道之福物，其口吐"玉书"与"红日"，预兆着当地要出大文人和大人物了；双凤朝阳展现出村人对夫妻和睦、家庭幸福的美好祈愿；而奔鹿回头则表达了出嫁女和出门人对家乡的眷恋之心……

能够把美好祈愿通过道具制作艺术化地反映出来的，是麻车村历代手艺高超的民间艺人。他们代代相传，不断完善，终于创造出许多具有艺术价值的火狗道具。这些道具织制技艺精巧、设计别出心裁，完全是一件件精美的手工艺品。其特点是近看轮廓模糊，远看形象清晰；未点火平平淡淡，一点火舞动起来后栩栩如生。

麻车舞火狗的消息一经传开，人们争相一睹为快。在舞火狗的几天几夜里，村民亲友及观赏者从四面八方蜂拥而至，麻车村顿时人山人海。据说，到麻车村观赏火狗最多一晚达六万人。舞火狗的主要活动形式是点着道具身上的香火，进行结队大游行。火狗队挑选出健壮精明的中、青年人参加，少者四五百，多则近千人。入夜，人们自然地集结在村中所有大街两旁，或村边大路两侧，或近十口大鱼塘对岸，准备观赏火狗游行的盛况。从晚上9点左右点火至11点左右结束的两个多小时里，麻车村鞭炮声轰鸣不绝，烟花闪烁不息，道具、香火散发出来的浓烟，将麻车村笼罩在烟山雾海之中。观看舞火狗，主要有千人点火、巨龙出洞、池塘倒影和宝鸭穿莲四个看点。

那么，麻车舞火狗的风俗是怎样形成的呢？

麻车村，于南宋嘉熙年间由刘氏始祖开居，距今已有700多年历史。相传，在该村开居100多年后（明朝中叶），适逢连年天灾、瘟疫流行，村中人畜倒毙、烟火渐稀，村人惶惶无策。此时，来了一位算命先生，他在村前村后四处察看一番后，嘱咐全村男女老幼人人动手，用稻草扎成草狗（即扎得紧紧的小烟悃），在草狗身上插满粗香，晚饭后一起点亮香火，用竹竿撑起来四处行走。村民们照先生的嘱咐去办，顿使全村每个角落都罩在浓烈的烟火熏陶之中。如此反复数次，果然瘟疫渐消，一场灭村之灾终于避免了。自此，麻车人出于避邪避凶的目的，每年都要扎草狗熏几次烟火。再后来人们把插着香火的草狗称为"火狗"，将这项活动称为"舞火狗"。

后来，麻车村人丁兴旺，发展很快，成了方圆几十里少有的大村庄。但舞火狗的活动依然代代相传，逐步发展。起先，人们觉得用稻草扎火狗太单调，并且容易着火焚毁，于是便有人采用其他物品来代替稻草，比如用火轩（当地长在菜园周围的一种杆状、分节、有刺的植物）掘成一定形状，插上香火，用竹竿撑起来舞。又有人将粗大的水绳连在火轩后边，插上香火，活像一条小火龙。后来又有人用竹篾扎成一些禽畜的模型，再把香火固定在模型身上舞动，这样火狗的样式就变得越来越丰富多彩了。

随着时间推移，舞火狗逐渐演变成一种喜庆活动。每当人寿年丰之时，麻车村就要通过舞火狗来表达自己团结振奋族人和祈祝来年更如意的心情。此时舞火狗成了麻车人文化意识的表现。这项活动前后期性质的变化必然引起前后期活动时间的变更。前期一般在春耕后三、四月间；而后期则多在秋收前八、九月里。但自始至今，既没有固定具体日期，也没有固定周期。一般来说，以前活动周期较密，后来活动周期较疏。据传1934年"四乡太平六畜旺"举行过一次大型活动；至1943年（相隔9年）"风调雨顺五谷丰"又举办过一次；后于1956年（相隔13年）"土改"后生产发展高峰期中，村中局部地方（巷贝、谷园）的村民搞了一次小型活动，只舞了一晚（即半景）；此后直至1986年（相隔30年之久）农村改革逐步深入、商品经济发展方兴未艾之时，大型的舞火狗活动才再度出现。1989年，欢庆新中国成立40周年，增城举办了首届欢乐节，麻车舞火狗进入了荔城街，出现了万人空巷观火狗的场面。

广州市如丰果子调味食品有限公司

　　大家好，欢迎来到广州市如丰果子调味食品有限公司。该公司创办于1986年9月，是以当地丰富的农副产品资源为原料进行农产品深加工的民营食品企业。主打产品有酱菜类的香辣萝卜、甜酸荞头、五柳菜、橄榄菜、增城菜心；酿造类的特曲头抽酱油、一滴香生抽、糙米白醋、糯米浙醋；酱料类的XO酱、拌饭辣酱、黄豆酱等。

　　公司秉承和发扬广式传统酱菜风味，在努力发展生产的同时，注重引进技术和引入人才，不断研发新产品。经过20多年的辛勤创业，现发展成为具一定规模和规范生产的农产品加工企业。

　　公司坚持"诚信立业、科学发展、走如丰特色经营之路"的经营策略，在生产过程中，严格执行国家标准，把好产品质量安全关；在传统工艺制作基础上，结合现代科技和管理手段，力求创新，生产出"优质、安全、口味好、品位高"的产品。公司优质的产品、良好的信誉已赢得社会各界认可。"如丰"牌产品先后荣获"广东省食品行业名牌产品""广州市名优农产品""广东岭南特色食品""广州手信第一名"称号，"如丰"商标成为"广州市著名商标""广东省著名商标"；公司连续14年荣获"广东省守合同重信用企业"称号，连续8年荣获"广州市A级纳税人"和"广东省诚信示范企业"称号。

美丽乡村：仙塘村

　　大家好，欢迎来到美丽乡村——仙塘村。仙塘村位于石滩镇新城区，毗邻增江河，是美丽乡村建设试点村之一。全村占地315.56公顷，由张、冯两姓居民组成，分辖9个合作社，约243户共1 256人，有着700多年的历史。一走进仙塘村，首先映入眼帘的是一口面积数十亩的鱼塘，塘面宽阔，一眼望去，水波荡漾，在阳光的照耀下微微泛光。村内修缮好的祠堂非常引人注目，祠堂金碧辉煌，有高大门楼、琉璃瓦面、青砖壁画、雕花楼阁，祠堂内记载着该村源远流长的历史文化。

　　由于毗邻增江河，仙塘村将旧村居改造成村民联排别墅，利用河边优美的自然环境建设休闲绿道，在仙塘村荔枝林中建设景观生态林带，发展农家乐等餐饮业，鼓励村民建设各种果园、菜园、农田和花圃，大力发展观光休闲农业，增加村民收入，让仙塘村成为一个休闲旅游的胜地。

增城绿道

增城建有国内最美、最长、最安全、穿越景区（点）最多的绿道网。以「幸福市民、快乐游客、致富农民」为宗旨，增城将绿道与沿线新农村旅游、扶贫结合，利用山水田园和优美生态资源，因形就势。

绿道概况

　　大家好，今天我们来感受一番增城绿道的魅力。大家知道，增城绿道闻名遐迩，很多地方特别是旅游城市都来增城学习绿道的规划建设和绿道旅游。那什么是绿道呢？绿道是一种线性的绿色开敞空间，通常沿着河滨、溪谷、山脊、风景道路、铁路、沟渠等自然和人工廊道建设，内设可供游人和骑车者进入的景观道路，连接主要的公路、自然保护区、风景名胜区、历史古迹和城乡居民居住区。绿道主要由人行步道、自行车道、非机动车途径和停车场、租车点、旅游商店、特色小吃店等设施及绿化缓冲区组成。

　　增城建有国内最美、最长、最安全、穿越景区（点）最多的绿道网。以"幸福市民、快乐游客、致富农民"为宗旨，增城将绿道与沿线新农村旅游、扶贫结合，利用山水田园和优美生态资源，因形就势。2008年，增城建成广东省第一条绿道——增城绿道（增白绿道）。目前，增城已建成200公里自驾游、335公里自行车休闲健身游、50公里增江画廊水上绿道网。

　　增城绿道目前已建成三大绿道旅游网络。一是自驾游绿道，以广汕公路增城段、市区至新塘城区、市区至白水寨白水仙瀑景区、市区至湖心岛旅游风景区等旅游大道为主线，沿线建有"绿上添花"景观带，多层次、多色彩的生态景观林带和景区景点、农家乐、游客服务中心、自驾车驿站等配套设施；二是自行车休闲健身绿道，建有从市区至白水寨白水仙瀑景区、鹤之洲至湖心岛旅游风景区等路线，以自行车道为主线，兼顾徒步功能，是有着浓郁田园风光特色的休闲方式；三是增江画廊水上绿道，从初溪水利枢纽工程至湖心岛旅游风景区，通过水上划船的方式，领略山水生态画廊的无穷魅力。

　　在美国、德国、日本、英国等国家，绿道网建设非常成熟，绿道既是城市交通纽带，又是生态环境标志，更是旅游经济的动脉。

　　目前，中国的绿道建设并无完整的经验可循，但在南方的广东，绿道建设创造了"藤结瓜、瓜连藤"的"广东模式"。到2011年3月，绿道建设遍布珠三角地区主要城市。广东省乃至中国第一条"绿道"产生于增城。"小绿道、大产业"，是增城绿道的一个显著特点。增城是中国绿道之源，是中国最美绿道之乡。

自驾游绿道

目前比较成熟的自驾游绿道有三条：

第一条是从凤凰城到白水寨的80公里自驾游绿道。穿过荔新公路、增派公路、派高公路，途经凤凰城碧桂园、荔枝文化村、增城广场、挂绿广场、自行车休闲健身道、莲塘春色景区、何仙姑旅游景区、小楼人家景区、白水寨风景名胜区等景区景点。沿途宽敞的沥青路，设有中间绿化隔离带、"绿上添花"景观带，沿途有路灯、加油站、洗手间、自驾车驿站、士多店（便利店）、停车场、旅游咨询服务中心、农特产购物点、特色农家乐等设施和旅游节点，吃、住、行、游、购、娱样样俱全。

第二条是从鹤之洲至湖心岛的30公里自驾游绿道。经过增江东岸河堤，穿过一环路、增正公路、正麻公路，沿途可饱览增江鹤之洲景区、凤塔、雁塔、白湖水乡景区、正果寺、湖心岛旅游风景区等旅游胜地。

第三条是广汕公路（324国道）增城路段。下一步东莞至广汕公路增城段、新塘至中新福和段等自驾游绿道也将逐步建成。

自行车休闲健身绿道

增城自行车绿道曾于2008年被中国休闲悠优奖评委会评定为"最佳休闲发现大奖"。主要是以市区至白水寨白水仙瀑景区、鹤之洲至湖心岛旅游风景区路线为代表的自行车休闲健身绿道。以自行车道为主线，兼顾徒步功能，沿线建设"绿上添花"景观带，突出乡村体验、健身休闲功能，打造有田园风光特色的休闲精品线。从2008年到2011年，增城共投入1.5亿多元，建成了335公里的自行车休闲健身绿道，把农村居民点、旅游景点、现代农业生产基地串联起来，并结合农村居民点建成了21个驿站。

增江西岸自行车休闲健身绿道

【荔城街段】 荔城自行车休闲健身道是增城最早开通的绿道路段，从增城大桥到八仙沙滩公园，全长20公里，道宽3.5米，路面铺设彩砖，是目前广州地区最长的彩色自行车道。

自行车道沿路、沿江、沿村落蜿蜒穿行，遇村绕道，遇水搭桥，设有观景台、亲水平台等，将增江沿岸风光、田园风光、山林风光、农家风光融入其中。沿途有荔江公园、观海长堤、三忠古庙、佛坳公园、莲塘农业生态园、荔城临江公园、湿地风光、增江望月等30多个景点，游客骑行其中，步移景换，美不胜收。有雅兴的话，可以下车在长堤河边垂钓一番，肚子饿了去附近的农庄尝尝这里的荔枝宴和生猛河鲜。整条自行车道设置了多个服务区，服务区内

配置停车场、自行车棚、凉亭、小卖部、洗手间等设施，并提供自行车租赁服务。一路骑行，增江秀色尽收眼底，莲塘春色美不胜收。你可游览增江画廊两岸秀美山水、田园风光、果园红荔、沙滩浴场、古庙双塔；也可游览莲塘春色最美果园绿道、古榄荔园、幽静竹林、荷塘美景。

【小楼路段】　小楼自行车休闲健身道全长12公里，南接荔城，北接派潭，道路以水泥路面为主，部分路段铺设青砖。沿途有何仙姑家庙、千年仙藤、腊圃荔枝文化公园、报德祠、小楼人家景区等景点。

自行车道线面结合，因地制宜，利用不同的地理生态背景，突出田园小路、荷塘清道、果林幽径三个主题风格。沿途设有两个自行车绿道服务区（驿站），驿站里有小卖部、凉亭、停车场、休息长廊、厕所等设施。骑车进入小楼路段时，可以选择在何仙姑家庙、报德祠或小楼人家景区等停下来，稍作休息。值得一说的是，小楼的冬瓜和迟菜心都是增城名吃，来到此处，不可不尝。在这条绿道上，你可游览荔乡仙境、古藤梓里、仙塔响钟，可游报德祠、东西境老街，品增城迟菜心、黑皮冬瓜，住农家客栈，购小楼特产。

【派潭镇段】　派潭自行车休闲健身道全长18公里，南接小楼，北止于榕树吓村。沿途风光旖旎，有派潭河风光、高陂头驿站、高滩温泉、金叶子温泉度假酒店、白水寨风景名胜区等景区景点。一边是翡翠秀丽的清溪小河，另一边是繁茂绵延的山林，游客可优哉地骑车漫游，饱览沿途山水美景。

来到这一段最好是先在白水寨登山、观瀑布、玩漂流，然后再骑自行车去寻找美味。烧鸡、山水豆腐、粉葛、白茶是派潭的美食，一定不能错过。白水寨山脚下的北山村，有农家乐可以吃上地道的农家菜，鸡、鸭、鱼肉和蔬菜都是村民自家产物，口感新鲜清甜。如果玩累了、骑累了，不妨在这里的农家客栈租一套乡野别墅，在环形的天井里，坐在古老的木板凳上与农家人聊聊家常，有雅兴的还可以去浇水种菜、摘摘草莓、挖挖地瓜，感受一番乡间郊野的悠然生活。

增江东岸自行车休闲健身绿道

【鹤之洲至湖心岛】　全长45公里，南接荔城鹤之洲景区，北至正果湖心岛旅游风景区，自北至南沿途经过黄何乡村公园、二龙古渡、湖心岛、正果寺、烟囱飞榕、南山古胜、鹤之洲景区等。在湖心岛旅游风景区设有自行车租赁点。

该段自行车绿道游的观光重点是湖心岛旅游风景区，这里风光旖旎，骑着自行车环绕着河道欣赏增江美景，凉风习习，花香淡淡，令人沉醉其中，无比舒适。绿道沿途设有休闲驿站，设有单车租赁点、士多店（便利店）、停车场、洗手间、洗澡房、游客咨询服务中心、农特产购物点等。在穿越景区景点、农家乐、垂钓台之余，沿途还可看看四季水果采摘园及农耕文化体验基地。

增江画廊水上绿道

增江画廊，顾名思义，就是增江河上一幅绵延的天然山水画。起点为初溪水利枢纽工程，终点为湖心岛旅游风景区，全长约35公里，规划总长度是50公里。增江画廊由东、西两岸组成，画廊整合了两岸从初溪水利枢纽工程到白湖百年飞榕、湖心岛河岸线的自然景观，伴随着增江两岸一年四季鲜花带的映衬，坐在游船上可饱览"一江春水醉游人，两岸百花望荔乡"的美好景色。

画廊东岸以增江街沿江自行车休闲健身绿道为主轴，结合田园风光和原有自然景观及历史人文资源，沿线有鹤之洲湿地公园、增江公园、雁塔长虹、南山凤塔、水乡龙舟屋、三桥倒映、亲水码头、沿岸钓场、古木奇树、百年飞榕、湖心岛和榄园竹海等几十个主题景点。画廊西岸有天然泳场、生态湿地公园、西堤体育公园、荔江公园、滨江公园、万亩荔园、何仙姑故里、月亮湾公园、莲塘春色景区等多个景点。

大家坐在游船上，远眺增江两岸，山清水秀，风景优美，令人赏心悦目。置身画廊游船之中，两岸风光旖旎，碧波荡漾，能真切感受到"船在水中行，人在画中游"的人间仙境。游览完增江画廊水上绿道的核心段后，大家还可以在增江画廊水上绿道服务区附近的农家乐鱼庄享用鱼宴大餐。

最佳特色绿道

最佳休闲绿道——莲塘春色绿道

莲塘春色绿道始建于2008年，依托山、水、林、田自然生态资源因地制宜建成。绿道南始于桥头驿站服务区，北止于临江公园，全长约8公里，道宽2.5~4米，路面铺设彩砖或水泥路面，迂回于田野乡间和增江边。游人可尽享自然风光、人文历史与休闲娱乐的和谐统一，沿途建筑物外立面呈原生态，尽显环保和低能耗，民俗风格浓郁。

绿道范围建有桥头驿站、莲塘春色景区和临江公园三个游客接待中心，各中心有功能齐全的综合服务点，沿途农家乐餐馆能提供餐饮、购物、休息、停车驻站服务，能满足游客吃喝玩购和休闲运动需求，并吸引众多专业自行运动爱好者前来。游客能直观地亲近自然，在农田、果园、竹林、榄林设置的风雨廊和凉亭中运动、休闲、娱乐。将"农家"和"文化"两大特色相结合，提升绿道休闲内涵，以"贴近游客、便利游客、服务游客"为宗旨，绿道配套设施和游憩地方建设日益完善。

【沿途景点】　古荔台：在未修葺河堤前，该地原是一座小山坡，种有许多百年荔枝树，被当地人称为"古荔台"。

亲水码头：自行车休闲健身绿道沿路、沿江、沿村落蜿蜒穿行，逢村绕道，遇水搭桥。亲水码头的搭建将增江沿岸风光、田园风光、山林风光和农家风光融为一体，游客可近距离观赏河景，如有雅兴，还可垂钓一番，别享野趣。

竹林：自然风光秀美，遍地竹林，苍翠欲滴，竹回路转，清凉宜人，沿途聆听鸟语莺啼，穿梭其中更有心旷神怡之感。

橄榄林：橄榄是增城土特产之一，在莲塘春色景区，生长有百年橄榄树，穿行于树丛之中，可观其树态各异，深受摄影爱好者青睐。

农家乐：莲塘春色景区沿途有本村村民开办的农家乐餐馆，游客可品尝卫生、可口、地道的农家菜，还能骑上店家提供的免费自行车游览田园风光，购买增城特色农产品。

农家旅舍：假若游客对乡村景色流连忘返，也可住在干净卫生、价格实惠的农家旅舍，感受村庄宁静的夜晚。

临江公园：依自行车休闲健身绿道而建，公园建有农家乐餐厅，在欣赏自然美景之余，可在此休憩片刻，或品尝鲍鱼、浸鸡等特色美食。

【绿道线路】 桥头驿站服务区—古荔台—亲水码头—竹林—橄榄林—农家乐—农家旅舍—临江公园。

【沿途美食推荐】 荔枝：岭南佳果数荔枝，荔枝之乡数增城。莲塘春色景区沿途以糯米糍、桂味、怀枝等品种的荔枝居多。

乌榄：乌榄是"增城十宝"之一，它全身是宝，榄肉制榄角、榨油；榄仁可作菜肴，又是上好的点心配料。

紫玉淮山：紫玉淮山是广州增城市蔬菜科学研究所最新选育的淮山品种，其外观粗长，肉质紫红色，口感佳。根据营养学分析，紫色食品的营养价值远胜于其他色泽较浅的食品，它已成为增城农副产品系列品牌之一。

迟菜心：迟菜心又名高脚菜心，是增城远近驰名的特产蔬菜品种，素有"蔬菜之王""菜心之冠"美誉。

增城丝苗米：是增城地理标志产品，素有"米中碧玉"之称，是增城优质水稻品种和名优特产。丝苗米以其米粒细长苗条、油质丰富、晶莹剔透、泛丝光、米饭香滑而驰名中外。

龙眼：又称桂圆、荔枝奴、亚荔枝、燕卵，寿命最长可达400多年，与荔枝、香蕉、菠萝同为华南四大珍果。

在农家乐餐厅，你不仅能吃到自家养殖的走地鸡、山猪肉，还能品尝到各式各样的地方美食。

最佳野趣绿道——派潭河绿道

派潭河绿道位于增城派潭镇中部，全长约3公里，沿途风光旖旎，有乡村特色的稻田及风景优美的派潭河等景色。周边有村民经营的农家乐，可以品尝具有农家特色的农家菜，周末和家人结伴前来是不错的休闲选择。

【沿途景点】 马村驿站位于派潭镇派潭村马村，门前设有生态停车场，供自驾游游客免费停放车辆。驿站背靠小山，面向派潭河，环境优美。

高陂头驿站位于派潭镇派高路高陂头路段，是集种植、观赏、乐趣体验、休闲购物、服务于一体的综合性旅游服务驿站。

　　【绿道线路】　马村驿站—沿河绿道—高陂头驿站。

　　【沿途美食推荐】　荔枝木烧鸡、山水豆腐、粉葛排骨。

最具体能挑战绿道——太子森林公园盘山绿道

　　太子森林公园盘山绿道全长6公里，坡度较大，路面多处呈蜿蜒盘旋的60度角，道路两旁及山坡上种植红花紫荆、勒杜鹃等绿化树种，加上山涧泉水、金鸥湖、谷底亲水河和美丽桃花园的相互映衬，形成以红花、幽谷为特色的别具一格的景观，是旅游、健身、观光的好地方。

　　【沿途景点】　场部公园小游园：里面有网球场，有小喷池，有闻名遐迩的增城桂味荔枝。

　　二级景观池：分上下两池，池面积达2 666平方米，可供游人戏水。

　　客家特色四合院：两间联排，别具一格，有客家人传统风格，古色古香，加上房前屋后鸟语花香，相当引人。

　　桃花亲水步级：小溪流水，加上大山中流出的潺潺泉水，清甜可口，让人心旷神怡，如在二三月份桃花盛开的时候，更是让人流连忘返，赞叹不已。

　　荔枝林登山步级：两旁荔枝树都是出名的增城正宗荔枝，比如桂味、糯米糍等，加上天时地利，其风味更为独特。

　　唯亿影视拍摄基地：有长廊，有仿宗教楼、圆形摄影楼、婚纱摄影内景大楼，共五层楼高，面积达3 000平方米，并在2013年5月正式启用。

　　野外拓展基地：在工作紧张之余适当放松，吸收负离子，呼吸新鲜空气。

　　山顶景观瞭望台：高达15米，可俯瞰莲塘春色景区全境，令人心旷神怡。

　　【绿道线路】　场部公园小游园—金鸥湖—金夫人婚纱拍摄基地—山顶景观瞭望台。

　　【沿途美食推荐】　有王国楼美食农庄（出产特色野猪肉、土鸡等美食）。

最佳徒步绿道——白水寨白水仙瀑海船木栈道

　　海船木栈道是白水寨园区内最受欢迎的游览线路，也是国内唯一用海船木建造的亲水栈道，被誉为国内景区的一流精品工程。栈道全长2公里，用厚重大气的海船木顺着山谷、贴着溪流、迎着瀑布修建，沿途水色流丽、山岩俊美。行走其中，登山旅途倍感舒适写意。

　　【沿途景点】　奇趣水谷：玩转水雾弥漫的"梦幻丛林"和奇异有趣的"叠趣水涧"，进入卡通梦幻的"童话森林"，在此尽享戏玩山水的野趣。

　　童话森林：翠绿山林间，惟妙惟肖的石头彩绘和树体彩绘带你进入梦幻多彩的"奇幻旅程"。

699级双龙汇：瀑布遇山涧巨石，化作两只洁白的蛟龙盘旋而下，汇合而成一池碧绿。

1 425级瀑鸣台：白水寨第一个触瀑点。此处瀑布如巨幅丝帘披挂半空，游客可与瀑布零距离接触。这里还是广东省内空气负离子含量最高的地方，富含负离子的清新空气令人舒心。

【绿道线路】　奇趣水谷—童话森林—699级双龙汇—1 425级瀑鸣台。

【沿途美食推荐】　荔枝木烧鸡、手打猪肉丸、水库鱼头。

万家旅舍

万家旅舍是带动增城第三产业发展的重要载体。结合全国休闲农业和乡村旅游示范区的创建兴办万家旅舍，促进单一传统型农业向综合型、复合型农业发展，增加农业的乡村旅游功能、休闲度假功能；促进传统的生产和生活资源转化为休闲度假旅游产品，就地完成旅游价值的实现和休闲农业大幅度的升值。

万家旅舍计划

什么叫万家旅舍

万家旅舍，是指发动村（居）民、企业及社会团体等投资主体，依托生态旅游核心景区（点）和优质的生态及人文资源，利用现有的村（居）民、村集体及企事业单位合法的闲置住房，融合当地自然人文要素及迎合城里人的创意和美学元素，充分挖掘乡村旅游魅力资源而打造的颇具特色、不同主题、提供休闲度假住宿的品牌产品。万家旅舍包括高端、中端和大众市场消费的特色休闲度假住宿产品。具体来说，这种旅舍就是指利用村（居）民合法的空闲住宅房间，结合当地人文与自然景观、生态、环境资源及农林渔牧生产活动，以家庭副业方式经营，为旅客提供乡野生活的住宿场所。

万家旅舍LOGO与灯标

增城为旅客提供的各种旅舍，包括城乡家庭旅馆（客栈）、度假村、生态农庄等。经过自愿加盟，它们都有机会成为万家旅舍的一员。通过加挂统一的灯标、LOGO和编号，纳入标准化、精细化、品牌化管理。相信经过几年的发展壮大，万家旅舍将成为增城一个具有国际旅游休闲度假意义的靓丽品牌。

开办万家旅舍的意义

发展万家旅舍，对于推动休闲农业与乡村旅游发展、促进扶贫开发、改善城乡面貌、发展生态产业、带动第三产业发展、增加村（居）民收入、提高村（居）民幸福感有着十分重要的意义。

第一，万家旅舍是带动增城第三产业发展的重要载体。结合全国休闲农业和乡村旅游示范市的创建兴办万家旅舍，促进单一传统型农业向综合型、复合型农业发展，增加农业的乡村旅游功能、休闲度假功能；促进传统的生产和生活资源转化为休闲度假旅游产品，就地完成旅游价值的实现和休闲农业大幅度的升值。从而，打造增城休闲度假特色产业，优化产业结构，推动增城绿色经济崛起，带动增城第三产业加快发展。

第二，万家旅舍是促进农民增收的重要渠道。万家旅舍是惠及千家万户的民生项目，是实现"农民收入倍增计划"的重要抓手。一方面，将结合扶贫帮困、挂村联户、千园计划、"三旧"改造、泥砖房和危房改造、绿道建设、休闲文化体育建设、美丽乡村建设等工作，盘活家庭闲置住房资源，整合"空心村"，增加"造血项目"，优化生活环境和休闲空间，完善设施设备，丰富村民的文化生活，改善农村居住环境；另一方面，将依托增城优质的生态旅游资源，结合增城青山绿水、田园风光及古祠堂、古建筑等资源，融合农业生产过程、农村风貌、农民劳动生活场景，让游客住百姓屋、吃百姓饭、观农家民俗表演、体验农事生产生活、购农家土特产，形成全新的"农游合一"乡村旅游产业发展模式，使广大农民足不出户，就业创业，增收致富。

第三，万家旅舍是发展大众旅游的重要抓手。万家旅舍是迎接大众化旅游时代到来、促进增城大旅游发展的产物，是实践党的群众路线教育活动的新平台，是满足大城市大众化旅游消费需求的新载体。"一间房、两张床、三顿饭"是万家旅舍最基本的条件。虽简单朴素，消费不高，但独具乡村特色，又能增加农民家庭收入。万家旅舍的发展，不同于高档星级酒店，而是面向高中低层的所有消费群。万家旅舍的发展势必促进增城大众旅游的发展。同时，也将进一步改善旅游招商引资大环境，为构建增城大众化旅游和高端精品旅游产业并举的新格局打下良好基础。

万家旅舍计划的发展目标

为了实现《增城旅游专项规划》所提出的"2015年增城旅游接待人次达到2 100万人次，旅游总收入超过100亿元，旅游业初步确立为国民经济战略性支柱产业。2020年增城旅游接待人次超过3 000万人次，旅游总收入超过250亿元，确立旅游业为国民经济战略性支柱产业和服务业龙头地位"的目标要求,从2014年起至2017年12月底前,用3年左右时间,依托优质的生态旅游资源,广泛发动村(居)民及企业等投资主体,以市场为导向,通过规范提升一批、新建改建一批的办法,在全区11个镇、街道办事处的行政区域内规划建设1万家左右的万家旅舍,并建立统一的营销与管理机制,逐步形成珠三角以及国内外大众旅游市场中受欢迎的休闲度假产业。

截至2014年12月底,增城共建成万家旅舍300多家,正式加挂灯标的示范点共68家,总客房数共3 307间,总床位数5 101个,其中新增客房数819间,占现有客房数的24.8%,新增床位1 440个,占现有床位数的28.2%。

2015年增城将进一步积极推动万家旅舍计划的实施,计划建设100家精品旅舍、200家加盟店,力争增城全区万家旅舍累计达到近1 000家。与此同时,增城将打造出10条万家旅舍休闲游憩精品线路,完成万家旅舍总部服务大厅、2个万家旅舍景区服务中心和10个村级万家旅舍服务中心的建设,并且努力打造10个万家旅舍示范村。

万家旅舍管理公司

万家旅舍管理公司,是指统一管理万家旅舍的有限责任公司。其主要职能有三项:策划、管理和营销。该公司有统一的LOGO和灯标、统一的管理标准和电子商务营销平台,并统筹众多加盟万家旅舍的统计报告。管理公司与分散的万家旅舍个体之间是管理与加盟的关系。万家旅舍管理公司为万家旅舍个体经营者提供轮训、产品策划、资格准入、品质监督、平台宣传、收客支付、指标统计等一条龙管理服务。管理公司编制《万家旅舍加盟店管理办法》,促进经营服务和运营管理标准化。

万家旅舍管理有限公司由乡村旅游基金注资,成立于2014年11月。公司统一管理包括城乡家庭旅馆(客栈)、度假村、生态农庄等在内的万家旅舍,主要职能是策划、管理、营销,为万家旅舍个体

江坳驿站·岭南人家

经营者提供轮训、策划、监督、宣传、统计等一条龙服务；广泛挖掘镇、街、村域文化内涵故事题材，策划实施一系列有创意、有吸引力的活动；运用现代电商、微信等先进手段，创建O2O的营销模式；以准确的市场定位和吃、住、行、游、购、娱全产业链的经营内容，推动标准化、精细化、品牌化发展，打造增城休闲游憩的繁荣业态。通过创新建立健全长效运营机制，实现"一间房、两张床、三顿饭，留下几百元，农民收入翻一番"的目标。

万家旅舍的管理模式

万家旅舍的管理模式是标准化、精细化和品牌化，在此基础上，努力实现个性化发展，营造安全、规范、休闲、舒适、留下乡村良好记忆的住宿环境。

（1）统一规范，标准化管理。一是行政审批标准化。旅舍既要依法登记，守法经营，又不要太复杂、尽量减少限制障碍。增城编制《万家旅舍办理证照工作指引》，各镇（街）统一申办有关证照；各职能部门编制办理证照具体工作细则，着眼于培育和支持，提倡简政放权、一站式现场办公、并联式审批，提供优质服务，努力为万家旅舍办理合法证照创造宽松、便捷、高效的环境。二是建设要素标准化。编制《万家旅舍建设要素控制导则》，对万家旅舍消防设施安装、建筑材料选择、外观风格、门窗要求、内部配置、墙体装修装饰、景观设计、环境条件等，明确基本的规范要求。三是经营服务和运营管理标准化。增城统一编制《万家旅舍经营服务规范》，管理公司编制《万家旅舍加盟店管理办法》，双管齐下促进经营服务和运营管理标准化。

（2）分散经营，精细化管理。优先依托旅游景区（点）、绿道、公园、花园、休闲文化体育设施、美丽乡村建设等优势资源，结合本地的自然人文特色，打造百花齐放、各具特色的万家旅舍，凸显休闲度假旅游住宿设施的唯一性和差异性，办出个性特色，打出独立品牌，增强生态休闲度假的吸引力。在符合标准的情况下，鼓励万家旅舍在硬件设施的创意策划、文化内涵、建筑美感、配套设施等方面更加精致；在软件服务方面，更加注重人性化、便捷化、精细化；在环境整治方面，做到人车分流、花园配套、室内外干净整洁、客房舒适、电视和网络齐备、环境保护达标；在个性装饰方面，要增强景观感、艺术感，提高拍摄指数，提高信息化、亲情化水平。

（3）从严要求，品牌化管理。努力塑造和弘扬"增城万家旅舍"优质品牌形象。一是打造品牌化视听系统。增城统一宣传口号，如"增城处处是你家——万家旅舍"；统一对外宣传形象，各类对外宣传资料都需标注万家旅舍灯标、LOGO；统一设置万家旅舍的旅游交通指示牌；依法对万家旅舍进行注册并纳入电子商务平台；同时，在统一识别体系下鼓励个性化发展，形成具有较强的可识别性且风格各异的品牌化视觉系统。二是提供品牌化服务。严格保证服务质量，力争零投诉，形成良好的社会口碑。三是进行品牌化宣传。建立力度大、覆盖面广的线上线下宣传推广平台和持续的宣传推广工作机制，提高万家旅舍品牌的知名度和美誉度。

万家旅舍的服务对象

主要服务对象是城里人，包括广州、深圳、东莞、佛山等城市的自驾车游客；珠三角地区主要城市群的自由行游客；周边地区城里人；国内外游客等。

万家旅舍的整体特点

单纯朴实，简约整洁。

睡的床、用餐的桌、坐躺的椅，或木或竹，散发出自然的清香；绿树环绕中隐约可见新筑茅舍，令人记起乡情、乡愁。

农家小屋：形成独特的建筑群落。

建筑风格：古典的、近代的、现代的。

建筑结构：独楼式、院落式、花园式、水寨式。

优美环境：给人感觉如同处在山水林木、花香鸟语的优美环境中。

岭南人家环境

万家旅舍与一般城市旅馆的差异

万家旅舍以提供干净卫生床具为主；一般城市旅馆除了提供客房住宿外，餐饮、娱乐以及会议室等相关设施也不可或缺。

万家旅舍提供的服务充分体现业主浓郁的人情味，亲切淳朴；而一般城市旅馆更多地强调提供专业服务与设施。

在建筑设计上，万家旅舍以农家居住方式为主，如客家民居、广府民居、小木屋等，空间设计较为简单而富有文化特色和民俗特色，具有美感和艺术性风格，院落、门窗、客房讲究，装饰别致、舒适养眼；而一般城市旅馆空间设计形式多样，以满足游客旅居多功能的需要。

万家旅舍的独特优势

（1）价格实惠。万家旅舍一般用自家的闲置房舍，设备设施、装潢装饰与管网设计也相对简陋，投入成本低，符合大众化的消费，价格实惠，性价比高。

（2）自助性强。万家旅舍不同于一般的旅馆饭店，一般的旅馆饭店，服务项目和内容齐全多样，客人的正当合理要求都由饭店员工为其服务，而万家旅舍的有些服务内容则需要客人自己动手，客人也由此感到十分轻松自由、惬意舒适。

（3）主人魅力。万家旅舍经营者所扮演的角色兼具生产者和经营者双重角色，所以闲暇之余他们与住客一起品茶、聊天甚至用餐，介绍当地的环境与特色。万家旅舍主人的热情展现和贴心服务，让游客感觉到万家旅舍经营者是其"家人"。万家旅舍要有"家"的感觉，让旅客始终处在一种宾至如归的感觉之中。

此外，主人热爱自然乡土，懂得品味生活，能营造独特的风格，熟悉当地文化，介绍适合游客赏玩的行程。不同区域的万家旅舍主人有不同的特色，或是客家人，或是本地人，以自己对农业知识的了解，通过轻松、有趣的解说，哪怕是一棵树、一群鸭，都能让客人度过不同于都市生活的悠闲假期，感受到其魅力。

（4）人情味浓。万家旅舍能够让游客感受到"家"的温馨。主人与客人同住在一个屋檐下，泡茶品茗，畅谈当地的人文历史、乡村产业，以及当地不同族群所衍生出的风土民情与习俗。浓浓的人情味与淳朴率真的村民特性，是乡村旅游区经营成功与否的关键要素。

（5）风格独特。万家旅舍无论从建筑设计、装修风格，还是从服务内容与标准方面，都与一般旅馆差异显著，且各地农家旅舍因所在地的气候等自然条件、风俗民情的差异，住宿与乡土餐饮、主题休闲和民间娱乐活动都风格独特，可满足不同类型游客休闲旅游的诉求。

万家旅舍的独特设计

万家旅舍注重发展定点式的深度旅游，强调以好山、好水、好空气的住宿品质来招徕游客，以延长游客的停留时间。

（1）农舍民居化。旅舍的设计应结合所处的地理环境，因地制宜，就地取材，或利用古民居楼，或利用客家住宅，或盖一座砖瓦房，或搭建一座帐篷，或建一幢小竹楼，或修一处吊脚楼，或造一座小木屋，或盖成小青瓦粉红土墙屋，或垒砌一座石头屋，凸显农舍的民居化。室内装修简单明了，突出农家特色和乡土文化及自然风景韵味。睡在农家的木床上，盖着农家干净的扎花棉被，感受乡间夜晚的蛙鸣或静谧，体验与城市不一样的乡村野趣。增城客家民居、广府民居等都很有特色。

（2）装饰民俗化。万家旅舍的装饰与当地民俗文化紧密结合，突出乡村情趣，令城市人产生不一样的感觉。如旅舍的门上贴以对联、门画、门笺；堂屋贴以农民字画、年画，陈设香案；窗户、顶棚、箱柜贴以剪纸；窗帘、门帘、帐帘、枕头、枕巾、床单、桌布等采用地方刺绣、挑花绣或扎染、印花布、土织花布条等工艺；屋内房间可适度陈设油纸伞、土陶茶壶、桐油灯、庚帖、铜镜、服饰或旧时婚嫁的花轿、抬盒、滑竿、石床、石灶、石桌、石凳以及草鞋、草鞋扒、棕袜、蓑衣、斗笠等，也可根据农舍所在地的自然条件与农耕文化特点，与桑、桐、果、茶、药、竹、花、菜园相结合，设置竹木篱笆等。此外，院落应充分体现乡村生活的自然变化，圈养鸡、鸭、鹅、猪、牛、羊、兔、狗及养鱼等，使其成为一个"天然大课堂"，别致独特，让游客耳目一新，感受农舍的自然美。总之，挂几串稻谷、几个斗笠，贴几幅春联、特色剪纸，都会让游客兴趣盎然。

万家旅舍示范点

截至2014年12月底，增城共建成万家旅舍300多家，正式加挂灯标的示范点共68家，总客房数共3 307间，总床位数5 101个，其中新增客房数819间，新增床位1 440个。

有代表性的万家旅舍示范点

【仙寨阁农家客栈】 仙寨阁农家客栈位于白水寨风景名胜区正门，这里依山傍水，景色秀丽，远离城市的喧嚣，游客可感受自然赋予的宁静生活。客栈拥有13间客房，房内基本设施齐全，装修简约现代，住宿环境十分温馨，服务周到热情，是休闲旅游、度假的不错之选。客栈于2008年11月开业，主楼高4层，平时每间每天138元，节假日每间每天168元。仙寨阁另有乡间独立别墅数栋，平时每栋每天700元，节假日每栋每天1 200元；在别墅内的厨房做饭要另外交煤气费。

【又一村农家客栈】　又一村农家客栈在小楼镇东西境百年老街的东境村一侧。又一村，就如同其名，朴素而低调，每个人心中都有一个属于自己的又一村。2009年1月，又一村农家客栈正式开始营业，在这5年的时间里，从过去的设施欠缺到现在的日臻完善，慢慢发展成颇具规模的农家客栈，现在可以一次接待36～40人次。闲暇的周末和节假日，却是又一村农家客栈最热闹的时候，那时来增城小楼镇游玩的香港、广州市区、深圳、东莞、佛山等地的朋友们，就会选择到又一村农家客栈住宿。入住的旅客们对又一村农家客栈的评价都非常好，说房间干净、老板热情好客等。有很多的旅客下次来仍然会在又一村农家客栈住宿，回头客率达到95%。客栈现有8间双床房、6间单床房，一共有14间全新房间。

【满意旅馆】　满意旅馆，是一位母亲与儿子共同经营的农家客栈小店，坐落于正果镇蒙花布村，取名满意旅馆——珍惜自己的过去，满意自己的现在，乐观自己的未来；同时寓意着让每一个在这里住宿的旅客满意而归。2010年满意旅馆正式开始营业，旅店经营的两幢房子中，一幢有3间双床房和3间单床房，另一幢有3间单床房，一共9个房间，并且全部自带卫生间。在母子俩的努力下，满意旅馆的经营模式日渐走向成熟，发展也越来越好。这里没有高级奢华的设施，但它能让人体验当地风情、感受民宿主人的热情与服务，并体验有别于以往的生活，是一个可以完全放松的幸福空间。

【新竹农庄】　新竹农庄位于朱村街丹邱村，是龙新村村民莫水祥开办的具有田园特色的体验式农家旅舍。庄内绿树成荫，环境清幽，种植有大片的荔枝、龙眼等果树，砖瓦结构的房屋，古朴而有特色。农庄内有10多个房间，每间房都干净整洁，整齐地摆放着床铺、电视机，安装了空调，有独立卫生间。除了客房外，庄园内还建设有小木屋。小木屋内有客厅、卧室和卫生间。小木屋散落在果园的周围，在屋里，抬头就能望见田园果树，开窗就可以摘到荔枝、龙眼，给人真实的亲近自然的乡村田园感觉。新竹农庄还向周边村民租了11亩土地，规划成大菜园，并将这些菜园分成小块租给游客种菜，同时建有一个农家厨房。游客可以种自己喜欢的蔬菜瓜果，也可以请附近农户帮忙种菜，届时，游客每次来到丹邱村都可以自己下地种菜、摘菜，还可以在农家厨房生火做饭，真正体验农家生活。旅舍除了设置体验式农场、自助厨房外，还计划设置农产品超市、娱乐室、钓鱼场、书画长廊等，以"种农家菜、吃农家饭、住农家屋、干农家活、享农家乐、购农产品"的模式经营。

【岭南人家旅舍】 位于增派公路（256省道）旁小楼江坳驿站，交通十分便利。岭南人家目前占地面积200多亩，其中有景区190亩，主要由住宿、餐厅、垂钓区、烧烤区及悠闲观景区组成，内有会议室、娱乐室及健身区等设施，餐厅以农家菜为特色，以环保、生态、健康为特点，有驰名远近的荔枝木烧鸡、紫苏田螺煲等。现岭南人家有标准房7间、标准套房1间、家庭套房（两房一厅）1间。房间设施完善，干净整洁，每个房间都悬挂名人书画作品，未来还将推出特别设计的湖光集装箱别墅两栋及林中悠闲木屋数十栋。江坳驿站岭南人家生态绿道餐厅环境优雅，空气清新。居住在岭南人家旅舍，一方面可以免费骑上驿站提供的环保自行车，沿着绿道领略增城沿途的田园风光及著名景点，另一方面可以品尝到地道特色的农家菜，是一个贴近自然、环保健康、生态和谐的好场所，是适合家庭聚会、生日庆祝、同学聚会、公司聚会的好地方。

【钱莞农庄】 位于增派公路旁小楼镇小楼村汽车公园内，交通十分便利，在前往派潭白水寨风景名胜区必经之路上。旅舍周边山清水秀，门前已规划10亩钓鱼场，附近还有越野障碍车道、绿道等配套设施。目前农庄有餐饮、烧烤、KTV，住宿现有标准客房9间，收费150元/间。

【江左农庄青门客栈】 位于增城中新镇三迳工业园北侧的江左农庄内，因庄主自号青门种瓜人，故称青门客栈。江左农庄占地35亩，距离广河高速公路中新福和出口500米，拥有宽阔的停车场，绿树成荫，有遗风古韵。农庄开办4年多来，蜚声饮食业界，赢得众多忠实食客。在各界支持下，青门客栈响应政府号召，将自住别墅加以改造，连通主楼的9栋单体小筑，总体形成客家围龙屋式风格，环境清静幽雅，引人入胜。目前，青门客栈渐具雏形：主楼两层半欧式别墅，680多平方米，有豪华双人房3间，豪华单人房3间，普通单人房4间，大厅2间，多功能厅1间，室外50多平方米木屋凉亭1间。附楼有9座，均为别墅型单体小筑，分别为两房两浴室一厅的1座，一房一浴室一厅的7座，三房三浴室一厅的1座，全部为双人房。主楼和附楼共有床位37个。青门客栈不仅为客人提供住宿服务，还不遗余力地宣传、推广中国传统文化和客家文化，不定期举办各类小型活动，包括传统文化讲座、汉乐汉剧欣赏、著名书法家笔会、文物鉴赏、锣鼓队表演等。"鹅八味"是这里的美食特色。

【德味居】 位于增城福和官塘松柏窿村，环境优美，空气良好，是一个天然的大氧吧。德味居占地面积达60亩，主要设施包括鱼塘、有机菜地、篮球场、围屋、会议厅、KTV室等。居住区按豪华五星级酒店标准设计建造，目前有20间房、50个床位，二期计划建设40间房、100个床位。德味居在布局上充分利用自然"山、水、林"的优势，达到了人与自然的和谐统一。德味居所独有

德味居

的"山、水、林、禽"是其四大特色，即"秀丽的山景、优良的水质、茂盛的竹林、原生态的家禽"。德味居将秉承"天然、绿色、健康"的理念，完善布局设计，将其打造成集餐饮、垂钓、养生、商务、娱乐、康体、休闲、家禽养殖、种植等为一体的原生态绿色生态高级度假山庄。

【黔霖山度假山庄】 位于派潭镇，首期占地面积约800亩，绿化面积高达85%以上，是集住宿、餐饮、会议、娱乐、健身、采摘及传统农业教育于一体的现代农业生态景区。黔霖山度假山庄现有客房33间，其中豪华双床房18间、独立大床房5间以及别墅套房4套。客房设计温馨浪漫，以独特的榻榻米为主题，让住客拥有"席地而坐，席地而眠"的住宿体验。同时，全场WiFi覆盖，给客人提供了无限的网络空间。别具一格的农家餐厅，可同时容纳100人用餐，所有食材均为自家种植和喂养，是天然、有机的绿色食品。小型会议室可同时容纳80人。山庄还有天然的山泉水游泳池、温泉池和烧烤场，设有果蔬采摘、户外登山、垂钓以及亲子自行车骑行等活动，以及传统农业教育项目，让顾客切身感受及学习春耕秋收、果蔬种植及家畜饲养方面的农业知识。

【山丘老巢】 位于派潭镇樟洞坑村原小学，紧邻白水寨和南昆山，群山环抱，风光迤逦，环境优美，宛如世外桃源。度假村内有21间客房共38个床位，配套服务丰富多彩，包括划竹排、绿道骑行、泡温泉、登爬增城第一峰（牛牯嶂）、自采青菜、烧烤、钓鱼、唱卡拉OK、玩棋牌等娱乐活动。

目前，派潭镇聚然山庄、灵秀山庄李家老宅、慕吉灵山私人酒店等万家旅舍示范点，均各具示范特色。

部分已加挂灯标的示范点名录

派潭

仙寨阁农家客栈
地址：派潭镇上九陂村北山社北山路 73 号
房间（间）：13
床位（个）：20
联系电话：020-82820928

福运楼农家乐
地址：派潭镇上九陂村北山社北山路 75 号
房间（间）：12
床位（个）：21
联系电话：13416251682

白水仙农家客栈
地址：派潭镇上九陂村北山社北山路 77 号
房间（间）：10
床位（个）：14
联系电话：020-82826682

水景台旅店
地址：派潭镇上九陂村北山社北山路 79 号
房间（间）：19
床位（个）：31
联系电话：020-32835718

小森林农家宾馆
地址：派潭镇上九陂村上九陂二巷 10 号
房间（间）：26
床位（个）：41
联系电话：020-32835389

正飞农家乐客栈
地址：派潭镇上九陂吓参社 2 号
房间（间）：11

床位（个）：19
联系电话：020-82820816

秀山客栈
地址：派潭镇白水寨风景区达开北路 136 号
房间（间）：17
床位（个）：28
联系电话：020-82826323

聚然山庄
地址：派潭镇高陂头驿站
房间（间）：9
床位（个）：12
联系电话：020-82479669

汇聚湾旅馆
地址：派潭镇上九陂村北山社北山路 83 号
房间（间）：12
床位（个）：20
联系电话：020-26212832

北麓山庄宾馆
地址：派潭镇上九陂村北山社北山路 81 号
房间（间）：13
床位（个）：24
联系电话：13609095599

乐悠悠客栈
地址：派潭镇白水寨大道 49—51 号
房间（间）：19
床位（个）：32
联系电话：020-32836663

城信宾馆
地址：派潭镇白水寨大道 77 号
房间（间）：16
床位（个）：29
联系电话：020-32837868

山丘老巢
地址：派潭镇樟洞坑村原小学
房间（间）：21
床位（个）：38
联系电话：020-82823388

黔霖山度假山庄
地址：派潭镇亚如冚村委农场
房间（间）：33
床位（个）：56
联系电话：020-82826118

锐意农庄
地址：派潭镇上九陂吓参社一巷一号
房间（间）：8
床位（个）：12
联系电话：020-82823688

灵秀山庄（广州灵秀酒店有限公司）
地址：派潭镇灵山七镜村新中塘社
房间（间）：12
床位（个）：18
联系电话：020-82827708

正果
高家庄休闲居
地址：正果镇蒙花布村花三路 9 号
房间（间）：8

床位（个）：11
联系电话：13710856298

满意旅馆
地址：正果镇蒙花布村
房间（间）：9
床位（个）：12
联系电话：13802803148

玉婷农家乐旅馆
地址：正果镇蒙花布村花三路 7 号
房间（间）：3
床位（个）：4
联系电话：13229419138

休闲居农家乐旅馆
地址：正果镇蒙花布村花三路原蒙花
　　　布小学
房间（间）：10
床位（个）：21
联系电话：13798068228

畲寨农家乐旅馆
地址：正果镇畲族村吓水屋前面
房间（间）：10
床位（个）：15
联系电话：13710929663

枇杷园旅馆
地址：正果镇畲族村枇杷园里面
房间（间）：10
床位（个）：20
联系电话：13500221668

聚龙庄

地址：正果镇何屋村

房间（间）：24

床位（个）：47

联系电话：15920461521

蒋碧娥旅馆

地址：正果镇蒙花布村花三路 19 号

房间（间）：7

床位（个）：11

联系电话：13424113488

乡景旅馆

地址：正果镇池田村池三路 73 号

房间（间）：10

床位（个）：19

联系电话：13928969689

增江

定红旅店

地址：增江街大埔围村大埔路 75 号

房间（间）：3

床位（个）：5

联系电话：13076832863

梦圆旅舍

地址：增江街大埔围村大埔路 40 号

房间（间）：4

床位（个）：4

联系电话：13660120727

罗汉松旅舍

地址：增江街大埔围村大埔路 39 号

房间（间）：3

床位（个）：3

联系电话：13570951405

荔城

永升农家乐

地址：莲塘村上莲塘路 13 号

房间（间）：4

床位（个）：7

联系电话：13710966863

威威农家乐

地址：莲塘村莲塘路 1-1

房间（间）：8

床位（个）：8

联系电话：13620426280

广州增城车友农家乐

地址：莲塘村上莲塘路 5-6 号

房间（间）：6

床位（个）：14

联系电话：15818124223

莲庄农家乐

地址：莲塘村上莲塘路 52 号

房间（间）：5

床位（个）：8

联系电话：13602222281

秀色珍缘农家乐

地址：莲塘村上莲塘北一巷 7 号

房间（间）：4

床位（个）：7

联系电话：13535106621

玉亮农家乐

地址：莲塘村上村路 5 号

房间（间）：5

床位（个）：8

联系电话：13928942268

广州增城春乡农家乐

地址：莲塘村上莲塘

房间（间）：3

床位（个）：3

联系电话：13724809389

媚媚农家乐

地址：莲塘村下莲塘 18 号

房间（间）：6

床位（个）：8

联系电话：13798069379

园田居农家客栈

地址：桥头村桥头驿站

房间（间）：6

床位（个）：8

联系电话：13760645636

金色农家乐

地址：莲塘村下莲塘 10 号

房间（间）：10

床位（个）：15

联系电话：13902335768

中新

江左农庄（青门客栈）

地址：中新镇三迳村

房间（间）：21

床位（个）：37

联系电话：18928919388

十八湾农家旅舍

地址：双塘村十八湾

房间（间）：27

床位（个）：53

联系电话：13712021118

日月旅舍

地址：中新镇联丰村

房间（间）：29

床位（个）：50

联系电话：13609012726

水上农家旅舍

地址：中新镇官塘村

房间（间）：18

床位（个）：36

联系电话：13926090599

竹园旅舍

地址：中新镇坑贝村（飞地）

房间（间）：5

床位（个）：10

联系电话：13580533367

德味居

地址：中新镇官塘村

房间（间）：20

床位（个）：50

联系电话：13808810888

濠江居

地址：中新镇濠迳村

房间（间）：4

床位（个）：4

联系电话：13922371788

小楼

又一村农家客栈

地址：小楼镇东镜村

房间（间）：14

床位（个）：22

联系电话：020-82846618

岭南人家旅舍

地址：小楼镇江坳村

房间（间）：9

床位（个）：20

联系电话：13902228515

拳岭旅舍

地址：小楼镇二龙村

房间（间）：4

床位（个）：8

联系电话：15918782488

钱莞农庄

地址：小楼镇小楼村

房间（间）：9

床位（个）：20

联系电话：13802386838

朱村

新竹农庄

地址：朱村街丹邱大岗村

房间（间）：18

床位（个）：35

联系电话：020-82858999

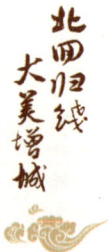

万家旅舍示范村

　　2015年增城将进一步积极推动万家旅舍计划的实施，计划建设100家精品旅舍、200家加盟店，新增数百家万家旅舍。截至2015年，力争全增城万家旅舍累计达到近1 000家，同时将打造出一批万家旅舍休闲旅游精品线路，完成建设一批万家旅舍服务中心，打造出一批万家旅舍示范村。除最早的依托白水寨发展而来的万家旅舍示范村——上九陂村（前文已有讲述）之外，规范建设得较好的还有蒙花布村、荔城街莲塘村、大埔围村等。

蒙花布村

　　蒙花布村是正果镇重点打造的万家旅舍示范村，经过一年的积极建设，全村现有万家旅舍26家，床位约108张。每到节假日，该村旅舍生意十分火爆，需住宿的游客都要提前一周甚至10多天进行预约。如高家庄休闲居，是蒙花布村最早建起来的一家旅舍，在春节期间，生意红火，8间房全部订满，春节7天收入达11 000元。

　　蒙花布村位于正果镇中部增江河畔，因蒙草花开时宛如一条美丽的布带飘荡于增江上游而得名。村内后龙山上环山绿道长约2公里，可鸟瞰全村风景，生态环境十分优美。

荔城街莲塘村

　　荔城街莲塘村拥有良好的生态资源，如增江河岸线、千亩榄林、古荔竹海、荷塘、自行车绿道、乡村田野、山林等。村内自然风光优美，旅游资源丰富，是"莲塘春色"景区的主体。经过前期建设，村内已具有绿道、农家乐、服务中心、免费游览自行车、停车场、指示牌、休闲石凳、小码头等基础设施，可为观光游览提供便利。购物街商铺已初步建成，即将投入使用。为适应珠三角游客对住宿的需求，村内部分经营者自主开办农家乐，配套利用自家空余房间改建成万家旅舍，为较远程的客人提供住宿服务。目前，村内已建有农家乐40余间，其中可提供住宿接待的万家旅舍有14间，总客房数约70间，可提供床位约100个，房价平均60～100元/间。村内旅舍客房每日有专人打扫、清洁、整理，店内用餐、住宿的客人均可免费使用店家提供的自行车畅游绿道，让游客宾至如归。入住率每日平均1～2成，周末达8成，黄金周更是供不应求。

万家旅舍

203

蒙花布村内的榄园小径

大埔围村

　　大埔围村位于增江街东部，全村占地面积2.3平方公里，其中山地面积两千多亩，水田面积652亩，鱼塘面积365亩，距离著名风景名胜区罗浮山约20公里，与惠州博罗、东莞相邻，村口有广汕公路穿过，交通便利，人文底蕴深厚。近年来，大埔围村新农村建设焕发新的景象，全村闲置的土地得到有效的规划和利用。全村硬底水泥路基本贯通，村道两旁规划有各种绿化树木，环境优美，村委会旁边还建造了面积约4亩的小公园，内设有篮球场，配有健身器材及各种绿化、娱乐设施，为村民休闲娱乐提供了好去处。目前大埔围村有3家万家旅舍，分别是定红旅舍、梦圆旅舍、罗汉松旅舍，有客房11间，床位14个。定红旅舍环境整洁，旅舍外有宽敞的大院以及池塘和果树，入住的游客可以在旅舍外进行垂钓等娱乐活动，是亲朋好友聚会、放松身心的好地方。

旅游锦囊

大家都知道这些俗语：「食在广州」「好味广州」。增城位于广州的东部，除了山好、水好、空气好、风景好以外，在地方美食方面，自然也很有特色。

　　大家都知道这些俗语"食在广州""好味广州"。增城位于广州的东部，除了山好、水好、空气好、风景好以外，在地方美食方面自然也很有特色。增城，不但拥有派潭高陂头烧鸡、烧排骨、山水豆腐、竹筒肉丸、盖仔粉、凉粉、正果腊味、乌榄、黄塘头菜、湖心岛河鲜、稻草土猪肉、正果云吞及畲族美食，小楼迟菜心、黑皮冬瓜宴、马铃薯，荔城荔枝宴、荔枝菌、菜心宴、百花水库鱼、田基美食，中新客家焗鹅、焖鹅，朱村丝苗米香鸡饭、荔枝柴烧鸡、烧排骨、烧乳鸽、盈园水库鱼，新塘东江鱼包、水南鱼窝，石滩全牛宴、全鱼宴、砚汤、砚肉饼、增江沿岸靓河鲜等特色美味，而且有星罗棋布的农庄独家拿手菜，更有具有本地特色的枇杷酒、酸梅酒、荔枝酒以及各种蛇酒、药材补酒等。

荔城荔枝宴

　　增城，是著名的"荔枝之乡"，境内挂绿荔枝闻名世界。既然是荔枝的故乡，就一定要试一试这里的荔枝宴，煎煮炒炸花样齐全，味道亦是清甜无比。比如将荔枝里面的核掏出来，塞进特制的肉、菜等。表面是清、香、甜的荔枝肉，里面则是软软的馅，口感截然不同却又配合得天衣无缝。

　　荔枝含有大量的葡萄糖、蔗糖、维生素、蛋白质等，对贫血、心悸、失眠、哮喘、疝气痛等病均有一定疗效。除了鲜吃外，荔枝还可晾晒成荔枝干、制成荔枝酒，或制成罐头运往国内外销售。

　　荔枝干味甘、酸，性温，有益心肾、养肝血之功用。荔枝酒则能生津益智、理气益血。

　　【荔枝酒】　荔枝酒是以优质鲜荔枝为原料，经去核、破碎、压榨、发酵，由陈酿精制而成的果派酒，有生津益智、理气益血之功用。

【酸梅酒】　酸梅有祛痰、止渴调中、除冷热痢、止吐逆、敛肺涩肠、治久咳之功效。生吃酸梅很酸，但制好的酸梅酒却清甜可口，又不影响疗效。

【枇杷酒】　枇杷果味甘酸，性凉，具有清肺、润肺、止咳、和胃、止渴、下气、止吐逆、主上位气、生津润五脏的功效。由于枇杷有这些功效，建议抽烟的人多饮用此酒。

◆美食推荐

增城宾馆
地址：增城大道 1 号
联系电话：020-82619888

中西名菜
地址：增城宾馆首层
联系电话：020-82666388

百花山庄度假村
地址：荔城街百花山庄
联系电话：020-82618888

挂绿园酒家
地址：荔城街荔城大道派潭路口
联系电话：020-82610777

养味山庄
地址：荔城街荔城大道 328 号后面（力源豪苑南门）
联系电话：020-32830883

厨家有道山庄
地址：荔城街百花路 3 号迳吓村庵前
联系电话：020-26231788

稻香酒家
地址：荔城街西园南路 239 号（即增城宾馆东侧）
联系电话：020-82715777

增江河鲜

增江河鲜包括豉汁炒黄沙蚬、白灼河虾、清蒸坚鱼、豉汁蒸律追等数十种。比较有名的鱼有鲩鱼、鲫鱼、山坑鱼以及增江河内的杂鱼。增江河虾只有小指头大小，但味道清甜无比。坚鱼爽脆鲜美，律追肉实爽甜，都是河鲜极品。

◆美食推荐

胜记酒家
地址：增江街一环路东区市场第一栋 18 号
联系电话：020-82712378

金竹农庄
地址：增江街光耀村
联系电话：020-82159788

朱村丝苗米香鸡饭

　　增城丝苗米素有"米中碧玉"之称，是增城的优质水稻品种和名优特产。而朱村是正宗丝苗米原产地，所产的丝苗米米身幼细、米粒晶莹、米型靓、饭香浓。

　　朱村鸡饭制作的关键是选用靓米、本土走地鸡为主要原料。秘诀在于将饭煮至六七成熟后，将已经用调料腌好的鸡放到饭上面一起蒸，注意了，是放到饭上，而不是饭里面。在蒸的过程中，鸡特有的香味渗到饭里，而丝苗米特有的香味又渗到鸡里面，彼此香味交融，相得益彰。起锅时再加入调料，饭里加入酱油和葱花，这样做出来的鸡饭，吃起齿颊留香，令人回味无穷。

◆ 美食推荐

朱村香宾鸡饭
地址：朱村街新市场广汕公路旁
联系电话：020-82854352

利豪农家菜
地址：朱村街盈园（即广汕路新盈洲
　　　加油站对面）
联系电话：13928953288

朱村南宛鸡饭
地址：朱村街新市场广汕公路旁
联系电话：020-82854023

派潭烧鸡

　　派潭烧鸡选用的是传统方法放养的走地鸡，肉质鲜嫩、香滑。而烧鸡秘制法原始地道，用荔枝柴烧红堂炉，清除炭灰，放入原只本地生鸡，离火高温焖烧15分钟。由于是烧红的炉壁烘烤，鸡身不容易烧焦，而且没有烧炭味，鸡香自然浓郁。派潭烧鸡以高陂头烧鸡味道最佳。

小楼菜心

　　小楼盛产的菜心，具有菜质鲜嫩、香脆甜爽、风味独特、营养丰富的特点，具有稀释、清除肠道毒素，治疗便秘，预防肠癌，美容保健的功效。煮之快熟，嚼之爽脆，尝之甜美，吃起来无渣，非一般菜心可比。

　　菜心可以生炒、盐水煮、炖汤、炒饭、煲粥。此外还可晒作菜干，用于煲汤。

◆美食推荐

汇康阁美食休闲新天地
地址：小楼镇小楼人家风景区
联系电话：020-82842222

野菜河鲜酒家
地址：小楼镇小楼大道
联系电话：020-82841688

小楼盆菜人家
地址：小楼镇东西境村
联系电话：020-82840889

金谷酒楼
地址：小楼镇金谷头
联系电话：020-82849803

金稻香农庄
地址：小楼镇金谷开发区
联系电话：020-82848328

周家福农家乐
地址：小楼镇东西境村
联系电话：020-82840878

正果腊味

正果腊味以土猪肉为主要原料，制作手法独特，以腌制精细、色泽好、甘甜鲜香著称，种类包括腊肉、腊肠、腊猪头皮、腊鸭等。其中又以质地红润、油光闪亮、甘腴肥美的腊肉为上品。菜式众多，其中迟菜心炒腊味、正果腊味蒸芋丝尤为出名。

◆美食推荐

农家饭馆
地址：正果镇兰溪村中心路
联系电话：13711367862

畲族农家饭庄
地址：正果镇畲族村委旁
联系电话：13725422201

和风山庄
地址：正果镇兰溪村
联系电话：020-82817138

畲族农家乐
地址：正果镇畲族村
联系电话：13602223488

兰溪美食店
地址：正果镇兰溪村中心路
联系电话：020-82816688

王富来腊肠直销店
地址：正果镇正洋路4号
联系电话：020-82811638

畲族枇杷园农庄
地址：正果镇畲族村
联系电话：13500221668

正果坤记云吞
地址：正果镇正西街
联系电话：13527695850

❧ 中新焗鹅 ❧

　　中新焗鹅的选材有两个关键：一是走地老鹅，保证肉质质量；二是鹅只大小要保证在七到八斤重，确保鹅不会太肥腻或过瘦。要炮制一道美味焗鹅不简单，首先以花生油、蒜头、姜片起锅，把美味酱油抹遍整只鹅，煎至金黄色，加入适量烧酒和酱油，然后采用传统原始的方法将整只鹅放进锅里，可直接焗熟，或焗至六七成熟，再放进香菇等佐料，与鹅一起焗至熟。这样焗出来的鹅原汁原味，色泽金黄鲜艳，肉肥而不腻，可谓色香味俱全。

◆ **美食推荐**

上棚烧鸡饭庄
地址：中新镇福和安良上棚
电话：020-82867688

荔新酒店
地址：中新镇风光路 238 号
联系电话：020-82866545

福和园水上餐厅
地址：中新镇平中公路福和官塘路段
联系电话：020-82830386、82830489

桥宝农庄
地址：中新镇坑贝村广汕公路燕岗桥头
联系电话：13710520778、13580586368

❧ 石滩沙蚬 ❧

　　石滩有很多蚬，可以做成一桌蚬宴，而其中最经典的一道菜，是蚬汤。一煲小小的蚬汤需要一大堆的蚬才能煮成，非常难得。

◆ **美食推荐**

江南牛宴
地址：石滩镇三江元岗路（即西区农
　　　业银行斜对面）
联系电话：020-82916883
　　　　　13928991868

金海滩鱼庄
地址：石滩镇初溪发电站下游
联系电话：13711723871、13602220431

怡景酒家
地址：石滩镇三江四丰村
联系电话：020-82913298

新塘鱼包

鱼起肉去骨，将鱼肉刮成肉碎，摔打成鱼滑，配上上好腊味作馅料。鱼皮包也是用鱼滑烘烙而成，久煮不烂。吃鱼包，可以先要一个火锅汤底，再配些鱼包、鱼头、鱼蛋、鱼皮等，即时点火开煲。鱼包的美味名不虚传，鱼头也不逊色，鲜而不腥，鱼皮爽口，鱼蛋弹牙。

◆ 美食推荐

瑶湖牛庄
地址：新塘镇荔新公路沙埔路段
联系电话：13719397566

新口味农庄
地址：新塘镇东洲湾码头四环路 2 号
联系电话：020-82773128

新好景大酒店
地址：新塘镇广深群星路段
联系电话：020-82704888

水南鱼锅店
地址：新塘镇水南村夏埔市场侧
联系电话：020-82695398

永宁鹅汤糍

在永宁岗丰村，当地客家人用鹅肉与香菇、红枣等药材熬制美味的鹅汤，将鹅汤与用糯米做成的糯米糍混煮，再加入鹅血红、鹅杂、鹅肉，这样一来就将鹅肉、鹅血的鲜味与营养完全渗入糯米糍中，使熬出来的汤清甜、香浓，成为一道地道而美味的客家鹅汤糍。鹅汤糍端上桌面热气腾腾，清香扑鼻，而且有很好的滋补养颜功效，绝对值得一试。

仙村香煎水库大鱼头

仙村的大岭农庄拥有25亩天然水库养殖场，出产多种食用鱼类，其中的特色菜——香煎水库大鱼头，是采用10～20斤的无污染水库大鱼头，经过土榨花生油香煎，绝对营养丰富、色香味美。

地址：荔新公路仙村路段
联系电话：020-82933388

国家金盘、银盘、铜盘级旅游餐馆

【国家金盘级旅游餐馆】

凤凰城酒店维也纳西餐厅
地址：广州市广园东路新塘路段凤凰
　　　城酒店大堂
联系电话：020-82808888

荔枝街坊
地址：增城广场东侧
联系电话：020-26229898

金叶子温泉度假酒店
地址：派潭镇白水寨风景名胜区内
联系电话：020-82829999

穗港龙海鲜酒家
地址：荔城街挂绿广场
联系电话：020-82710888

锦绣香江温泉酒店
地址：派潭镇白水寨风景名胜区内
联系电话：020-62286888

汇康阁美食休闲新天地
地址：小楼人家景区
联系电话：020-82840885

百花园中餐厅
地址：荔城大道百花路88号百花山
　　　庄度假村内
联系电话：020-82618888

挂绿园酒家
地址：荔城街增派大道1号
联系电话：020-82746228

太阳城大酒店
地址：新塘镇广深大道中151号
联系电话：020-82706888

近贤轩乡河在望野菜河鲜酒家
地址：增城小楼镇小楼大道南5号
联系电话：020-82841688

新好景大酒店
地址：新塘镇广深公路新塘大道西2号
联系电话：020-82704888

佬湘楼
地址：荔城街荔城大道137号怡景城
　　　7栋首层108铺
联系电话：020-82649228

乐涛居酒店
地址：新塘镇群星梳桩下岗
联系电话：020-82770288

田客有机生活食坊
地址：中新镇广汕路坑贝路段
联系电话：020-32969388

农林香美食城

地址：增派公路廖村路口

联系电话：020-82441312

大岭农庄

地址：仙村镇荔新公路仙村路段

联系电话：020-82933388

喜连声酒家

地址：新塘镇汇创国贸大厦四栋二楼

联系电话：020-82677788

厨家有道山庄

地址：荔城街百花路

联系电话：020-26231788

【国家银盘级旅游餐馆】

聚龙庄乡村休闲度假村

地址：正果镇何屋村

联系电话：020-61738555

厨家有道食坊

地址：荔城街塘园中路 56 号

联系电话：020-82751788

挂绿广场美食街

地址：荔城街挂绿广场

联系电话：020-82711111

稻香酒家

地址：荔城夏街大道 239 号

联系电话：020-82714555

养味山庄

地址：荔城街荔城大道 328 号

联系电话：020-32830883

增城宾馆荔王府

地址：荔城街增城大道 8 号

联系电话：020-82619888

【国家铜盘级旅游餐馆】

高滩温泉酒店

地址：派潭镇高滩村

联系电话：020-32902831

悦来登大酒店

地址：新塘镇东坑三横路

联系电话：020-82771111

巴登巴登温泉度假酒店

地址：派潭镇白水仙瀑景区

联系电话：020-82821888

华侨酒店

地址：荔城街夏街大道

联系电话：020-82643888

鸽天下农家乐

地址：荔城街莲塘村

联系电话：020-32837788

温泉度假酒店

金叶子温泉度假酒店

金叶子温泉度假酒店建于白水寨半山腰间，总占地面积25万平方米，建筑面积5万平方米，融合了中式建筑和独特巴厘岛风格，并拥有天然的温泉资源和水疗设施，远眺群峰连绵，近观万亩田园，楼宇之间绿树花草簇拥，溪水长流，美不胜收。

该酒店是增城第二家被评定挂牌的国家五星级旅游饭店，以高山温泉养生及水疗为主题，集餐饮、住宿、会议、康体、娱乐等功能于一体。酒店以明净清澈、回归自然为主旨，是沐汤养生、商务会议、休闲度假的理想之所。

金叶子温泉度假酒店露天温泉中心由36个风格各异的温泉泡池和2个温泉泳池组成，酒店还拥有各式豪华客房近300间，印尼风格的温泉度假屋10幢；并配套有中西餐厅、风味餐厅、酒吧、雪茄吧、夜总会、国际会议厅、多功能厅、国际顶尖SPA、按摩中心、桑拿、网球场等设施与场所。2008年"中国休闲悠优奖"评委会评定其为最佳休闲旅游酒店。

在金叶子泡温泉是一大享受

目前，已开通广州至金叶子酒店直通巴士，由广州烈士陵园开出，每天早上9点发车，下午4点返程，预订热线：020-37240865。

地址：派潭镇白水寨风景名胜区内

联系电话：020-82829999

传真：020-82820000

网址：www.pattraresort.net

高滩温泉酒店

高滩温泉酒店是广州亚运会指定接待酒店、国家三星级旅游饭店。酒店位于白水寨白水仙瀑景区内，背靠大封门森林公园和南昆山国家森林公园。酒店占地面积20 000多平方米，建筑面积9 000多平方米。酒店设有高、中档客房90间，其中独立别墅6栋、总统套房1间、标准客房80多间，能同时接待宾客250多人。酒店全部按星级酒店标准装修，舒适豪华，每间客房还配有露天温泉池。配套设施齐全，服务功能齐全，是一所集旅游、度假、观光、会议、餐饮、健身于一体的休闲度假酒店。

地址：派潭镇白水寨白水仙瀑景区内

电话：020-32902831

传真：020-32902821

香江健康山谷

香江健康山谷定位为集健康养生、休闲旅游、温泉度假于一体的国家级养生旅游示范区，坐落在风景迷人的派潭镇高滩村，毗邻南昆山国家森林公园，距离广州市区约70公里，距离香港、深圳、东莞、惠州等城市均在一个半小时车程之内。酒店占地面积近600亩，其中，规划有特色温泉区和水上娱乐区近70 000平方米、主题酒店450多间客房、风情酒店200多间客房、温泉独立式客房及企业会所180多套，规模水平为行业之最。酒店内，国际会议接待中心、桑拿房、SPA房以及豪华KTV包房、高档特色餐厅等服务配套设施一应俱全。

酒店处于群山环抱之中，空气清新，犹如天然的"大氧吧"，由天然山泉水汇聚而形成的湖泊、叠水瀑布与古典浪漫的欧式建筑和蓝天、白云以及近在咫尺的白水仙瀑相映生辉，诗意无限。在设计和建筑上贯穿自然、生态、环保的理念，凸显山水主题和温泉、漂流、瀑布森林等特色。2014年被评为广东省健康养生旅游示范区。

地址：派潭镇白水寨风景名胜区内　　电话：020-32901888、020-32902966

传真：020-32902918　　网址：www.globalvillahotel.com.cn

巴登巴登温泉度假酒店

　　巴登巴登温泉度假酒店是毗邻白水寨风景名胜区而建的温泉度假酒店，坐落于白水寨景区，可近观白水仙瀑全景。酒店以温泉养生为主题，集休闲、餐饮、住宿、会议等功能于一体。酒店拥有豪华舒适的客房、特色鲜明的农家宴餐厅；有能容纳300多人的宴会厅及2个不同规格的会议室，并能举办各种高端商务会议。它是广州亚运会指定接待酒店和国家三星级旅游饭店。

　　巴登巴登温泉度假酒店拥有丰富的温泉资源，最高水温高达60摄氏度，色泽透明，是极软的弱碱性温泉，温泉中富含偏硅酸、纳、氟、硫黄、锌、铜、钙、镁等对人体健康有益的微量元素，是最佳的保健、治疗、美容型温泉矿泉水。

　　地址：派潭镇高滩仙泉西路3号（大封门森林公园里面）

　　联系电话：020-82821888、020-82826818

　　传真：020-82821668

三英温泉度假酒店

　　三英温泉度假酒店是广州市三英温泉酒店投资有限公司按照国际五星级标准装修设计，集客房住宿、温泉养生、休闲度假、餐饮会议、康体娱乐、团队拓展于一体的综合性旅游度假胜地。建筑风格独特，文化底蕴深厚。

　　酒店位于风景秀丽的增城白水寨风景名胜区，占地面积22万平方米，总建筑面积12万平方米。酒店各种功能设施齐全，拥有各类客房540间（套）；中西主题餐厅2个，共计1 000多个餐位；可容纳500人宴会的国宴厅以及12间各类型会议室；温泉区域有游泳池、冲浪池、儿童戏水池、中药泡池等八十多个池，让游客感受真温泉，体验软度假，尽情享受。

　　地址：派潭镇高滩村温泉路2号

　　联系电话：020-66263238

　　传真：020-66263239

休闲度假酒店

广州凤凰城酒店

　　广州凤凰城酒店——南中国首家以白金五星级标准建造、南中国至广阔的山水主题式酒店，也是增城第一家国家五星级旅游饭店。背倚郁郁葱葱的凤凰

广州凤凰城酒店

五环山，面朝仪态万千的翠湖。整体占地面积达20万平方米，建筑面积达7.8万平方米，是广州面积最大、楼层最低的山水酒店。富丽典雅的欧陆式建筑风格，使宾客感受到西方古典文化独特的神秘雅致。此外酒店还特别引进了国外主题式酒店的独特概念，营造出超凡的品位。完善先进的服务设施，温情个性化的五星级服务，令各方嘉宾倍感尊荣。

广州凤凰城酒店拥有620多间豪华客房，9栋超豪华半山别墅，20多个大小各异、风格不同的多功能宴会厅，蒙娜丽莎俱乐部，大型的欧陆式户外园林泳池，全天候室内恒温泳池及水力按摩池等。

地址：广州市广园东路新塘路段凤凰城

联系电话：020-82808888、020-82808999

传真：020-82808288

网址：www.phoenixcityhotel-gz.com

广州增城万达嘉华酒店

广州增城万达嘉华酒店于2014年5月16日盛大开业，是万达集团旗下按照五星级标准建设的商务酒店，地处广州增城CBD核心的万达广场商圈，毗邻大型商业中心、万达影城等多功能城市商业体，集居住、休闲、娱乐、办公、文化于一体。

酒店地下2层，地上17层，总面积3.6万平方米，设有停车场、客房、中/日式餐厅、室内游泳池、健康中心、会议室、宴会厅、美容美发沙龙等。酒店拥有285间融典雅与豪华于一身的优质客房，其中商务套房12套、行政套房2套、皇家套房2套、总统套房1套，既呈现高端酒店的奢华亦蕴藏着东方文化韵味。酒店设置的大型多功能宴会厅位于酒店的3层，面积达1 300平方米，层高8.6米，并配备了最先进的视听设备，可以承接各类大中型国内外会议和论坛及各式宴请活动。同时，酒店拥有6个会议室和各类高档配套设施，以满足不同客人的需要，为商务人士创造温馨、惬意的居停感受。广州增城万达嘉华酒店提供美妙的睡眠体验、独特的东方美食，定会令各方宾客难以忘怀。心仪嘉华，理想之所。

地址：荔城增城大道 69 号 10 幢

联系电话：020-32638888

增城恒大酒店

增城恒大酒店——广州东部首屈一指的按照五星级标准建设的环保绿色概念酒店，是集饮食、会议、娱乐、运动、健康于一体的综合性商务度假会议酒店。距广州白云机场仅30分钟车程，并有往返于广州和增城的穿梭巴士接送；交通便捷，为宾客往返喧嚣都市与宁静自然间提供无缝连接。

酒店建筑传承欧陆新古典主义风格，坐拥50 000平方米秀丽山水、万亩私家园林、百亩生态湖等得天独厚的自然旅游资源；私家园林点缀其中，临近自然，是宾客怡情山水的绝佳选择。

地址：中新镇恒大山水城内

联系电话：020-22619999

广州长风凯莱酒店

广州长风凯莱酒店位于增城经济技术开发区。该酒店由广州市长风实业有限公司斥资5亿元精心打造，并由国内知名酒店管理方——凯莱酒店管理集团运营管理，是新塘及周边按照五星级标准服务的商务会议酒店。

长风凯莱酒店拥有12间不同规格的会议室和多功能厅，可满足多元化的会议宴会需求。长风宴会厅面积达1 300平方米，层高9米，拥有88平方米的超大高清LED背景墙，全场无柱式设计，可同时容纳800～1 000人举办各类大型宴会。酒店紧邻107国道、广深高速、广园快线、广惠高速和广州东部公交枢纽——新塘汽车客运站，道路四通八达，十分便利，距广州机场、东莞主城区仅需30分钟车程。

地址：新塘荔新十二路 96 号

联系电话：020-66261666

增城宾馆

增城宾馆是增城第一家国家四星级旅游饭店。宾馆秉承"让百分之百的宾客满意"的服务宗旨，有320间豪华舒适客房，分标准双人房、豪华双人房、商务房、高级商务房、高级套房、豪华套房及总统套房，并设行政贵宾楼层。每间客房均设有中央空调、独立卫生间、卫星/闭路电视、迷你酒吧、IDD、互联网连接等设施，部分设无线上网服务。装潢考究的各类餐饮场所提供多元化的饮食服务，有名厨主理、提供驰名粤菜的中餐厅，有富有异国情调的咖啡厅、酒吧。宾馆还拥有完善的娱乐康体设施，以及多种规格的会议场所，可满足商务或休闲度假人士多方面的需求，环境舒适优雅，周边交通便利。

地址：增城大道 1 号

联系电话：020-82619888

传真：020-82619618

网址：www.zengchenghotel.com

太阳城大酒店

太阳城大酒店于1994年12月开业，是国家旅游局评定的四星级涉外酒店。酒店集客房、中餐、西餐、茶艺及娱乐、康体、会议休闲于一体，是一家功能、配套齐全的综合型酒店。酒店装修精致豪华，格调舒适高雅，配套一应俱全，为广大宾客提供了一个温馨舒适的下榻环境。

地址：新塘镇群星路一号

联系电话：020-82706888

网址：www.suncityhotel.cn

百花山庄度假村

百花山庄度假村为国家四星级旅游饭店。距广州56公里，距东莞30分钟车程。度假村坐落于风景秀丽的百花林水库边上，四周群山环抱、湖光山色，绿树成荫、果荔飘香。度假村内度假设施配套完善，建筑物依山傍水，环境优雅，错落有致，到处一片鸟语花香，令人流连忘返，仿如人间仙境、世外桃源，是旅游度假、会议、疗养的好地方。

地址：荔城大道百花路 88 号

联系电话：020-82618888-6668

网址：www.zcbhsz.com

新好景大酒店

新好景大酒店位于珠江三角洲的黄金走廊入口——新塘，广深高速、广惠高速、广园东路贯穿其中，水陆两路每日均有直通车船直达香港，酒店距广州白云国际机场25分钟车程、距深圳宝安国际机场35分钟车程、距广州火车东站（广九直通车站）28分钟车程、距中国进出口商品交易会琶洲展馆（广交会新馆）26分钟车程，交通十分便利。酒店紧依107国道，是广州东部都会区的国家三星级旅游饭店。酒店格调高雅、设施一流，集餐饮、住房、娱乐、健身、休闲、商务功能于一体。

地址：新塘镇广深群星路段

联系电话：020-82704888

网址：www.xhjhotel.com

悦来登大宾馆

悦来登大宾馆位于增城新塘镇东坑三横路段，是国家三星级旅游饭店。宾馆有100多间商住皆宜的豪华客房，服务设施配套齐全。内设有商务中心、地下停车场、清静幽雅的空中花园、集特色口味的中餐厅和情调温馨的西餐厅。宾馆占据极为便利的交通地理位置，前往邻近的汽车站、商业购物中心仅需10分钟左右的路程。宾馆拥有豪华套房、高级商务套房等不同类型的客房，经营风味独特的粤菜、民族特色菜及西餐，还设有功能完备的宴会厅、多功能厅、会议室、商务中心、休闲娱乐中心。

地址：新塘镇东坑三横路

联系电话：020-82700888

网址：www.yuelaideng.com

乐涛居酒店

乐涛居酒店按国际三星级酒店标准兴建，酒店由永翔实业有限公司投资兴建。公司实行集团化管理，属下有永栩酒店、永欣酒店、乐涛居酒店。乐涛居酒店背靠新塘规划中的古海公园，毗邻新塘港口、海关，绿树成荫，环境优美，交通方便。2009年，酒店被广州市卫生监督所评为"食品卫生A级单位"。乐涛居酒店装修设计华丽典雅，气派非凡，拥有豪华宴会大厅、商务套房、健康娱乐中心，是举办各类业务洽谈、宴会的首选。

地址：新塘镇港口大道南五星学校路口（即群星农贸市场对面）

联系电话：020-82775888、020-82770288

华侨酒店

国家三星级旅游饭店，坐落在美丽的增江河畔，位于珠江三角洲的"黄金走廊"，毗邻广汕公路与广惠、广深、京珠高速公路，距广州琶洲国际会展中心仅45分钟车程。

　　酒店创建于1993年，楼高8层，设施配套完善，设有标准客房、豪华房、商务套房约100间，其他配套设施有会议室、餐厅、停车场、卡拉OK厅、乒乓球室、羽毛球场、棋牌室、商场、商务中心（可供住客宽带上网）、大型停车场。2007年开始重新装修，2008年整体装修完工，软硬件焕然一新，酒店档次得到进一步提升。

　　地址：荔城街西园南路103号

　　联系电话：020-82643888

　　传真：020-82741022

永栩酒店

　　永栩酒店是国家三星级旅游饭店。酒店自2002年6月开业以来，一直以"关注每一位宾客，重视每一个细节，处处体现'永栩服务，舒适如家'的感觉"为服务宗旨，先后获得"2002年度明码、实价单位""2005—2008年中国质量、服务、信誉AAA级企业""2005年度诚信示范单位""2009年度诚信企业"等称号。目前，该酒店拥有90间时尚简约的标准客房、舒适典雅的商务房、个性化的套房和蜜月房，还有独具特色的湘菜馆——毛家饭店，并设有棋牌室、健身房、商场、商务中心与配套功能齐全的各类会议室。

　　地址：新塘镇107国道永栩路段6号

　　联系电话：020-82693888

万子豪程大酒店

　　万子豪程大酒店位于增城新塘镇中心，是增城最大型的中式建筑风格的按照四星级标准建设的商务酒店。酒店地理位置优越，交通四通八达。与广园快速、广深、广惠高速公路、107国道、铁路、港口形成强大的交通辐射网络。距离广州白云国际机场35分钟车程、广州火车东站25分钟车程、广州火车南站40分钟车程、广州火车站30分钟车程、广州会展中心20分钟车程、广州市中心（天河）25分钟车程。距离香港60分钟车程，到澳门80分钟车程。是集各类豪华客房、中餐厅、西餐厅、KTV俱乐部、酒吧、桑拿沐足中心、空中休闲花园、大型多功能国际会议中心、商务中心于一体的豪华大型商务旅游酒店。

　　地址：新塘镇新塘大道中128号

　　联系电话：020-32881888

汀香假日酒店
地址：荔城街百花路 1 号
联系电话：020-32823666

华澳商务酒店
地址：荔城街菜园中路 48 号
联系电话：020-32631188

荔晶酒店
地址：荔城街园墩路大墩一街 2 号
联系电话：020-82618663

碧涛酒店
地址：荔城街富园路
联系电话：020-66260333

百乐城酒店
地址：荔城街西园南路 133 号
联系电话：020-61712999、82742708

华领会携客商务酒店
地址：荔城街增城大道 2 号 2 栋二层
联系电话：020-26233888

富敦酒店
地址：新塘镇港口大道北路
联系电话：020-32860888

柏丽酒店
地址：新塘镇东坑三横路 15 号
联系电话：020-82681111

伊士高酒店
地址：荔城街观翠路 21 号
联系电话：020-26232222

朗豪酒店
地址：新塘镇新塘大道省水电二局旁
联系电话：020-82670666

凯旋门大酒店
地址：新塘镇解放北路 175 号
联系电话：020-82707888

汇景酒店
地址：新塘镇汇美新村汇太中路 2 号
联系电话：020-82672888

聚福酒店
地址：新塘镇荔新路口
联系电话：020-82606888

手信特产

　　出门旅游，看景休闲之余，总要往行李箱里装点当地的土特产，或送亲朋好友分享，或自己留作纪念。增城荔枝、增城丝苗米、派潭凉粉草、增城乌榄、增城菜心、小楼冬瓜、密石红柿、正果腊味、黄塘头菜、白水寨番薯都是当地的农业土特产，也是"增城十宝"，所以我们当然要买些作为手信。

农特产"增城十宝"

增城荔枝

　　岭南佳果数荔枝，荔枝之王在增城。荔枝色、香、味皆美，驰名中外，有"果王"的美誉，而增城荔枝更独具盛名。增城荔枝主要有挂绿、桂味、糯米糍、水晶球、妃子笑、雪怀子、仙进奉等一大批优质荔枝品种。特别是在增城挂绿广场受到格外保护的有着400多年历史的"增城挂绿"，更是荔枝中的珍稀品种，有"荔枝之王""世界最贵水果"之美誉，可谓"南州荔枝无处无，增城挂绿贵如珠"。挂绿俨如仙果，享誉南国，蜚声中外，从清康熙年间起即历年被列为贡品。

　　宋代大文豪苏轼就作了一首《食荔诗》："罗浮山下四时春，卢橘杨梅次第新。日啖荔枝三百颗，不辞长作岭南人。"据考证，此诗写的就是罗浮山脚下荔枝之乡的人民和游客对增城荔枝的喜爱。至今，朱村街山角村、荔城街廖村、正果兰溪荔枝沟数百年的古荔仍然健在，并年年硕果累累。

　　由于增城地处北回归线附近，气候温和，光照充足，雨量充沛，非常适宜荔枝的生长，自古就以盛产优质荔枝而著称，被誉为"荔城""荔乡"。增城荔枝栽培历史悠久、面积广、品种多、品质优，很早就有文献记载。现增城荔枝种植近20万亩，荔枝品种多达52个，产量有大小丰年之说，丰年产量高达10多万吨。

　　【增城挂绿】　挂绿是荔枝中的珍稀品种。明末清初屈大均《荔枝诗》咏道："端阳是处子离离，火齐如山入市时。一树增城名挂绿，冰融雪沃少人知。"清诗人李凤修咏道："南州荔枝无处无，增城挂绿贵如珠。兼金欲购不易得，五月尚未登盘盂。"由此足见其珍贵程度，从而被称为"荔枝之王"。挂绿荔枝果实扁圆，不太大，通常1斤有23个左右。果蒂带有一绿豆般的小果粒；蒂两侧果肩隆起，带小果粒侧稍高，谓"龙头"，另一边谓为"凤尾"。

果实成熟时红紫相间，一绿线直贯到底，"挂绿"一名因此而得。其果肉细嫩、爽脆、清甜、幽香，特别之处是凝脂而不溢浆，用纱包裹，隔夜纸张仍干爽如故。屈大均在《广东新语》所说："挂绿爽脆如梨，浆液不见，去壳怀之，三日不变。"可见其品质极优，是荔枝最佳品之一。2001年在挂绿广场举行的挂绿珍果拍卖会上，一颗"西园挂绿"荔枝拍出了5.5万元的高价，引起了全世界的关注。2002年的拍卖会上，一颗"西园挂绿"荔枝更是拍出了55.5万元的天价，成为全球最昂贵的水果，一举打破了吉尼斯世界纪录。

挂绿——世界上最贵的水果

【水晶球】　是增城荔枝的名贵品种之一。荔城街槎冈村有一株450年的老树，清宣统《增城县志》载："槎冈水晶球一种亦美，量不减挂绿。"20世纪80年代初，小楼镇九益大队一私人果园由槎冈老树取枝条繁殖了一批水晶球小树，此外三江镇、福和镇、荔城镇、沙埔镇、中新镇等均有小量栽种。水晶球叶披针形或椭圆状披针形；果近心形，中等大，平均单果重18克；果皮薄，淡红带黄，龟裂片大而稍凸，裂片峰尖锐刺手，裂纹浅，缝合线不明显；果肩微耸、果肉透明乳白色，肉质特别爽脆，味清甜带微香，可食率83.3%，含可溶性固形物18.5%至21.5%，100毫升果汁含维生素C 24.2毫克，酸0.12克，大部分小核，平均重0.63克。3月下旬开花，6月下旬果熟。肉质爽脆、清甜，核小，品质甚优，坐果率高、丰产。

【桂味】　是增城荔枝的主要优良品种之一，特别是近年发展很快，桂味已成为增城荔枝种植面积最大的品种，1998年种植面积51 710亩，占荔枝总面积的28.54%，分布最广。叶长椭圆形，边缘向内卷，呈瓦筒状。花枝细长，易形成带叶花枝。果圆球形，中等大，均重17克；果皮浅红色，皮薄且脆，龟裂片凸起呈不规则圆锥状，裂片峰尖锐刺手，裂纹显著，缝合线明显；果肩平；果肉乳白色，肉质爽脆，清甜多汁，有桂花香味，可食率达78.83%，含可溶性固形物18.21%，100毫升果汁含维生素C 29.48毫克，酸0.21克；种子有大核和小核，小者居多。3月下旬至4月上旬开花，6月下旬至7月上旬果熟。桂味有果皮鲜红的"全红"桂味和果肩上有墨绿色斑块的"鸭头绿"桂味两个品系，品质以后者上乘。桂味清甜可口、爽脆有香味，品质极佳。适应性强，山地、平原均能生长良好。大小年结果较明显。

【糯米糍】　是增城荔枝的主要优良品种之一。20世纪80年代产量甚多，

1998年种植面积达39 050亩，占荔枝种植面积的21.97%，分布于增城各镇。以永和镇贤江村面积最大，品质最优。糯米糍的枝条柔软下垂，叶披针形、叶缘呈波纹状，先端渐尖；果大，均重25克，扁心形；果皮鲜红色，较薄；龟裂片明显凸起，呈狭长形，纵向排列，裂片峰平滑，果肩一边显著突起，果顶浑圆；果肉乳白色，多汁，味浓甜，可食率达82.86%，含可溶性固形物19.21%，100毫升果汁含维生素C 30.8毫克，酸0.2克；种子小，常退化成焦核，偶见饱满的种子。3月下旬至4月中旬开花，6月下旬至7月上旬果熟。糯米糍有"红皮大糯"（称红壳）和"白皮小糯"（称白壳仔）两个品质。前者果大，皮色鲜红；后者果较小，皮色浅红；品质以前者为优。该品种果大、肉厚、味浓甜、核小、风味佳。除鲜食外，还可加工成优质荔枝干。耐旱性强，丰产，但大小年结果显著，且易裂果。圈枝繁殖根小，宜采用嫁接繁殖。

增城品荔季节	
三月红	五月中旬至五月底
水东、秋早、黑叶	五月底至六月中旬
妃子笑、挂红、状元红	六月中旬至六月底
桂味、糯米糍、甜眼	六月底至七月中旬
挂绿	六月底至七月初
仙进奉、怀枝、水晶球、雪怀子	七月初至七月底
山枝	七月中旬至八月初

增城丝苗米

增城丝苗米素有"中国米中之王"之称，与增城挂绿荔枝齐名。以其米粒洁白晶莹、油质丰富，成饭香气浓郁、柔软可口而驰名岭南，饮誉海内外。清朝嘉庆十五年（1810）出版的《增城县志》记载："最佳稻米是丝苗米。"由此可见其历史悠久，早负盛名。增城丝苗米以前是朝廷的贡品，现已为广大市民饭桌上必不可少的米饭了。

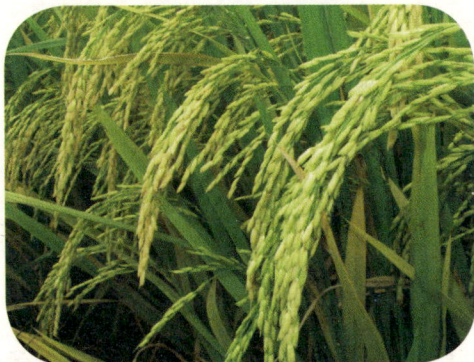

丝苗

增城丝苗米以传统矮脚丝苗著称。口感独有风味，深受人们的喜爱。20世纪50年代，增城丝苗米种植面积较广，不少农家以丝苗作公粮交给国家。后因种植丝苗产量低，加上价格偏低，从60年代起，丝苗种植面积逐年减少，至70年代初，全增城不足500亩。进入80年代，增城种植丝苗米才开始复苏。特别是1985年，增城被原国家农牧渔业部定为优质米生产基地后，增城种植丝苗面积从原来2万亩增至4.5万亩，出现了千亩连片丝苗田"十里稻田，十里飘香"的诱人景象。近年来，增城丝苗米种植有了很大的发展，丝苗米占增城水稻种植面积的98%以上。

增城菜心

增城菜心又名高脚菜心，是冬种优质蔬菜品种，素有"菜心之王""菜品之冠"的美誉。增城菜心的特点是茎心肥大，品质鲜嫩，叶细且厚，含有丰富的维生素、钾、钙、镁、铁等多种营养成分，大者每根400余克，一般的也有200余克，煮之快熟，食之香脆爽甜，风味独特。增城制定了《增城菜心生产技术规程》，并进行了广泛的推广，严格按照无公害蔬菜生产标准种植，统一使用农家肥和无公害农药，从而保证了产品的质量和安全，成为打造绿色农业品牌的一大亮点。目前增城种植菜心面积达3万多亩，年产值3亿元。

正果腊味

正果腊味出名，每年入冬，该镇就有许多个体腊味厂加工腊味。正果腊味不仅在当地畅销，而且闻名珠三角地区。正果人手工加工腊味的方法很独特，腌制很精细，做出来的腊味不仅色泽好，而且味道特别。近年来，正果镇引导农民立足山区，整合利用资源，开发旅游、农副产品加工业，仅腊味一项，全镇就有4间专业加工厂，年产量达40多吨，产值200多万元。

黄塘头菜

正果镇黄塘头菜已有百年的历史，黄塘头菜属"江南头菜"的名贵品种，黄塘村位于东江支流增江河畔，这里土质疏松肥沃，水源丰富，光照充足，环境洁净清新，加上头菜种植均施农家基肥，因而个体适中、饱满结实、肉质鲜嫩。采用传统方式制作后，头菜色泽金黄、香气浓郁、爽甜可口、风味独特，是餐桌上不可多得的美食，深受珠三角食客和港澳台同胞的赞誉、喜爱。

增城乌榄

乌榄，是增城名优土特产，其中荔城街西山村所产的品质特佳，历来闻名中外。西山乌榄因果身尾部有点偏左，故又名"左尾"。它与其他品种乌榄相比，具有皮薄、肉厚（占全果60%以上）、肉纹幼嫩、油质适中、味道芳香等特点。它全身是宝：榄肉制榄角、榨油；榄仁可作菜肴，又是上好的点心配料；榄核是著名工艺品榄雕的原料，已有300多年的历史。用西山乌榄制成的油榄豉是一种地道的乡土美食，享有"山蚝豉"之美称。此外，西山乌榄出仁率高，每担榄仁比一般品种多出一斤多，为取榄仁的最好品种。西山乌榄始种于明朝万历年间，在荔城普遍种植。近年每逢收获季节，个体商贩设点收购，经过加工后出口及转销外地，产量供不应求。

增城乌榄

小楼冬瓜

小楼盛产冬瓜，有"冬瓜镇"之称，所产的黑皮冬瓜个头很大，肉厚清甜，做成冬瓜宴，菜式层出不穷。高明的厨师还会根据季节变化用冬瓜配以鲜鱼、鲜肉、时菜，烹制数十美食，有冬瓜焖鸭、猪骨柴鱼冬瓜汤、瑶柱冬瓜脯、冬瓜盅等。

派潭凉粉草

增城历来盛产凉粉草，其与荔枝、丝苗米、乌榄又被称为"增城四宝"，其中以北部山区派潭镇产量最多，品质最佳。派潭凉粉草具有叶浓、枝幼、色黑而有光泽的特点，含黏胶质丰富。用它制作的凉粉糕，呈透明墨茶色，有特殊香味，拌上糖浆爽滑可口，是盛夏理想的清热解暑食品。凉粉草还可作药用，其性凉，味甘淡，能防治中暑、感冒、高血压，对骨节疼痛亦有一定的疗效。

派潭凉粉草久负盛名，种植广阔，每逢收获季节，各地商贾前往收购囤积，然后远销港澳地区及菲律宾、新加坡、泰国、印尼等东南亚国家。

密石红柿

密石红柿因主产地增城派潭镇密石村而得名，为柿属柿树科的高大落叶乔木植物。密石村地势较高，丛山环抱，土壤属三沙七泥的红壤土，有机质含量较高。因此，这里栽培的大红柿，形、色、味俱佳。颜色鲜红，无核或少核，核小，果肉致密，剥皮也不带肉，吃起来有甜、软、滑之感。密石红柿远销港澳各地，很受欢迎。

密石红柿除鲜食外，还可制柿饼、柿干、柿糕、柿酱等。柿果的外层披白粉，叫作柿霜，可提炼甘露蜜醇。柿蒂、柿饼均可入药。柿蒂性温，味苦涩，可下气降逆。柿饼灸炭，可治便血等。未熟的柿子可制柿漆，是良好的防腐收敛剂，可供染网和装饰性涂料用。

白水寨番薯

白水寨番薯的淀粉含量特别高，有特殊的香味，口感好。相传是何仙姑路过当地，为解乡民饥疾点化出来的。该品种在客家地区山坡上种植已有悠久的历史，在山区镇种植面积较大。山区良好的自然条件，以有机肥为主的客家种植方式，给予各种农家产品最优质、最天然的品质保证。经科学研究发现，番薯内含丰富的蛋白质、纤维素、钙、钠、磷、铁、胡萝卜素和维生素等。其中胡萝卜素含量等同

白水寨番薯

胡萝卜，维生素含量相当于柑橘，整体营养素质高于其他农作物，对人体具有重要的抗癌、防病、保健功能。因此说番薯是集粮、果、蔬于一身的保健食品和休闲食品。

◆购物谍报推荐

大新行
地址：荔城街岗前西路 18 号与荔兴路
　　　交界处（人人乐购物中心对面）
联系电话：020-82757484

广州市增城名优特产直销店
地址：荔城街增城广场东门
联系电话：020-82662912

清一色
地址：荔城街夏街大道 198 号
联系电话：020-82620606

增城宾馆商务购物中心
地址：荔城街增城大道 1 号
联系电话：020-82619888 转 2012

广州市荔品增城土特产商行
地址：荔城街雁塔大道（名豪酒家
　　　楼下）
联系电话：020-31203100

丰本土特产
地址：小楼镇东境村
联系电话：15814556565

增城市派潭镇高陂头驿站购物点
地址：派潭镇高陂头路段
联系电话：020-82820998

增城名优特产直销店连锁分店
地址：小楼镇西境村

荔乡味土特产销售中心
地址：派潭镇派潭大道派正路口
联系电话：020-82829345

华南农业批发市场
地址：荔城街华南农业批发市场

兴发市场
地址：荔城街夏街大道

增城市名优农产品展销中心
地址：朱村街新市场东侧
联系电话：020-82850555

富鹏市场
地址：荔城街富鹏开发区

何仙姑景区购物点
地址：小楼镇何仙姑家庙
联系电话：020-82841628

莲花市场
地址：荔城街莲花路

增城新十宝

"增城新十宝"即增城扶贫开发十大最受欢迎优质农产品。

增城紫玉淮山

紫玉淮山是广州增城蔬菜科学研究所最新选育的淮山品种。其外观粗长，长度约100厘米，胸径约6厘米；肉质紫红色，口感佳；营养丰富，含有淀粉、多糖、蛋白质、淀粉酶、胆碱、氨基酸、维生素、钙、铁、锌等20多种营养素，具有健脾补肺、益胃补肾、固肾益精、聪耳明目、助五脏、强筋骨、长志安神、延年益寿的功效。

增城火龙果

增城火龙果果肉清甜可口、营养丰富，富含维生素、胡萝卜素、花青素，并含有钙、磷、铁等微量元素和水溶性膳食纤维，具有明目降火、预防便秘、养颜美容、预防贫血、治疗咳嗽气喘等多种功能。除最普通的紫心火龙果外，还有红水晶火龙果、白水晶火龙果、黄龙果等珍贵品种。

火龙果

正果慈姑

正果慈姑富含淀粉、蛋白质、糖类、无机盐、维生素B、维生素C及胰蛋白酶等多种营养成分，是一种无公害的绿色保健食品。每年处暑开始种植，元旦春节期间收获上市，口感细腻、绵实，略显甘甜，常食能防止贫血、便秘和水肿等。

派潭粉葛

派潭粉葛又名派潭黄葛，有清凉降压、清心明目、扩张血管、降血压、抗癌等作用，还有清热解毒、养肝、理气、养颜等功效。可以熬汤、做菜等鲜食用，也可加工成葛粉、葛膏、葛冻、葛汁等产品。派潭粉葛是增城当地的农家品种，栽培历史悠久，增城各地均有种植，以增城北部山区派潭镇所产为最佳。

畲族枇杷

畲族枇杷果实外形美观、色泽艳丽，果肉柔软多汁、酸甜适度、味道鲜美，富含人体需要的多种营养成分。由于枇杷具有润肺止咳的功效，加上畲族的山水清甜、无污染，故利用畲族枇杷酿造的枇杷酒香味浓郁，深受游客欢迎。

正果洋甲鱼

正果洋甲鱼富含维生素A、维生素E、胶原蛋白和多种氨基酸、不饱和脂肪酸、微量元素，能提高人体免疫功能、促进新陈代谢、增强人体的抗病能力，有养颜美容和延缓衰老的作用。

北四归线
大美增城

青泛乌龟

青泛乌龟因产于增城小楼镇青泛村而闻名，品种多达30多种，肉质鲜美、营养丰富，龟体富含蛋白质、角质、动物胶、维生素、磷、钙、血糖等人体必需的元素，龟板、四肢骨、扁骨、骨髓中还含有造血细胞，具有延年益寿、滋阴壮阳、抗癌解毒等药用价值，是珍贵的温性滋补品。

增城冰糖橘

增城冰糖橘营养丰富，富含维生素C、维生素A等多种元素，口感清甜、无核、外壳鲜艳，以福和新围种植品种为佳。得益于当地空气清新、水源来自山溪自然山水、土壤无污染、土质优良的条件，新围冰糖橘成为优质无公害农产品，深受游客欢迎。

增城金银花

增城金银花具有质量优、产量高的特点，药用价值和保健用途广泛，具有清热解毒、抗炎、补虚疗风、增强抵抗力的功效，主治胀满下疾、温病发热、热毒痈疡和肿瘤等症。

正果黄秋葵

正果黄秋葵嫩果（荚）肉质柔嫩、润滑，风味独特，营养价值高，堪比人参，又比人参更适合日常食补。可炒食、煮食、凉拌、制罐、做汤及速冻加工等。幼果中还含有一种黏性物质，可助消化，治疗胃炎、胃溃疡，且可保护肝脏及增强人体耐力。

除了"增城十宝"与"增城新十宝"以外，增城一年四季都有水果，是著名的岭南水果之乡，除了荔枝外，水果还有石硖龙眼、杨桃、番石榴、人参果、香蕉、白蔗等。旅游特色纪念品有新塘榄核雕品、荔枝木筷子、荔枝干、荔枝茶、畲族醋酸、菜干等。工业特色产品，大宗的有广本汽车、豪进摩托车、新塘牛仔服装、康威运动服装等。

经典线路

生态旅游经典线路

线路一：增城城区（增城广场、挂绿广场）—何仙姑家庙—白水寨风景名胜区

线路二：何仙姑家庙—大丰门景区—大丰门漂流

线路三：白水仙瀑景区—湖心岛景区（榄园竹海、游船）—小楼人家景区—何仙姑家庙

线路四：小楼人家景区—湖心岛景区（榄园竹海、游船）—新塘镇西南村—新塘国际牛仔服装纺织城

线路五：D1：何仙姑旅游景区—小楼人家景区—城区风光（增城广场、挂绿广场、雁塔、增江）；D2：白水寨风景名胜区

线路六：D1：白水寨风景名胜区—白水仙瀑景区—大丰门漂流—入住温泉酒店；D2：何仙姑旅游景区—增城城区（增城广场、挂绿广场）—碧桂园凤凰城（增城荔枝文化村、凤凰城酒店）

线路七：莲塘春色绿道农家乐旅游区—江坳驿站—广州二龙山花园

品荔旅游经典线路

线路一：D1：白水仙瀑景区—小楼人家景区—何仙姑旅游景区—湖心岛景区（榄园竹海、游船）；D2：荔枝园品荔—挂绿广场—增城广场—鹤之洲景区—新塘镇西南村—新塘国际牛仔服装纺织城

线路二：碧桂园凤凰城（增城荔枝文化村、凤凰城酒店）—增城城区（增城广场、挂绿广场）—白水寨风景名胜区

线路三：湖心岛景区—兰溪畲族风情村—荔枝沟

线路四：D1：碧桂园凤凰城（增城荔枝文化村、凤凰城酒店、凤凰城豪宅）—城区风光（增城广场、挂绿广场、雁塔、增江）；D2：何仙姑旅游景区—金荔苑农庄（或谷丰园）

线路五：D1：新塘国际牛仔服装纺织城—广州本田增城工厂—增城广场—荔枝园—城区（住宿）；D2：早餐后—自行车道（江景）—小楼人家景区—何

仙姑家庙—盘龙古藤

线路六：仙村国际高尔夫球场—皇朝酒店—仙基农业仙进奉荔枝园

线路七：奥园康威广场—西南村—竹园村三月红荔枝岛

绿道旅游经典线路

绿道休闲健身1天游线路

线路一：荔城西堤公园自行车驿站（休闲健身自行车绿道）—午餐（农家特色美食）—白水寨风景名胜区白水仙瀑景区—增城农副产品销售中心

线路二：荔城西堤公园自行车驿站（休闲健身自行车绿道）—午餐（农家特色美食）—何仙姑旅游景区—小楼人家景区—增城农副产品销售中心

线路三：荔城西堤公园自行车驿站（休闲健身自行车绿道）—午餐（农家特色美食）—正果湖心岛旅游景区—增江鹤之洲湿地公园—增城农副产品销售中心

线路四：荔城西堤公园自行车驿站（休闲健身自行车绿道）—午餐（农家特色美食）—金叶子温泉度假酒店（含泡温泉）—增城农副产品销售中心

线路五：莲塘春色绿道桥头服务区—莲塘农家乐一条街—三英温泉度假酒店

线路六：庆东生态旅游花园—江坳驿站—香江健康山谷

绿道休闲健身2天游线路

线路一：D1：荔城西堤公园自行车驿站（休闲健身自行车绿道）—午餐（农家特色美食）—白水寨风景名胜区白水仙瀑景区—晚餐—入住金叶子温泉度假酒店（含泡温泉）；D2：正果湖心岛旅游景区—白湖水乡—午餐（农家特色美食）—增江鹤之洲湿地公园—增城农副产品销售中心

线路二：D1：荔城西堤公园自行车驿站（休闲健身自行车绿道）—午餐（农家特色美食）—何仙姑旅游景区—小楼人家景区—报德祠—晚餐—入住金叶子温泉度假酒店（含泡温泉）；D2：白水寨风景名胜区白水仙瀑景区—午餐（农家特色美食）—大丰门景区漂流（华南第一漂）—增城农副产品销售中心

万家旅舍旅游经典线路

线路一：湖心岛景区—仙姑祠—蒙花布村—正果老街

线路二：白水寨风景名胜区—绿道骑车—上九陂村北山社—派潭老街

线路三：小楼人家景区—江坳驿站岭南人家—二龙山花园—邓山村

线路四：增江画廊—莲塘春色—莲塘村

线路五：增城广场—鹤之洲湿地公园—大埔围村

线路六：挂绿湖—葛仙祠—竹园村

线路七：何仙姑家庙—仙藤园—庆东村温山吓社

线路八：派潭老街—聚然山庄—灵秀山庄李家老宅—黔霖山庄—山丘老巢

线路九：白水山—新竹农庄—朱村现代农业园

线路十：坑贝古村—联安湖—江左农庄—德味居

线路十一：大岽农业生态园—兰溪休闲客栈—畲族村枇杷山庄

工业旅游经典线路

线路一：新塘新之岛广场—西南村—大岭农庄（午餐）—本田汽车集团—康威集团—新塘国际牛仔服装纺织城—新塘购物广场—返程

线路二：翡翠绿洲—海蚀洞遗迹—天后宫—午餐—新塘国际牛仔服装纺织城—瓜岭村宁远楼

线路三：凤凰城—本田增城工厂—荔枝文化村—路边村古村落

农业观光旅游经典线路

线路一：小楼人家景区—东西境老街—二龙山花园—西境村

线路二：挂绿湖—增城广场—莲塘春色—庆东村

线路三：增江画廊—增江鹤之州湿地公园—白湖水乡—大埔围村

线路四：白水山—百年古荔—朱村现代农业示范园—增城丝苗产地

线路五：坑贝村古建筑群—光布客家围龙屋—健桥山水田野芦荟农场

宗教文化旅游经典线路

线路一：湖心岛景区—正果寺—成佛岩—仙姑祠

线路二：挂绿湖—万寿寺—凤凰山—仙姑祠

线路三：榄园竹海—金鹿园—报德祠—客家大盆宴—豆腐花店—白水仙瀑景区

节庆娱乐

旅游文化节庆

荔枝文化旅游节

增城一年一度的荔枝节始于明朝末年，沿袭至今，已是增城的传统节日。节庆活动从每年6月中旬开始持续到7月中旬，蝉鸣荔熟，优质荔枝上市，为期一个月左右。目前的荔枝文化旅游节已成为"十大最具影响力广东县域节庆"之一。

在荔枝文化旅游节期间，各地商人游客、海外华侨、港澳同胞汇聚增城，除了品尝、观赏荔枝外，还可以观看歌舞表演、体育表演，举行商务洽谈等活动。届时游人如潮，欢声笑语，热闹非凡。目前荔枝节已成为增城旅游活动的一项重要内容，每年节庆接待国内外游客达百万人。

菜心美食节

增城菜心又名迟菜心、高脚菜心，茎肥叶厚，煮之快熟，嚼之爽脆，尝之甜美，食之无渣，是省内远近驰名的冬种优质蔬菜品种，素有"菜心之

菜心美食节现场

王""菜品之冠"的美誉，被评为"广东人民最喜爱的土特产"。增城菜心美食节从2004年开始举办，每年12月在小楼镇举行，美食节包括品尝绿色美食、文艺表演、乡土特产、游荔乡仙境等内容。

何仙姑文化旅游节

原来为每年6月底、7月初在何仙姑景区举行，期间有盛大的祝福仪式，同时有仙桃义卖活动以及大型的文艺表演。2014年，何仙姑文化旅游节成为广州"一区一品牌"的文化旅游节庆活动之一，每年定在何仙姑得道成仙日（农历八月初八）举行。2015年何仙姑文化旅游节于9月20日至22日举行。

新塘国际牛仔服装节

中国广州（新塘）国际牛仔服装节是增城一年一度的盛会，最早创办于2002年，每年10、11月举行。由牛仔纺织服装论坛、作品发布活动、品牌发布活动等构成。新塘镇拥有全国产量和出口量最大的牛仔纺织服装产业群，是国内最重要的牛仔服装生产基地、牛仔品牌中心及牛仔时尚、牛仔文化中心。

登山旅游节

增城登山旅游节一般于每年11、12月份在白水寨风景名胜区举行。首届于2005年11月26日至12月8日隆重举行。景区内的白水仙瀑为我国大陆落差最大的瀑布，落差达428.5米。围绕瀑布沿山修建的9 999级登山步径，有"天南第一梯"之称。

正果乡村旅游美食节

2014年11月8日至9日，"2014增城正果乡村旅游美食节暨正果万家旅舍示范点签约仪式"举行，开幕两天吸引了7万多名游客前来享受"舌尖上的正果美食"。南方优品等多家电商、超市还与正果镇政府签订了合作意向书，未来广州市民足不出户便可购买到正宗的正果土特产。

在正果乡村旅游美食节上，腊味、乌榄、黄塘头菜、正果云吞、增城迟菜心、兰溪濑粉、黄秋葵等正果特产集中亮相，让不少首度到访正果的游客一饱口福。正果乡村旅游美食节特设天河帮扶开发的"一村一品"展区、正果农副特产展销区和以正果美食为主的美食区，全面展现了地方特色文化和扶贫开发工作成果。

美食节现场上演了原始制作腊味饭、千人争品腊味饭的重头戏。用钵子装上精挑细选的丝苗米和正果腊味，蒸出千筒香喷喷的腊味饭供游客现场免费品尝。

广场音乐文化节

中国广州（增城）广场音乐文化节在增城广场永久舞台举行。汇聚了国内众多歌唱名家的高水平音乐晚会，给广大市民带来精彩的音乐艺术和美的享受。增城通过每年举办一系列高品位的广场音乐文化演出，打造广场音乐文化精品，摸索出一条发展先进文化事业、提高市民文化素质、丰富群众业余文化生活的新路子。

广州甘泉文化节

2014年11月16日，首届甘泉文化节在湛若水的故乡增城新塘镇举办。主要是为了纪念著名思想家、教育家湛若水先生，主题为"弘扬甘泉文化，建设甘泉故乡"。活动期间，为了在加强甘泉学研究的同时向广大民众展示甘泉文化的丰富内涵，文化节在新塘、增城举办学术研讨会、文艺晚会、书画展、文化讲坛等多项文化活动。

自驾车游活动

【广州市私家车协会增城分会】 广州市私家车协会增城分会是增城的一个民间组织，自成立以来发展迅速，现有会员1 000多人，绝大部分是增城市民，协会主要为拥有私家车的市民、驾驶员和志愿服务者提供协调管理、沟通联谊、经济协作、技术交流、时尚消费、慈善公益等服务。一直致力于立足本地，自强不息，在大力发展会员的同时，更加利用平台的力量，整合会员资源，充分调动会员的积极性创造财富。同时，分会自驾游俱乐部和增城多家旅行社紧密合作，推出省内外各种有特色的自驾游活动，并为会员提供低折扣订房、订票（包括景点、机票、酒店）、代办签证等服务。该分会多次策划"增城生态之旅自驾游"，并积极参与增城的节庆如荔枝文化旅游节等，组织会员到增城各个旅游景点巡游，为旅游节庆宣传造势，为宣传增城出力。

【增城车主俱乐部】 增城车主俱乐部由增城车友会联合广州车主网合并、升级而成的，是增城本土地区最大型、最专业的汽车后时代机构，致力于车辆全面服务，推出"人车两全"服务概念，深受广大车主喜爱。增城车主俱乐部成立以来积极参与本土自驾游活动，先后策划、组织全国车主游增城系列活动，并大力开展扶贫慰问及爱心捐赠活动，获得社会广泛赞誉。

自行车休闲健身活动

【增城自行车运动协会】 "推广骑行文化，倡导健康低碳生活"是自行车运动协会的宗旨。这个由增城骑行爱好者组成的单项体育运动社团，积极响应国家"发展体育运动，增强人民体质"和"全民健身"的号召，组织本土自行车运动爱好者参与自行车竞赛、旅游、休闲等各种活动，推动自行车运动事业的发展。协会成立以来，每年多次组织竞技赛事，走进社区，推广增城绿道文化，宣传增城景区景点。

【增城大学生自行车运动联盟】　由增城高校、职业院校自行车协会自发成立、自己管理的自行车运动联盟，旨在为增城高校自行车运动爱好者提供一个交流合作的平台，创造良好的发展空间，营造更好的合作氛围，促进大学生自行车运动的发展。联盟成立后，多次开展环保骑行、绿道骑行等活动。

高尔夫运动

高尔夫运动作为一项高尚的体育项目已经流行了几个世纪，且越来越受到世界各国人士的喜爱。增城作为全国拥有最多上规模、高档次高尔夫球场的地区，选址多为青山碧水，蓝天白云，是高尔夫运动的好地方。

仙村国际高尔夫球场

地理位置优越，交通四通八达，往返自如，公务繁忙之余来此休闲度假极为便利。

地址：仙村镇仙村林场

联系电话：020-82933888

紫云山庄高尔夫球场

位于增城新塘镇陈家林风景区，拥有27洞生态环保型高尔夫球场，符合国际标准。极目所致，高尔夫球场山岭遍布的大树、修竹、荔枝树、龙眼树、橄榄树等郁郁葱葱。茂盛的果树、波浪起伏的山丘、沉寂稳定的山石构成一幅优美的田园山水图。设计师因地制宜，以顺应自然地貌为设计原则，以景色秀丽的山岭、巨石、果树为主题，以击球价值难度为设计要素，规划设计符合国际标准的生态环保型高尔夫球场。

夜风轻拂，洗尽白天的尘嚣，群星璀璨，照临滴翠的绿野，球手就好像置身夜色下的绿洲，在一挥杆间，感受宇宙与心灵的契合无间——这就是紫云山庄高尔夫球场带来的最真的感受。

地址：新塘镇源樟大道

联系电话：020-82607736

赛龙舟

增城的赛龙舟历史悠久，其中以新塘赛龙舟为盛。据《增城县志》记载，自宋朝以来即有赛龙舟："入五月则滨江村乡多备龙舟，以端午前后数日竞渡……好事者悬锦标酒食以赏胜者，旌旗招展，甚是可观。"

新塘四乡的龙舟，全长七丈四尺，前有威武的龙头，后有旌旗长艄；船身27栏，大鼓置于正中，两锣分置前后。划行时，一人在船头跳跃、吹哨、指挥，一人在船尾掌艄，以掌方向。两人鸣锣，两人击鼓，"咚咚锵，咚咚锵"，激动人心的锣鼓节奏带动着54名健儿的桡（桨）拍。龙舟在漫天水花中疾速前进，犹如一条出水蛟龙。现新塘赛龙舟已是一项群众十分喜爱的民间体育活动了。

龙舟民俗——龙船饭

除了赛龙舟外，吃龙船饭也是龙舟活动中的一个重要环节。龙船饭是用糯米、黏米加上虾仁、鱿鱼、香菇粒、青豆、猪肉、瑶柱等做成的。过端午节吃

龙船饭是新塘镇的传统习俗，龙船饭寓意龙精虎猛、龙马精神，吃了就能万事顺利，顺风顺水。

此外，还有吃艾糍、粽子的习俗。

艾糍以田艾、豆沙、糯米粉制成，甜糯清香，美味可口。

粽子是全国各地端午不可或缺的美食。增城粽子以叉烧肉粽、豆粉咸蛋黄棕等最为出名。

龙舟民俗——龙船景

每年农历五月十二日，是新塘赛龙舟的"旺景日"。这天，十里堤岸，十里人潮，男女老少，笑逐颜开。有的登楼远眺，有的搭起临时棚架作观赏台，更多的人重重叠叠伫立江边，为龙舟竞渡而欢呼喝彩。江面中心，千舟云集，热闹非凡。在四五百米宽的江面上，数十条龙舟奋勇争先，场面热闹壮观。

新塘"龙船景"是广州地区最具特色的几大景之一，该地区的"龙船景"以镇内各村各具特色的"龙船景"数量多、持续时间长、规模大而闻名于广东。全镇各村将按东江潮水涨退情况，从农历五月初一至五月十八日分别举行龙舟趁景。新塘"龙船景"的习例如下：初一田心、久裕、新街、石下、沙头、瓜岭、白石、雅瑶、十字窖一带，初二下境，初三东洲、竹元、巷头，初四上基，初五大敦，初六深涌，初七下基，初八上境、基岗，初九仙村圩，初十沙角，十一休息日（原为坭紫与东莞江南景，但由于十二是新塘景，大部分的龙舟要在十一休息一天，以备在十二参加新塘龙船大景；故坭紫改为初一，江南改为初六），十二新塘（甘涌、东华、新何、群星），十三中堂，十四南岗，十五西洲，十六麻涌，十七沙村（南安、南埔、新墩），十八白江、渔村。

每年的龙舟景活动开锣，一江开来，鼓声震撼；中流击水，浪遏飞舟……吸引了数千名群众前往观看，让人们感受传统龙舟节的喜庆气氛。

增城龙舟赛场

增城龙舟比赛场馆位于增城滨江东路，可容纳668名观众，2010年亚运龙舟赛即设在此场馆。

赛场在增城雁塔大桥以南1 800米河段。其中，比赛水域面积58.36万平方米，设6条航道，长1 000米，赛场为静水水域。龙舟项目比赛设标准龙舟男子、女子组400米、500米、600米、800米、1 000米直道竞速等小项。

亚运会结束后，增城龙舟赛场成为广州水上运动训练基地。

交通出行

增城城区公共汽车线路

1号线：荔城碧桂园—华立学院（增城市公共汽车有限公司）

途经站点：碧桂园、碧桂园北门、实验小学、庆丰村、马村、林场、荔城街委、电力局、交警大队、挂绿广场南、荔城二小、荔城一小、人民医院、东区市场、增江工业园、西山村、鹤洲村、陆村、华立学院。

碧桂园早班6：30，晚班21：00；华立学院早班6：30，晚班21：00；每隔8分钟发一班车；单车每天平均25个班次；全程票价3元。

2号线：富鹏公汽总站—朱村街（增城市公共汽车有限公司）

途经站点：公汽总站、富鹏市场北、富国路口、交警中队、电力局、保健院、光明车站北、中海广场东、职介一条街、检察院、中医院、增城广场东、荔景中学、碧桂园路口、卫校基础部、三联、石山田、连塘面村、广州大学、横朗村、朱村街。

富鹏公汽总站早班6：30，晚班20：20；朱村街早班6：30，晚班21：10；每隔8分钟发一班车；单车每天平均20个班次；全程票价3元。

3号线：蕉石岭—百花山庄（增城市公共汽车有限公司）

途经站点：蕉石岭、荔城中学、东湖邮局、东湖公园、增江市场、体育馆、置业花园、客运站、市政府、图书馆、艺都剧院、挂绿广场南、莲花市场、园圃路站、光明车站北、广发行、中海广场西、职介一条街、太平洋公司、增城广场北、公安局、碧桂园、碧桂园北门、荔城三中、迳吓村、新联村、百花山庄。

蕉石岭早班6：22，晚班21：00；百花山庄早班6：22，晚班21：00；每隔8分钟发一班车；单车每天平均22个班次；全程票价2元。

4号线：职业中专—石滩车站（广州二汽增城分公司、增城市公共汽车有限公司）

途经站点：职业中专、敬老院、东方村、蕉石岭、荔城中学、东湖邮局、东湖公园、增江市场、体育馆、置业花园、客运站、汤屋村、公路局、电力局、规划局、光明车站北、光明车站东、交通局、广远小学、兴发市场、华侨中学、中坚豪庭、增城宾馆、萝岗开发区、教练场、郑田村、塘头村、海丰鞋厂、石滩车站。

职业中专早班6：00，晚班17：30；石滩车站早班6：30，晚班19：30；每隔8分钟发一班车；单车每天平均12个班次；全程票价5元。说明：职业中专至石滩车站5元，荔城至石滩车站4元。

5号线：阳光家园—萝岗工业区（广州市荔通公共汽车有限公司）

途经站点：阳光家园、华农批发市场、锦绣御景苑、金田花园、荔城街道办、电力局、交警大队、挂绿广场、镇二小、夏街村、兴发市场、滨海花园、中坚豪庭、增城宾馆、发电厂、萝岗市场、巫屋村、萝岗考场、萝岗村委、萝岗工业区（奥登食品公司）。

阳光家园早班6：10，晚班21：20；萝岗工业区早班6：40，晚班21：50；每隔6～10分钟一班；单车每天平均28个班次；全程票价2元，执行1元票价。

6号线：荔城公汽总站—新塘海关（增城市公共汽车有限公司）

途经站点：荔城公汽总站、富鹏市场东、挂绿园酒家、公路局、挂绿广场东、荔城二小、夏街村、交通局、中海广场东、职介一条街、检察院、中医院、增城广场东、荔新路口、西瓜岭、仙村路口、沙埔路口、白石路口、广园东高速、聚福大酒店、人防大厦、新塘税局、新客隆、广虎站、群星西路、港口大道中、港口大道北、新塘海关。

荔城公汽总站早班6：30，晚班20：50；新塘海关早班6：30，晚班20：50；隔8分钟发一班车；全程票价10元。

7号线：挂绿广场—华立学院（增城市公共汽车有限公司）

途经站点：挂绿广场、挂绿广场南、交警大队、电力局、全球通、广发行、中海广场东、电信大厦、广远小学、兴发市场、华侨中学、中坚豪庭、增城宾馆、珠江学院、收费站、陆村、华立学院。

挂绿广场早班6：30，晚班21：20；华立学院早班6：30，晚班21：20；每隔8分钟发一班车；全程票价3元。

8号线：增城体育馆—镇龙康大学院（增城市公共汽车有限公司）

途经站点：增城体育馆、置业花园、客运站、汤屋村、挂绿广场东、荔城二小、光明车站北、广发行、增城公园、办证中心、林场、庆丰村、实验小学、荔城三中、武装部、增城中学、三联、石山田、连塘面村、广州大学、横朗村、朱村街、燕岗桥、坑贝村、中新中队、中新客运站、镇龙路口、镇龙康大学院。

增城体育馆早班6：05，晚班18：30；镇龙康大学院早班7：10，晚班19：20；每隔12分钟发一班车；全程票价7元。

增城旅游公共汽车线路

1号线：荔城—白水寨风景名胜区（粤运增城运输公司）

途经站点：光明西车站、保健院、电力局、荔城中队、富国路、华农批、桥头、廖村草莓场（绿缘美食城）、小楼何仙姑家庙（小楼河鲜）、腊布报德祠、派潭镇、高坡头水库（派潭烧鸡）、高滩温泉、白水寨。

荔城早班6：11，晚班17：00；白水寨早班7：20，晚班18：30；每隔1个小时发一班车；参考票价12元。

2号线：荔城碧桂园—畲族风情游览区（粤运增城运输公司）

途经站点：光明西车站、电力局、荔城一小、人民医院、增江市场、体育馆、增龙公路、正果车站、兰溪、畲族村。

每天发往畲族风情游览区时间：6：00、15：10；返回时间7：00、17：00；参考票价9元。

3号线：蕉石岭森林公园—金坑森林公园（广州二汽增城分公司）

途经站点：英雄纪念碑、东湖公园、体育广场、增城汽车客运站（东）、挂绿广场电力局、农业局、怡景城、检察院、荔枝文化公园、增城广场、荔城碧桂园、百花山庄、三联村、检测站、山田城、盈园、威华厂、连塘面、广大、南岗、朱村市场、（朱村一条街）、燕江、中新坑贝村、中新交警中队、中新市场、中新车站、谷丰园、镇龙市场、康宁医院、镇龙一中、南华高尔夫球俱乐部、金坑生态大观园。

蕉石岭早班7：00，晚班17：30；金坑早班8：30，晚班19：00；每隔1.5小时发一班车；参考票价8元。

增城汽车客运站

广州市粤运汽车运输有限公司光明客运站

有发往广州天河客运站、广州广园客运站、广州芳村客运站、东莞车站、太平（虎门）站、深圳龙岗站、深圳东湖站、石龙西湖站、新塘汽车客运站、从化街口、派潭、麻榨、花都、正果、福和、白水寨的班车。

地址：荔城街光明西路69号

联系电话：020-82612723

广州市运输有限公司增城分公司

有发往广州罗冲围客运站、广州越秀南站、番禺客运站、深圳罗湖站、珠海拱北站、麻榨、派潭、福和、新塘、永汉的班车。

地址：荔城街新桥路

联系电话：020-82752215

广州市第二公共汽车公司增城分公司

有发往广州市站、广州东圃客运站、东莞南站、正果、新塘、派潭、永和开发区、从化街口的班车。

地址：荔城街新桥路

联系电话：020-82752219

新塘镇汽车客运站

有发往广州汽车站（流花车站）、广州天河公交场、广州滘口汽车站、增城客运站、石滩客运站的班车。

地址：新塘镇新塘大道中

联系电话：020-82770263

百花出租汽车公司

位于百花山庄度假村，可以电召。

地址：荔城大道百花路88号百花山庄度假村

联系电话：020-82658000

🎋 地铁规划 🎋

广州地铁21号线

21号线是广州地铁建设中的路线之一，大致呈东西走向，连接增城区与广州中心城区。起于天河公园站，经大观路、科丰路、水西路，穿过北二环高速后沿既有广汕路向东北行进，往东穿过东部新城的萝岗九龙镇和增城中新镇，顺规划的新广汕路及旧广汕路向东经增城中新、增城朱村，止于增城广场。为了在开通初期与现有轨道交通衔接，初期线路利用11号线的区间由天河公园延伸至员村，待11号线开通时再拆解改回天河公园站起点。线路全长约61.6公里，其中地下线长约40.1公里，穿山隧道6.8公里，地上线14.7公里。共设置20座车站，其中地下车站17座，高架车站3座，共有7座换乘站。平均站间距3.685公里，最大站间距7.325公里，为中新东至朱村区间；最小站间距1.38公里，为黄村至世界大观区间。预计2017年底建成通车。

广州地铁13号线

13号线西起白云区朝阳，经荔湾区、越秀区、天河区、黄埔区，最后到达增城新塘镇象颈岭。线路全长约56.2公里，共设29座车站，其中换乘站13座，平均站间距约2.32公里。预计2016年底建成通车，届时只要30分钟即达广州市中心。

广州地铁16号线

16号线又名"荔城线"，始于新塘镇，沿荔新公路经清水塘至荔城，站台为新塘、新塘北、沙浦、仙村、石滩、广本研究中心、鹤咀、增城体育中心、增城广场、荔城，全长31.7公里，其中新塘站可换乘13号线，增城广场站可换乘21号线。16号线建成后有利于贯彻城市"东进"发展战略，优化广州东部交通体系，支持增城发展。

🎕 广州东部交通枢纽 🎕

　　广州东部交通枢纽规划选址位于新塘旧城区与增城开发区之间，规划面积2.7平方公里，范围东至荔新公路、南至亚太新城用地边界、西临广州电装有限公司、北至广园东快速路，区域内将有5条轨道交会。

　　广州东部交通枢纽新塘站集国家铁路、城际铁路、城市地铁和城际巴士于一体，广深铁路（和谐号）、广汕铁路、穗莞深城际轨道、地铁13号线和地铁16号线（规划）等5条轨道在此交会，规划定位为广州市一级客运枢纽、广州铁路枢纽辅助站。目前地铁13号线已全面动工建设，穗莞深城际轨道已分段进场施工，地铁16号线已纳入广州市2020年建设计划方案中，广汕铁路已在2014年审批项目建议书中，且于2015年下半年动工建设。根据广州市交通规划，广州东部交通枢纽定位为广州市一级客运枢纽和广州铁路枢纽辅助站，按照"六台十三线"的规模进行铁路站场改造，减轻广州东站的压力，与广州东站实现分工互补。

　　通过此交通枢纽，可加强广州对惠州等粤东地区的辐射，同时构筑起北朝广州白云机场，南向虎门、深圳等珠江口东岸城市的经济发展轴线。

🎕 高速公路增城段 🎕

广深高速

　　广深高速公路为联系广州、深圳特区、香港的重要通道，也是国道主干线同江至三亚公路广东省的重要路段。广深高速公路全长122.8公里，行车线设计为双向六线行车，沿线设有广州、火村、萝岗、新塘、麻涌、望牛墩、道滘、石鼓、厚街、太平、五点梅、长安、新桥、福永、鹤洲、宝安、南头、福田及皇岗等22个收费站及互通式立交桥。广深高速公路也是香港直通巴士来往广州及广州以北城市的必经之路。广深新塘段连接广深大道西（G107国道）。

广惠高速

　　广惠高速公路全长153.2公里，起点位于广州市萝岗区，途经增城、博罗县、惠州市惠城区和惠阳区，终点位于惠东县凌坑。沿线与广州北二环高速公路、北三环高速公路、增从高速公路、莞深高速公路、惠河高速公路、深汕高速公路、常（平）惠（东）高速公路（规划）及G324国道等连接成网，是广东省规划的干线公路网的重要组成部分。广惠高速公路是广州东部出入口和联系珠三角东翼组团的主要通道之一，其西延长线工程线路走向为：东起广惠高速萝岗收费站，途经广汕路、大观路（规划的新外环），连接广河高速、华南快速干线的春岗立交，全长11.3公里，建成后从增城到广州市中心仅需半个小时。

广河高速

广河高速起于广州天河区龙洞，接华南快速干线，经增城、惠州市龙门和博罗等地，接惠河高速公路，路线总长约149公里，分为广州段和惠州段两段建设。起点设在广州龙洞春岗立交，与华南快速干线相接，途经白云区太和镇，于八斗枢纽与广州北二环高速公路相接，再经萝岗区九龙镇、增城中新镇、小楼镇、正果镇，惠州市龙门县永汉镇、龙华镇、龙江镇，惠州市博罗县公庄镇、杨村镇、石坝镇，终点于河源市源城区埔前镇。

增从高速

广州增城至从化高速公路（含街口支线），此高速公路全长66.8公里（其中增城段40公里），由主线和街口支线（派街高速）组成，呈Y字形南北走向布局；主线长48.3公里，起于增城增江街周山村，向北途经增城增江街、正果南、小楼镇、派潭镇以及从化市温泉镇，终于从化温泉镇卫东村，与G45大广高速（大庆—广州高速公路）相接；支线长20公里，起于增城派潭镇，通过坳背立交与增从主线相接，途经从化市江浦街，通过白田岗互通与街（口）北（兴）高速公路相接。从增城到从化仅需15分钟。

广园快线

广园快速路连接广州及东莞两市，全长约47公里，双向六车道，呈东西走向，与广深铁路、广深公路（107国道）平行。广园快速路分三期，第一期由广州天河区的沙河立交桥开始，至黄埔区的丰乐立交桥止，全长约14公里；第二期由黄埔区的丰乐立交桥开始，至增城新塘荔新立交桥止，全长约19公里；第三期由增城新塘荔新立交桥开始，至东莞市中堂镇北王公路止，全长约14公里。广园快速路设有沙河、广园、车陂、黄村、茅岗、丰乐、笔村、南岗、新塘、新新、荔新、塘美、仙村及北王14座出入口或立交桥。

附录

增城旅游名片

联合国世界和谐城市提名奖

国际旅游名城

国际最佳旅游度假胜地

中国和谐之城

中国最具幸福感城市

中国首个生态文明建设示范市

中国最佳休闲城市

中国最佳地方物产旅游节庆

十大最具影响力广东县域节庆

中华民族文化生态旅游名城

中国最佳休闲旅游城市

国际文化休闲旅游魅力城市

中国低碳旅游示范区

中国健康养生休闲旅游城市

2013中国最佳生态旅游示范城市

全国旅游标准化示范城市

中国全面小康十大示范市

中国改革（2009）年度十大（县）市

全国绿化模范市

全国绿色小康市

中国金融生态县（市）

全国科技先进市

广东省文明城市

广东省教育强市

广东省卫生城市

广东省林业生态市

广东省国民旅游休闲示范市

广东省旅游强市

广东省旅游综合改革示范市

2012、2013—2014广东县域旅游综合竞争力第一强

首个广东省自驾旅游示范区

中国十大生态休闲基地

广东省最美乡村旅游示范区

中国荔枝之乡

中国牛仔服装名城

中国绿道之乡

增城旅游之最

增城9个旅游之最

增城：中国最美的荔枝之乡；

白水寨白水仙瀑：中国大陆落差最大的瀑布；

古海遗踪：中国大陆沿海最大的海蚀洞遗址；

增城广场：中国最具广场音乐特色的文化广场；

密石卧佛：中国大陆最大的露天山体卧佛；

增白绿道：中国最早、最长、最美的自行车生态休闲健身绿道；

千年仙藤：世界最古老的白花鱼藤；

增城挂绿荔枝（西园挂绿）：世界最贵、最珍稀水果；

增城迟菜心：中国最贵的知名蔬菜品牌。

增城10个旅游唯一

西园挂绿母树：世界唯一一棵最古老的珍稀挂绿荔枝树；

何仙姑家庙：中国道教神话传说"八仙"之唯一的女仙何仙姑家庙；

报德祠：岭南唯一一座"三教合一"、皇帝诰封的私家庙宇；

宾公佛：广州地区唯一真人坐化、真身塑造、修成正果的佛；

畲族村：广州地区唯一少数民族聚居区；

宁远楼：广州地区唯一一座有吊桥的碉楼；

熊氏宗祠：广州地区唯一七进深布局的宗祠；

邓村石屋：广州地区唯一保存功能完整、较大规模的清代四合院式客家围屋；

雁塔：增城唯一一座现存明代古塔；

光布村围龙屋：广州地区唯一半圆院式客家围屋。

增城7个旅游第一

增白绿道：中国第一条自行车休闲健身绿道；

白水寨风景名胜区9 999步登山石台阶：天南第一梯；

大丰门峡谷漂流：华南第一漂流；

万寿寺：增城第一个礼佛圣地；

牛牯嶂：增城第一峰；

增城宾馆：增城第一家四星级旅游饭店；

广州凤凰城酒店：增城第一家五星级旅游饭店。

增城旅游40个非去不可的地方

白水寨、西园挂绿母树、挂绿湖、增城广场、湖心岛、何仙姑家庙、仙藤园、小楼人家、二龙山花园、增江画廊、鹤之洲、天然泳场、莲塘春色旅游区（增城绿道桥头服务区）、正果寺、万寿寺、长寿寺、海蚀洞、牛仔城、凤凰城、畲族村、蒙花布村沙滩、坑贝村、邓村石屋、熊氏宗祠、报德祠、大丰门漂流景区、南国天池（大封门水库）、牛牯嶂、高滩温泉片区、密石卧佛、白水山、凤凰山公园、南香山、石下山、雁塔公园、南山古胜、蕉石岭、百花林水库、鹅桂洲岛、竹园荔枝岛。

增城44个古村落之最

中新镇莲塘村——最具品位、文物资源分布最广的古村落；

中新镇坑贝村——现存规划最完整、规模最大的古村落；

新塘镇瓜岭村——最大的华侨村古村落；

荔城街西瓜岭村——拥有格木树最多、"燕石翔云"景点所在村；

群爱村——古代隐居地最早的村；

正果镇畲族村——最古老、广州唯一的少数民族聚居村；

正果镇西湖滩村——广州最早看到第一缕阳光的村；

正果镇白面石村——华南最早打响抗日第一枪的村；

何屋村——仁面子树最大的村；

黄屋村——二龙担珠古迹最出名的村；

大㘵村——黄秋葵种植最多的村；

石滩镇金兰寺村——广州年代最久远的村（六千余年）；

小楼镇西境村——最出名的冬瓜（迟菜心）种植村；

正果镇兰溪村——最具广东荔枝沟特色、溪水风光最美的村；

蒙花布村——拥有最美、最长、最宁静淡水沙滩的村；

银场村——桂花树最古老的村；

荔城莲塘村——最具绿道农家乐旅游特色的村；

西南村——最具影响力、获荣誉最高的社会主义新农村；

大敦村——全国牛仔服装生产、出口量最大的村；

樟洞坑村——增城最高峰牛牯嶂主峰所在村；

白湖村——烟囱飞榕最大的村；

中新镇霞迳村——最美乡村建设示范村；

基岗村——"仙进奉"荔枝产量最大的村；

上九陂村——中国乡村旅游模范村，增城乡村旅游发展最早的村；

高滩村——温泉资源最为集中的村；

丹邱村——优质丝苗米种植原产地最为出名的村；

横朗村——优质荔枝种植面积最大、产量最高的村；

水南村——优质白蔗种植最出名的村；

新围村——冰糖橘种植最多的村；

长岭村——白榄种植最多的村；

麻车村——广州人口最多、"舞火狗"影响力最大的村；

马修村——韭黄菜生产最出名的村；

黄塘村——头菜种植最悠久、产量最大的村；

汀塘村——拥有最古老、规模最大乌榄树的村；

山角村——拥有最古老、规模最大荔枝树的村；

鹤洲村——拥有广州东部最大湿地面积的村；

十字滘村——最具岭南水乡特色的岛上村；

车洞村——拥有最大规模百年水车群的村；

坳头村——拥有最大客家围龙屋的村；

密石村——无核红柿种植最多的村；

下围村——民主议事厅开办最早的村；

大埔围村——农家楹联创新最早和养猪规模最大的村；

竹园村——三月红荔枝产量最大的村；

庆东村——园林绿化植物最多的生态旅游村。

增城12大浪漫婚纱照拍摄外景地

挂绿湖——湖光山色俏佳人；

天然露天泳场——有缘牵手路漫漫；

增城广场——凤凰树下比翼飞；

挂绿广场西园挂绿——巧结良缘最珍贵；

增城桥头绿道源——人生之旅开好头；

莲塘春色荷花池——今生今世誓不染；

何仙姑文化广场——成双成对天仙配；

湖心岛榄园竹海——心心相印爱情海；

蒙花布沙滩——俊美新娘掀起你的盖头来；

白水寨高山温泉区—— 一辈子温暖心头；

白水寨天南第一梯——美满姻缘长长久久；

小楼人家——早生宝宝幸福人家。

增城旅游必尝的11大特色美食

新塘鱼包、石滩沙蚬、仙村香煎水库大鱼头、中新焗鹅、荔城荔枝宴、增江靓河鲜、朱村香鸡饭、永宁鹅汤糍、小楼迟菜心、正果腊味、派潭烧鸡。

增城旅游必吃的10大特色水果

增城荔枝、增城乌榄、派潭密石红柿、正果畲族枇杷、小楼长岭白榄、中新冰糖橘、朱村水果木瓜、增江紫色香蕉、新塘水南白蔗、石滩胭脂红番石榴。

增城旅游必尝的10大特色蔬菜

增城迟菜心、小楼黑皮冬瓜、正果黄塘头菜、增城紫玉淮山、派潭水晶粉葛、石滩马修韭黄、仙村西南红葱、朱村鸡腿菇、西境马铃薯、畲族菜干。

增城3个百年碉楼之最

新塘镇宁远楼：广州地区现存最高、最坚固、最奇特的近代碉楼；

中新镇高车村十二角碉楼：增城周围环境保存最完整、最具特色、外形角数最多的古碉楼；

派潭镇新高埔村八角风车子母碉楼：增城最具特色的八角风车子母碉楼。

增城4个百年宗祠之最

熊氏宗祠：广州地区保存最完整、规模名气最大的七进深古祠堂；

稼宝堂：石滩镇张岗尾村稼宝堂是增城最奇特的"官船"造型的祠堂；

湛怀德祠：新塘镇群星村湛怀德祠堂是增城现存彩绘最完整的祠堂；

朱氏宗祠：朱村朱氏宗祠是600年前最早为纪念著名理学大师朱熹而建的祠堂。

增城森林生态旅游11个不得不去的森林公园

白水寨大封门、高滩、凤凰山、白江湖、兰溪、太子、蕉石岭、白水山、白洞、南香山、中新鹧鸪山。

增城"树王"

古荔枝树：朱村街山角村古荔枝林，约500年；

古乌榄树：湖心岛榄树林，约800年；

古榕树：新塘镇基岗村古榕树，约800年；

木棉树：仙村镇竹园村，300年；

仁面子树：正果镇何屋村，约600年；

挂绿荔枝树：挂绿广场西园挂绿母树，约400年；

龙眼树：西湖滩村，约300年；

鸡蛋花树：新塘镇菊泉中学，400余年；

古枫树：畲族村大枫树，约300年；

桂花树：正果镇银场村秋风坳社，约300年；

古格木树：西瓜岭村，约300年；

芒果树：荔城街槎岗村300余年；

古桃树：何仙姑家庙庙顶仙桃树，100余年。

增城10大旅游主题

挂绿之旅：游挂绿湖，观"西园挂绿"母树，讲"何仙姑与挂绿"美妙故事；

森林生态旅游之旅：游白水寨，登海船木栈道，观白水仙瀑；

峡谷漂流之旅：威猛漂、霸王漂、无敌漂，6千米漂程"过足瘾"；

高山温泉之旅：香江健康山谷、金叶子、三英、高滩、巴登巴登温泉任你选；

增江画廊之旅：纵观鹤之洲荔枝古树生死美丽倒影，畅游湖心岛增江画廊醉人靓景；

绿道之旅：游生态绿道，赏田园风光，摘荔乡佳果，尝特色美食，购"增城十宝"；

宗教文化之旅：何仙姑家庙、仙桃、仙井、仙藤园、仙姑塔、仙姑祠，彰显仙境福地；百花寺、万寿寺、长寿寺、正果寺、栖云寺、报德祠，弘扬儒释道文化传统；

美丽乡村之旅：观西南西境美丽乡村，游增城广场，逛荔乡公园，体验小楼人家富裕小康幸福；品莲塘春色、霞迳水乡，赏荷花尝美食，分享农家乐田园风光；

民族民俗之旅：畲旅村，兰溪情，畲寨飞瀑沟壑风景独好；民俗馆，枇杷香，树上鸡，畲菜干，农家客栈；

老树古村之旅：千年基岗古榕树，瓜岭吊桥穗唯一；西瓜岭格木公园与燕石翔云美景好；五千年贝丘文化金兰寺，坑贝古村、熊氏宗祠罕见古风。

增城历史文化名人

2014年10月，为深入挖掘增城历史文化资源，继承和弘扬中华优秀传统文化，打造人文增城，促进社会文明进步，激发增城人民以先贤为楷模的自豪感和责任感，增城开展了增城首批历史文化名人评选活动。经过广泛推荐、专家推选、网上投票等环节，在31位增城历史文化名人候选人中进行票选，评选出增城首批历史文化名人8位，分别是：湛若水、崔与之、何仙姑、胡庭兰、古成之、郭继枚、赖际熙、陈大震。

湛若水

湛若水（1466—1560），明代理学家、教育家，字元明，号甘泉，增城新塘人。弘治五年（1492）在乡中举，弘治十七年（1504）中进士。正德七年（1512）奉命出使安南（今越南），册封安南王。历任南京礼、吏、兵部三部尚书。为官清正廉明，热心教育，一生捐资创办书院超过50所，门下弟子4 000余人。时与王阳明齐名，有"北王南湛"之誉，其创立"随处体认天理"学说，在日本及东南亚有很大影响。若水为人师表，以身作则，以寿示人，95岁临终前仍讲学。著有《湛甘泉文集》。

崔与之

崔与之（1158—1239），南宋名臣，政治家、文学家、军事家，字正子，号菊坡，增城中新人。南宋绍熙四年（1193）中进士，成为广东由太学取士的第一人。先后任浔州司法参军、邕州通判、扬州淮东安抚司、四川制置使等职，作为边关大帅长期与金兵作战，使金兵不能越雷池半步。端平二年（1235），理宗拜授之为参知政事，后授为右丞相，但崔淡泊名利，曾八辞参知政事，十三次请求辞免右丞相，历史上传为佳话。同时，他又是著名诗人，治学主张经世致用，创立岭南史上第一个学术派——菊坡学派，被称为"粤词之祖"。他一生无愧于清正廉明之循吏、治国安邦之名臣。后谥"清献"，与唐宰相张九龄并称为"广东两献"。

何仙姑

何仙姑，中华道教名人，传说中的"八仙"之一。生于唐朝开耀二年（682），增城人何泰之女，因勤劳、聪慧、富有爱心，向往美好生活，而被神化为仙，成为中国妇女美丽善良、智慧的化身。《增城县志》《全唐诗外编》收录有她的诗歌。每年农历三月初七为何仙姑诞。"八仙"的故事在海内外广为传颂，何仙姑在中华传统文化尤其是道教文化中占有一席之地。

胡庭兰

胡庭兰（1507—1581），明代学者、抗倭名将，字伯贤，增城荔城人。早年读书勤奋，嘉靖二十八年（1549）中解元，次年中进士。嘉靖三十年（1551）夏，出任提督福建学政。时倭寇常扰福建，庭兰招募精兵、训练水军，多次击败倭寇。庭兰治学严谨，学识渊博，一生操守高洁，爱国亲民，为官清廉，德才兼备，文武双全，在增城民间留下许多故事，广为传颂。胡庭兰作为明朝名贤、抗倭名将，深受百姓爱戴。晚年回乡倡导教育，倡建雁塔，整理湛甘泉文献，著有《诗易讲意》《相江子集》，对增城文化有很大的贡献。

古成之

古成之（947—1007），北宋学者，字亚奭，增城福和人（原籍河源回龙古岭人，后迁居增城县），宋朝岭南进士第一人。为人厚德气量大，进京赶考时被同行学子暗下哑药，而被取消考名，但成之却宽大为怀不抱怨，奉行"恕道"不追究，受到当朝皇帝和百姓的称赞。初任元氏县尉，因才能卓著，改知青益州，秘书省校书郎。成之任锦州魏城知县时，以爱民之心施政，他运米救济饥民，发药为民疗疾，使数千人得以生存。又"立学校，课农桑"。著有《易疏删定》和《诗集》传世。

郭继枚

郭继枚（1893—1911），广州黄花岗七十二烈士之一，增城福和人，马来亚归侨，出生于马来亚霹雳州务边埠。1910年夏，在务边埠加入同盟会。1911年初，同盟会密谋在广州起义，继枚毅然告别结婚仅三天的妻子，回国参加广州起义，他加入攻打总督署的决死队，奋勇争先，只身炸毙8名清军，为直捣总督署开辟了前进道路。撤退时，继枚不幸中弹牺牲，时刚年满19岁。后人以继枚路、继枚小学予以纪念。郭继枚以"忠贞为国酬，何曾怕断头"的英雄气概，用牺牲唤起国人的觉醒，永远值得后人缅怀和学习。

赖际熙

赖际熙（1865—1937），杰出客家文化社会活动家、新兴客家学奠基人，字焕文，号荔垞，增城增江人。清光绪十五年（1889）中举人，光绪二十九年（1903），在中国历史上最后一次的科举考试中，中进士，钦点翰林，授国史编修，再晋国史馆总修、总纂。民国二年（1913）任香港大学中文总教习兼教授，创办中文系、学海书楼。一生专心从事中文教学与国学传播和研究，赖际熙是香港崇正总会创建人之一，在旅港客籍社会享有崇高的威望。著有《清史大臣传》，编有《崇正同人系谱》《赤溪县志》《增城县志》（民国十年）。后人集其平生所作编有《荔垞文存》。赖际熙推行国学教育的功绩扬名于香港及南洋多地，是一位国学教育忠诚的传承者和积极的弘扬者。

陈大震

陈大震（1228—1307），南宋名贤，字希声，增城新塘人。南宋宝祐元年（1253）中进士，初任博罗县主簿，后升为循州长乐令。咸淳七年（1271）代理雷州知州。他为官清廉，处事果断；判案数百，全无冤案，被百姓称为"神判"。他淡泊名利，不满官场腐败，故请辞回乡。宋端宗曾召他为尚书吏部侍郎，元世祖也曾授其司农卿、广东儒学提举，大震一一拒任，长期隐居陈家林。晚年与广州路教授吕桂孙纂修《大德南海志》，为广州志书奠下坚实的基石，为岭南历史文化留下不可磨灭的记忆。

附：增城首批历史文化名人候选人共有31名，分别是何仙姑、古成之、余宾公、崔与之、陈大震、李肖龙、石文光、廖金凤、陈文德、李昴英、钟法进、朱光卿、张度、陈政、湛若水、胡庭兰、陈瑞贞、戴冠、廖弘、湛菊生、郑景贵、陈恭尹、管一清、石达开、董澄、朱简同、郭继枚、黄国民、赖际熙、郑贵章、伍来成。

后记

　　《北回归线大美增城：增城旅游经典解说词》一书从动议策划、搜集资料图片、编写到编校、付梓，前后历经一年之久。书稿篇幅30余万字、上百张图片，无不是潜心伏案、精挑细选，然而即便如此，我们仍然深感增城人文积淀之深邃、景区景点之繁多，恐有遗珠之憾。好在，增城的大旅游发展、人文增城建设正渐入佳境，随着认知和挖掘的深入，我们相信，增城还会有更多的"大美"之处在等待我们去发现和体悟。

　　本书的顺利出版，衷心感谢中共广州市增城区委、区政府领导的大力支持和指导，感谢增城区文体旅游局、区旅游发展中心干部职工的辛勤付出，感谢各镇街和各部门单位的鼎力支持，感谢所有旅游景区、旅游相关企业的热心支持合作，尤其是感谢增城区委宣传部、文联、摄影家协会及广大摄影师朋友的无私帮助，感谢暨南大学出版社领导和编辑的专业建议。同时，我们在编写过程中也借鉴了一些与增城旅游有关的纸媒报道、网站资讯和图书文字材料，原派潭镇文化站张定渊站长还热心提供派潭文化旅游资料，一并表示诚挚谢意。

　　由于编者视野、水平有限，加上旅游业发展变化迅速，信息日新月异，热点层出不穷，入选的旅游资讯难免有所滞后甚至挂一漏万，敬请广大读者批评指正。

编　者
2015年8月